聞き手行動のコミュニケーション学

村田和代 編

Research on
Listenership
in Communication Studies

Edited by
Murata Kazuyo

ひつじ書房

はしがき

　従来、コミュニケーションにおいて重要なことは「伝えること」であると考えられてきたが、近年「聞くこと」に注目が集まるようになってきた。書店に行けば、相手が話しやすくなる聞き方や相手が心を開く話の聞き方など、「聞き手」としてのスキルを向上させるための一般書が何冊も並べられている。なかでも、『聞く力』（阿川佐和子著）は 2012 年のベストセラーで、会話の中で「聞き手」が果たす影響力が広く世の中に知られるきっかけにもなった。このような社会現象からも、日本社会全体で「聞き手」が持つ大きな力を私たちは再認識することとなったと言えよう。

　「あの人は聞き上手よね」「彼女は私の思っていることをよく察してくれるから」というように、「話し手」よりも、むしろ「聞き手」に直接関わるようなことをしばしば耳にする。日常生活の中でのやりとりを通して、ただ単に情報を正確に伝えるということではなく、とりとめもないことを話して共感したり、冗談を言い合ったり、励まし合ったりするようなことが、豊かな人間関係を築いていく上では欠かせない。つまり、このような相互的なコミュニケーションにおいては、聞き手の持つ役割は話し手のそれと同じくらい重要なのである。これは、親しい友人や家族との私的なコミュニケーションに限ったことではない。ビジネスや公的なコミュニケーションにおいても、「聞き上手であること」は重要であり、「聞く力」は肯定的に評価され、獲得したいスキルとしてとらえられている。

　私的であれ公的であれ、会話の中で「聞き手」は話し手に対する単なるサポート役ではなく、共に会話を構築し、相互行為を通して人間関係の根幹を支える大きな存在である。日本語の「聞くこと」には、「聞く」「聴く」「訊く」といった意味が混在する。そのため、「聞くこと」は相互行為の様々な場面

iv

や状況や人間関係が複雑に絡み合いながら多様に変化する、実に柔軟性のある行為として位置づけられる。「聞く」「聴く」「訊く」ことは、コミュニケーションにおいて、いったいどのような役割を担い、どのような機能を果たしているのだろうか。

　言語研究をふりかえると、コミュニケーションの古典的モデルは「話し手が情報を伝え、聞き手がそれに反応する」といった話し手中心の伝達モデルであった。1980年代から、談話研究が盛んになり、コミュニケーションを会話参加者間の相互行為（interaction）としてとらえるようになってきた。このようなアプローチが盛んになった背景には、会話の収録方法が発達し実際の会話をありのままに文字転記して分析することが可能になったことも起因するだろう。会話分析や談話分析を通して、実際の会話の有様は、話し手から聞き手への一方通行でなく、話し手も聞き手も、会話参与者としてともに会話を構築していることが明らかとなったのである。とりわけ1990年前後から、会話分析、談話分析、言語人類学、相互行為的言語学、相互行為的社会言語学、認知言語学等において、聞き手を意識した研究が行われるようになってきた（詳細は各章参照のこと）。「聞き手」を中心に見据えたコミュニケーション研究が、今まさに求められているのである。

　本書は、上記のような立場にたつ言語研究者からの発信である。2015年、2016年と2回のラウンド・テーブルを開催し、聞き手からの視点でコミュニケーションをとらえ直した多様なアプローチからの実証的研究を発表し合い活発な議論を行った[注]。本書は、2016年1月に開催したラウンド・テーブルをベースにした論文集である。聞き手行動についての一連の研究プロジェクトは、植野貴志子氏、難波彩子氏のイニシアティブでスタートした。お二人のご尽力がなければ本書の出版につなげることはできなかった。ここに記して感謝いたします。またそれぞれの執筆者の原稿を細かくチェックいただいた編集担当の丹野あゆみさんにも感謝申し上げます。

　本書の出版は、龍谷大学国際社会文化研究所の助成によるものである。本

書が、聞き手行動についての研究のさらなる発展に寄与すれば幸いである。

　2018 年秋

村田　和代

注

「リスナーシップとその役割の諸相をめぐって」（2015 年 3 月 21-22 日　岡山大学津島
キャンパスに於いて開催）共催：JSPS 科研費 17K02746（代表：植野貴志子）、JSPS 科
研費 26770142（代表：難波彩子）

「〈聞く・聴く・訊く〉こと―聞き手行動の再考」（2016 年 1 月 23–24 日　龍谷大学深草
キャンパスに於いて開催）共催：龍谷大学国際社会文化研究所及び上記科研

目　次

はしがき　　　　　　　　　　　　　　　　　　　　　　　iii

序章　聞き手行動をめぐる研究の背景
難波彩子　　　　　　　　　　　　　　　　　　　　　　　1

第 I 部
理論の再考・新モデルの構築

聞き手行動の「場の理論」による解釈
二者会話における相互ひきこみの発話とうなずき
植野貴志子　　　　　　　　　　　　　　　　　　　　　11

聞き手の参与枠組み再考
聞き手役割のモデル化の有用性
山口征孝　　　　　　　　　　　　　　　　　　　　　　33

聞き手行動が孕む二重の他者指向性
漫才のツッコミから見る聞き手行動研究の射程
岡本雅史　　　　　　　　　　　　　　　　　　　　　　59

第 II 部
制度的役割からの考察

ずれた発話をどう「聞く」か
授業内グループワークの参与者による「受け流し」
増田将伸　　　　　　　　　　　　　　　　　　　　　　91

グループの外の声を聞く
大学英語授業内グループワークの相互行為分析から
横森大輔 111

リスナーシップとラポール形成
まちづくりの話し合いのファシリテーターに着目して
村田和代 135

「聞き手」のふるまいから裁判員裁判の評議を考える
森本郁代 157

被疑者取調べにおいて「きく」（訊く／聞く）ということ
人称とモダリティに注目して
片岡邦好 179

第Ⅲ部
社会・文化からの考察

男女の会話の共創
リスナーシップとアイデンティティ
難波彩子 209

Melting the ice
初対面会話における共鳴現象としての笑いの機能
井出里咲子、ブッシュネル・ケード 241

目次　ix

「愚痴」に対する共感表明
「愚痴」の語り方と聞き手の反応の観点から

釜田友里江　　　　　　　　　　　　　　　　　　　　263

ポライトネス方略を伴う評価提示発話に対する
聞き手の「値踏み」行動を考える
「微妙」を中心に

首藤佐智子　　　　　　　　　　　　　　　　　　　　285

終章　聞き手行動研究の可能性
植野貴志子　　　　　　　　　　　　　　　　　　　　309

索引　　315
執筆者紹介　　321

序章
聞き手行動をめぐる研究の背景

難波彩子

1. 聞き手とは？

　従来の話し言葉を扱った談話研究では、主に話し手のパフォーマンスを中心とした研究が進められてきたが、近年では会話の中での聞き手の参加も考慮にいれた相互行為の研究が徐々に行われるようになっている。

　聞き手行動も視野に入れた研究では、会話への聞き手の積極的な参与についてしばしば言及されている。Tannen (1989: 100) は、聞き手が聞いたり理解したりする行動は「受動的な受信ではなく、むしろ積極的な解釈が必要とされるため、対話的な行為である」と指摘しており、従来受動的に考えられてきた「聞き手」の在り方とは違った新たな見方が必要とされることが示唆されている。会話における聞き手の役割を理解する上で、会話は話し手と聞き手の協働行為としてとらえることが重要となる。

　それでは話し手と聞き手の協働行為はどのように達成されるのだろうか。そのプロセスをみていくと、まず、聞き手はうなずき、微笑み、笑い、あいづちなど、聞き手の役割を示す様々な合図を送ることによって、話し手に継続的に応答している。次に、この合図によって、コミュニケーション機能が示され、この機能には参与者のアイデンティティ、態度やムードなど、「指標的な情報」(Laver and Hutchenson 1972) が含まれている。また、このコミュニケーション機能は、「会話の管理」(Maynard 1987) という、参与者がラポー

ルや感情的なつながりなど円滑な人間関係の構築や維持のために用いるストラジーと連動する。このような合図や機能に基づいて、聞き手が話し手に反応し、それにまた話し手が反応するような、相互的な応答反応が発生することによって、話し手と聞き手双方による会話の協働行為が達成される。こうした一連の協働行為のプロセスを踏まえると、従来の受動的な聞き手の在り方とは異なる、聞き手の創造的で活動的な側面が再認識される。このような側面や話し手と聞き手双方が会話を一緒に紡いでいくさまを通じて、聞き手がコミュニケーションの中で果たす役割は絶大なものとして捉えられる。新たな聞き手の役割の捉え方として、Namba（2011）では、相互的な関わりの中で会話参与者同士の協働行為がもたらす聞き手の基礎的な貢献として、「リスナーシップ」という概念を提案している。

2.　日本語会話の「聞き手」

　日本語会話における「聞き手」の参与形態は英語とは異なることがしばしば指摘されている。Hinds（1987）では、日英語のコミュニケーションの成否について、「話し手責任」と「聞き手責任」という特徴を挙げている。この分類によると、英語によるコミュニケーションでは、話し手の責任が重く、話し手は聞き手に誤解を与えないように言葉を尽くすことが期待される。一方、日本語でのコミュニケーションでは、聞き手の責任が重く、話し手が自分の考えや意見を十分に言語化しなくても、聞き手の方がそれを察すると考えられている。また、Yamada（1997: 38）でも、日本語のコミュニケーションの基本的な特徴の１つは聞き手重視であることが述べられている。さらに、このような特徴は、曖昧さ、思いやり、和、ウチとソトの区別、あまえなどを重んじる日本文化、日本人のアイデンティティや日本の社会的規範に由来すると考えられる（Lebra 1976, Yamada 1997）。日本語の日常会話では、しばしば会話の相手の言いたいことを「察する」ことが求められるが、この「察し」は日本語のコミュニケーションでは絶対に欠かせない、聞き手側からの

積極的な参与を示す指標と言えるだろう。このような日本語における聞き手行動の在り方を、Yamada（1997: 38）は「リスナートーク」という用語で特徴づけている。

　会話への聞き手の積極的な参与は、様々な言語及び非言語行動を通じて達成される。例えば、あいづち、終助詞やうなずきの使用（Kita and Ide 2007）、聞き手による問いかけ（植野 2014）や笑い（Namba 2011）、上記のあいづちやくり返し、反応表現、協力的な完結、ターン始まりのあいづちが含まれる「リアクティブ・トークン」（Clancy et al. 1996）などの研究から、日本語談話においては聞き手の行動が多様にちりばめられていることが伺われる。水谷（1993）では、聞き手による頻繁なあいづちの使用状況を観察し、聞き手が会話に積極的に関わりながら話し手と会話を一緒に紡いでいくさまを「共話」と名付けている。また、植野（2017: 118）では話し手と聞き手の 2 人からなる会話の中で 2 人が 1 つのストーリーラインを一緒になって「即興的に創出する現象」を「融合的談話」と名付け、融合的談話は「究極の共話」として位置付けている。「共話」や「融合的談話」は、私たちが当たり前のように日々行っている、私たちの日常に埋め込まれたコミュニケーションの在り方である。こうした「生きた」コミュニケーションの中に、改めて「聞き手」という存在の意味や役割、機能を多角的に検討していく必要があるだろう。

3.　アイデンティティ

　コミュニケーションを図る際に、私たちは情報のやりとり以外に、ことばや態度、雰囲気などから、「自分自身」、つまり「自分は何者なのか」というアイデンティティも同時に表している。従って、「（非）言語」と「アイデンティティ」は最終的には切り離されない関係にある（Joseph 2004）。「（非）言語」と「アイデンティティ」の密接なつながりを考慮し、自分自身と他者の目を通して私たちが一体何者であるのかということに対する理解を深めてい

くことが、「聞くこと」の全容解明にもつながるだろう。アイデンティティにはさまざまな要素が深く濃く絡んでくるが、特に、ここではアイデンティティを、「言語的なアイデンティティ」「社会的なアイデンティティ」「文化的なアイデンティティ」の3つの視点から考えていきたい。

　第一に、「（非）言語」はアイデンティティと切り離すことができない。Joseph（2004）によれば、私たちは自分自身や他者を通じて、改めて自分自身や他者の認識がなされるという。そして結果的にそれは、社会的な相互行為全体への理解を深めていくことにつながるということだ。私たちは何者なのか、そしてすべての人が何者であるのかという大きな問いに対して認識を深め重ねていくような、いわば、人生全般を占める大きな課題がアイデンティティの問題であり、それは言語と密接に関係していると言えよう（Joseph 2004: 13–14）。次に、社会的なアイデンティティについて述べるが、実は上述の「言語」とのつながりは深い。Bernstein（1964）（1996）では、2言語、またはそれ以上の言語間の区別を、「制限コード」と「精密コード」に分類している。「制限コード」は、労働者階級によって主に使用されるものであるのに対して、「精密コード」は、中産階級によって主に使用されるものであるという。それぞれのコードを用いることで、話し手のアイデンティティが同時に反映されるのである。「話し手のアイデンティティを示す」という点では似たようなことが日本人の男女のコミュニケーションでもみられる。たとえば、自分自身のことを「わたくし」と呼べば女性らしさが示され、「おれ」と呼べば「男性らしさ」が表現される。このように私たちは日常の中で無意識のうちにさまざまなコードを選択し、表現すると同時に、私自身のアイデンティティも提示していることになるだろう。第三に、「文化的なアイデンティティ」について考えたい。Barnlund（1975）は、日本人とアメリカ人の文化的なアイデンティティの違いを比較し、その違いは「公的自己」と「私的自己」にあるとしている。

　公的自己は、「プライベートではない公的な会話ができる領域」（三宅1994: 33）であるのに対して、私的自己は「親密な関係のまわりの人とはコ

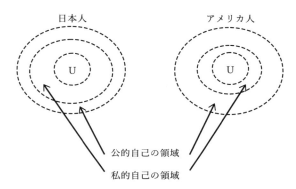

図1　日本人とアメリカ人の文化的なアイデンティティ
（Barnlund 1975, 一部著者により修正を追加）

ミュニケーションが成り立つ領域」（三宅 1994: 33）を指す。図1で示されているように、日本人の場合は公的自己よりも私的自己の領域の方が広く、アメリカ人の場合は私的自己よりも公的自己の領域の方が広いことが分かる。この日本人とアメリカ人の自己認識の違いについては、「ウチ・ソト・ヨソ」（三宅 1994）の関係性から考えることが可能である。「ウチ」は家族や友人などごく近しい関係に相当し、私的自己はまさにこの関係を指す。一方、「ソト」は同僚や上司など職場でつきあいのある人や上下関係など、それほど親しくはないが日常の中である程度接触がある人々を指す。また、「ヨソ」は「ソト」よりもより心理的に疎遠の関係を指し、全く普段関わりはないが何かのきっかけで関わる可能性がある人々を指し、通行人やサービス業の人などが含まれる。ウチは上記の「私的自己」に相当し、「ソト」と「ヨソ」が「公的自己」に相当するものとして考えられる。日本人の場合、私的自己の領域の方が公的自己の領域より広いということは、ごく近しいウチの人同士ではコミュニケーションが成立しやすいことを意味している。一方、アメリカ人の場合は私的自己よりも公的自己の領域が広く、ソトやヨソの他人とも親しく交わることを肯定する気持ちが強いと解釈される（三宅 1994）。このような違いがある両者が交わった場合、ミスコミュニケーションが生じる可

能性もある。お互いのコミュニケーションの在り方を押し付けた場合、日本人からすれば、アメリカ人のコミュニケーションの図り方は少々馴れ馴れしく、繊細さに欠けるよう捉えられるかもしれないし、逆にアメリカ人からすれば、日本人のコミュニケーションの図り方は少々冷たく、他人行儀に感じられるかもしれない（三宅 1994）。近年、異文化コミュニケーションが大きく叫ばれる中、異なる文化に属する相手と円滑なコミュニケーションを図る上で、このようなお互いの自己認識、つまりアイデンティティについて注視することが今後ますます求められるだろう。アイデンティティは、「言語」「社会」「文化」が複雑に交差しながら、私たちの日常、そして私たちがつながる人や環境と共に深く濃く根付き、同時に常に変容し続けていくものと言えよう。

　ここまで、アイデンティティと、特に「言語」「社会」「文化」の視点に着目して述べてきたが、アイデンティティの問題には、これら基礎的な視点を基軸に広がるさまざまなヴァリエーションがある。ジェンダー、民族性、社会的な役割（制度的な役割）などが一例となる。こうした視点が関わるアイデンティティ問題に、果たしてどのように「聞き手」の在り方が関わるのだろうか。このような疑問に挑むためには、従来のコミュニケーションでは受動的な存在とされてきた「聞き手」の役割や在り方を再考する必要がある。そして「聞くこと」を一元的に捉えるのでなく、「聞く」「聴く」「訊く」の多様な在り方を踏まえ、より柔軟に、そしてダイナミックに聞き手行動を捉えていくことが要となる。

4.　本書のねらい

　以上の背景をもとに、本書ではコミュニケーションにおける聞き手行動に着目し、民族性やジェンダー、多様な関係性といった社会的なフィルターが内在されたやりとり（制度的談話）において、会話参与者や対話者が示す聞き手行動の特徴や役割、「聞くこと」の在り方やメカニズム、新たなコミュニ

ケーション理論を見出すことをねらいとする。さらに、聞き手行動と、会話
参与者、対話者のアイデンティティの変容や構築との関連性についても考察
を行う。さまざまな談話を「聞く」「訊く」「訊く」という言語及び非言語行
動の観点から研究する各言語・コミュニケーション研究者の研究成果の報告
を通じて、「聞く」「聴く」「訊く」ことの諸相を明らかにする。ダイナミッ
クな聞き手の在り方を示した理論の再考や新しい理論・認知モデルの構築
（植野・山口・岡本）、社会的または制度的な役割からみた聞き手の在り方（増
田・横森・村田・森本・片岡）、ジェンダーからみたリスナーシップ（難波）、
日本人の聞き手の在り方（井出、ブッシュネル・釜田・首藤）、といった多角
的な視点から聞き手行動の新たな側面をあぶり出し、聞き手行動研究の今後
の可能性を探る。

謝辞

本章は平成 26 年度科学研究費若手研究（B）「現代日本社会におけるリスナーシップの役
割：世代・ジェンダー・異文化との交差」（課題番号 26770142, 研究代表 難波彩子）による
研究成果の一部である。本章の執筆及び編集にあたり、村田和代先生、植野貴志子先生に
貴重なコメントやご助言を頂き、心より感謝申し上げる。また、聞き手行動プロジェク
トの立ち上げから貴重なアドバイスやご支援を頂いてきた片岡邦好先生、井出里咲子先生
に深く感謝する。そして本聞き手行動のプロジェクトに関わるワークショップにご参加い
ただいた『聞き手行動のコミュニケーション学』執筆者の先生方にも多大なるご支援を頂
き、心からお礼申し上げたい。

参考文献

Barnlund, Dean C. (1975) *Public and Private Self in Japan and the United States*. Tokyo: The Simul Press.

Bernstein, Basil. (1964) Elaborated and restricted codes: Their social origins and some consequences. *American Anthropologist* 66(6): pp.55–69.

Bernstein, Basil. (1996) *Pedagogy, Symbolic Control and Identity: Theory, Research, Critique*. London: Taylor and Francis.

Clancy, Patricia, Sandra A. Thompson, Ryoko Suzuki and Hongyin Tao. (1996) The conversational use of reactive tokens in English, Japanese and Mandarin. *Journal of Pragmatics* 26: pp. 355–387.

Gardner, Rod. (2001) *When Listeners Talk.* Amsterdam: John Benjamins.

Goffman, Erving. (1974) *Frame Analysis.* Massachusetts: Northern University Press.

Goffman, Erving. (1981) *Forms of Talk.* Philadelphia: University of Pennsylvania Press.

Goodwin, Charles. (1986) Between and within: Alternative sequential treatments of continuers and assessments. *Human Studies* 9: pp.205–217.

Hinds, John. (1987) Reader versus writer responsibility: A new typology. In Conner, U. and R.B. Kaplan (eds.), *Writing across Languages: Analysis of L2 Text,* pp.141–152. Reading, MA: Addison-Wesley.

Joseph, John, E. (2004) *Language and Identity.* New York: Palgrave Macmillan.

Kita, Sotaro and Sachiko Ide. (2007) Nodding, *aizuchi*, and final particles in Japanese conversation: How conversation reflects the ideology of communication and social relationships. *Journal of Pragmatics* 39: pp.1242–1254.

Laver, John and Sandy Hutchenson. (1972) Introduction. In Laver, John and Sandy Hutchenson (eds.), *Communication in Face to Face Interaction*, pp.11–17. Middlesex: Penguin Books.

Lebra, Takie. (1976) *Japanese Patterns of Behavior.* Honolulu: The University of Hawaii Press.

Maynard, Senko. (1987) Interactional functions of a non-verbal sign: head movement in japanese dyadic casual conversation. *Journal of Pragmatics* 11(5): pp.589–606.

水谷信子 (1993)「『共話』から『対話』へ」『日本語学』7 (13): pp.4–10.

三宅和子 (1994)「日本人の言語行動パターン―ウチ・ソト・ヨソ意識」『筑波大学外国語センター日本語教育紀要』9: pp.29–39.

Namba, Ayako. (2011) *Listenership in Japanese Interaction: The Contributions of Laughter.* Unpublished doctoral dissertation, The University of Edinburgh, Edinburgh, U.K.

Tannen, Deborah. (1984/2005) *Conversational Style: Analyzing Talk among Friends.* Norwood, New Jersey: Ablex.

Tannen, Deborah. (1989) *Talking Voices: Repetition, Dialogue, and Imagery in Conversational discourse.* Cambridge: Cambridge University Press.

植野貴志子 (2014)「問いかけ発話に見られる日本人と学生の社会的関係―日英語の対照を通して」井出祥子・藤井洋子 (編)『解放的語用論への挑戦―文化・インターアクション・言語』pp.91–121. くろしお出版

植野貴志子 (2017)「日本人の聞き手行動―『融合的談話』を事例として」『日本語学』36(4)：pp.116–127.

Yamada, Haru. (1997) *Different Games, and Different Players.* Oxford: Oxford University Press.

第 I 部
理論の再考・新モデルの構築

聞き手行動の「場の理論」による解釈
二者会話における相互ひきこみの発話とうなずき

植野貴志子

要旨　本章では、二者会話において聞き手と話し手が１つのストーリーラインを共に創り出す現象を取り上げ、それがどのようにして起きるのか、聞き手の発話とうなずきに着目して分析し、さらに、そこでの聞き手と話し手のはたらきを「場の理論」（清水 2003）に基づいて解釈する。場の理論では、人と人は身体に生成するリズムを互いにひきこんで自他非分離的になり「場」を共有すると考える。聞き手と話し手によるストーリーライン創出の過程には、相互のうなずきとともに、繰り返し、先取りなどの「相互ひきこみ発話」が集中的に起きていた。場の理論に基づけば、二者によるストーリーラインの創出は、うなずきのリズムをひきこみ合って自他非分離的になった聞き手と話し手が場を共有し、「共感の交歓」を愉しみながら共通の思いに到達する過程として解釈される。

1.　はじめに

　会話において一方が経験を話し、他方がそれを受けるやりとりを観察すると、「話し手が聞き手に情報を伝え、聞き手が反応を返す」という話し手と聞き手の非対称的な役割関係を前提とした既存のコミュニケーション・モデル（cf. 喜多 1996）では説明しがたい現象が見られることがある。具体的には、どちらが経験を話す話し手で、どちらがそれを受ける聞き手か見分けにくいほどに話し手と聞き手の区別がなくなり、２人があたかも１つの口で話しているかのように１つのストーリーラインを創出する現象である。

　以下に例を挙げる。ここでは、話し手が、路上でひっくりかえったカラス

に出くわした経験を話している。聞き手は、その場面に居合わせたわけではないのに、話し手と同じ光景を見たかのようにストーリーの展開に参入している。

1 話し手：なんだろ、カラスぐらいおっきいと、けっこう
2 聞き手：びびるよね
3 話し手：なんだろ、うん、人間ぽいとは言わないけど、動物って感じだった
4 聞き手：しかも黒いしね

　聞き手は、話し手の「けっこう」（1行）の先を「びびるよね」（2行）と先取りして言い、さらに、話し手の「動物って感じだった」（3行）に「しかも黒いしね」（4行）と付け加えている。4つの発話をつないでみると、「なんだろ、カラスぐらいおっきいと、けっこう、**びびるよね**、なんだろ、うん、人間ぽいとは言わないけど、動物って感じだった、**しかも黒いしね**」（ゴシック部分が聞き手の発話）と、2人で1つのストーリーラインを紡ぎ出していることがわかる。

　日本人の話し方は、頻繁にあいづちを打ったり、相手の言わんとしていることを先回りして言ったりすることによって、聞き手、話し手の区別なく、2人が渾然一体となって1つの流れを生み出すことを特徴とする「共話」（水谷1993）と呼ばれてきた。上例のやりとりは、日本語会話の共話的性格が高密度で現れたものと言えよう。ここでの聞き手は、話し手と聞き手の非対称的な役割関係を前提としたコミュニケーション・モデルに収まりきらないほどに、相手の話に乗りこみ、その展開に貢献している。こうした現象は、どのような論理をもって説明することができるのだろうか。

　本章では、女性二者による会話から、聞き手と話し手が1つのストーリーラインを創り出す場面を取り出し、そこでの聞き手の発話と身体の動きの1つであるうなずき（首の縦ふり）に着目して分析する。その後、二者によるス

トーリーラインの創出をより適切に解釈するための思考装置として「場の理論」(清水 2003、2004)を取り入れる。

場の理論では、人と人は身体に生成するリズムを互いにひきこんで自他非分離的になると考える。場の理論に基づけば、聞き手と話し手が1つのストーリーラインを創出する現象は、うなずきのリズムをひきこみ合ってつながった聞き手と話し手が「共感の交歓」(communion of empathy)(Ueno 2017)を愉しみながら共通の思いに到達する過程として解釈される。

以下2節では、聞き手と話し手によるストーリーライン創出の事例を挙げて、聞き手の発話とうなずきを中心に分析する。3節で場の理論を導入し、4節で場の理論による聞き手行動の解釈を行う。

2. 「びっくりした話」における聞き手行動

2.1 データ

ミスター・オー・コーパス[1]と呼ばれる談話コーパスに収録された日本語母語話者の女性二者による会話13組より、1つの談話を取り上げる。会話参加者は初対面同士である。会話参加者には「びっくりしたことについて5分間自由に話してください」という指示が与えられた。二者はやや斜めに向き合い、椅子に座った状態で会話を行った。会話は録画・録音のうえ、文字化されている。

2.2 「カレーライス」の談話

分析対象とする談話「カレーライス」は、二者のうち一方が「えーと、私アルバイトをしていて」(01 行)と経験を話し始めたところから開始する。経験を話す者を「話し手」とし、その話を受ける者を「聞き手」とする。

話し手は40行目まで(省略部分を含む)のところで、「アルバイト先の喫茶店のお薦めメニューにカレーライスがあって、ラグビーをやっている男友達を呼んだら、その食べる量が半端じゃなくて、それがまあびっくりかなって

いう感じ。マスターがすごい量をよそってくださって、その男友達がそれを
まず平らげた。カレーのルーとライスが別になっていて、ルーだけちょっと
残った」という話をした。聞き手は、あいづち、うなずき（＜ ＞）を熱心に送
りながら話し手の話を聞いている。

談話「カレーライス」
01　話し手：えーと、私アルバイトをしていて
02　聞き手：［＜あ＞＜あ＞
03　話し手：［この近くに喫茶店があるんですけど＝
04　聞き手：　　　　　　　　　　　＝＜あ＞＜あ＞＝
05　話し手：　　　　　　　　　　　　　　＝／そこで、そこの、
　　　　　　こう、なんだろ、推薦、え、推薦、え、薦めてるメニューの1つ［が
　　　聞き手：　　　　　　　　　　　　　　　　　／＜　＞＜　＞
06　聞き手：　　　　　　　　　　　　　　　　　　　　［＜う［ん＞
07　話し手：［カレーライスっていうのがあるんですよ
　　　　　……（08〜34行省略）……
35　話し手：［それをまず平らげて
36　聞き手：［＜あ＞＜あ＞
37　聞き手：＜へ［え＞＜　＞
38　話し手：　　［で、カレーのルーと、ライスが、別になってるんですけど＝
39　聞き手：　　　　　　　　　　　　　　　　　　　＝＜ああ＞、
　　　　　　［＜ああ＞、＜ああ＞、＜ああ＞
40　話し手：［ライス、あ、ルーだけちょっと残っちゃって＝
41　聞き手：　　　　　　　　　　　　　＝＜うん＞うん＝
42　話し手：　　　　　　　　　　　　　　　　　＝で、そ
　　　　　　の男の子がもう1回、おかわりっていうことをゆったんです［よ
43　聞き手：　　　　　　　　　　　　　　　　　　　　　　　［ああ、＜＜
　　　　　　［あ＞＞、さすがだ
44　話し手：［したら、また、ドーンて、きて、／なんか、お釜に残ってる、ご飯
　　　　　　全部入れてくれ、［くださって／＜＜　＞＞
　　　聞き手：　　　　　　　　／＜　＞　＜　＞
45　聞き手：　　　　　［＜あ、ん＞、／（.）　優し＜＜い＞＞｛笑｝＝

聞き手行動の「場の理論」による解釈　15

```
46 話し手：                                      =<優 [ し>い
        んです{笑}
47 聞き手：                                           [優し
        いお店の人だ
48 話し手：<そう><なん>です{笑} =
49 聞き手：              =<うー><ん> =
50 話し手：                        =それ /で、入れてもらっ[て
   聞き手：                            /<  > <  > <  > <  >
51 聞き手：                                        [<<
        う[ーん>>
52 話し手： [それを、 /持って来てもらっ [て<  > <  >
   聞き手：           /<  > <  >
53 聞き手：                          [<うー><ん>
54 話し手：/<はい>、普通 [に全部
   聞き手：/<  > <  >
55 聞き手：        [それでぺろっと<平ら> [げちゃった<の>?
56 話し手：                    [<そう>なんですよー、な
        ん [か
57 聞き手：  [恐ろしい、さすがラグビー部は /<  > <  >違 [<う>
   話し手：                        /<  >
58 話し手：                              [違うんですよ
        ねー、それで =
59 聞き手：          =へ<え><え><え>=
60 話し手：                  =でも、なんか、ちょっと苦しんで
        たんで
   聞き手：                    {笑}
61 話し手：やっぱ、苦しいこともあるんだなと思いました<  >{笑}
```

　ここで注目するのは、「その男の子がもう１回、おかわりっていうことを
ゆったんですよ」という話し手の発話（42行）に対して、聞き手が「ああ、
<< あ >>、さすがだ」（43行）と大きくうなずいて感嘆したあたりから、二者
のかけあいが活発になっていくことである。

まず、45 行から 47 行にかけて、聞き手と話し手のあいだで「優しい」ということばが 3 回密着して繰り返されて、（お釜に残ったご飯を全部入れてくれた）「優しいお店の人」というアイディアが生まれている。その後、話し手による状況描写を聞き手が受け（50 〜 53 行）、54 行から 58 行では、話し手と聞き手の交互の発話により「はい、普通に全部、**それでぺろっと平らげちゃったの、**そうなんですよー、なんか、**恐ろしい、さすがラグビー部は違う、**違うんですよねー」（ゴシック部分が聞き手の発話）というストーリーのクライマックスが生み出されている。

二者間のかけあいが活発化するこの局面には、うなずきにも変化が起きている。聞き手が 43 行で「ああ、<< あ >>、さすがだ」と大きくうなずいたのを境に、それ以前は主に聞き手の側に起きていたうなずきが、聞き手と話し手の双方に高頻度で起きるようになる。コミュニケーション工学等の研究（長井他 2009 他）から、人と人が対面するコミュニケーションでは、互いのうなずきのリズムが伝播し合って、ひきこみ合い、身体的リズムが共有されることにより一体感の実現が可能になることが指摘されている。聞き手と話し手の相互のうなずきは、二者によるストーリーラインの創出とどのように関わっているのだろうか。

次項では、「優しい」の繰り返しからストーリーのクライマックスの創出に至る過程（44 〜 61 行）を、(1) 聞き手と話し手が「優しい」を繰り返す、(2) 聞き手が話し手の状況描写を受ける、(3) 聞き手と話し手がストーリーのクライマックスを創出する、の 3 つの段階に分けて分析を進めていく。

2.3　「相互ひきこみ」の発話とうなずき

「優しい」の相互の繰り返しからストーリーのクライマックスへの過程は、短い発話の瞬発的なかけあいによって瞬く間に起こっている。その過程を構成する発話現象には、(1) 相手あるいは自分の発話（の一部）を繰り返す「繰り返し」、(2) 相手が言いそうなことを先回りして言う「先取り」、(3) 相手の発話に大きく言い重なる「言い重なり」、(4) 相手の発話に強く関連する

ことを追加していく「付け加え」がある。これらの発話現象は、後述のとおり、聞き手と話し手の相互のうなずきを伴って、発話が発話を誘い、ひきこむようにして起きる。繰り返し、先取り、言い重なり、付け加えは、身体的リズムのひきこみをもたらすうなずきと作用し合って生じるものと考えられることから、総称して「相互ひきこみ発話」と呼ぶこととする。

　抜粋(1)は、「優しい」の連続的な繰り返しが起きる場面である。

(1)

44　話し手：[したら、また、ドーンて、きて、/なんか、お金に残ってる、ご飯
　　　　　　全部入れてくれ、[くださって/<<　>>
　　　聞き手：　　　　　　　　　　　　/<　>　<　>
45　聞き手：　　　　　　　　[<あ、ん>、/(.) 優し<<い>> {笑} =
46　話し手：　　　　　　　　　　　　　　　　　　=<優[し>い
　　　　　　んです{笑}
47　聞き手：　　　　　　　　　　　　　　　　　　[優　し
　　　　　　いお店の人だ
48　話し手：<そう><なん>です{笑}=

　44行目で話し手は、「ドーン」と言いながら両手で大きな山の形をつくったあと、杓文字でご飯を装うようなジェスチャーとともに「(略)ご飯全部入れてくれ、くださって」と、マスターがカレーを皿に盛る様子を臨場感たっぷりに語っている。その様子をうなずきながら見ていた聞き手(44行)は、話し手の発話の最後の部分「くださって」(44行)に言い重なって、「<あ、ん>」とうなずいたのち、大げさな抑揚で「優し<<い>>」と上半身を前に揺らし、大きくうなずいて言う(45行)。一方、話し手は、聞き手の「<あ、ん>」と「優し<<い>>」(45行)のあいだの一瞬の隙に、大きくうなずいている(44行)。つまり、聞き手のうなずきが話し手のうなずきを誘い、さらに、その話し手のうなずきにひきこまれるように、聞き手がうなずきを伴って「優し<<い>>」(45行)と発したのである。

聞き手が発した「優し≪い≫」(45 行)は、次に話し手によって、さらには聞き手自身によって繰り返されていく。話し手は、聞き手の「優しい」(45 行)に賛同するように、即座に「＜優し＞いんです」(46 行)とうなずいて言う。すると聞き手は、その話し手の発話(46 行)に大きく言い重なって、ほぼ同時に「優しいお店の人だ」と「優しい」を繰り返して断定的に言う(47 行)。それに対して話し手は、「＜そう＞＜なん＞です」(48 行)と 2 度うなずいて同意している。

このようにして、聞き手による「優しい」(45 行)が引き金となって、話し手と聞き手のあいだで「優しい」が交互に繰り返され、融合的な流れを生む。そして、「優しいお店の人」という 2 人の同意がストーリーラインに織り込まれていく。そこには、聞き手と話し手の交互のうなずきが伴っている。うなずきが発する身体のリズムと、同じことばの繰り返しが発するリズムが混合し、一体となって、1 つのストーリーラインが創られていくのである。

日本人の共話的な話し方の特徴として、あいづちの頻度の高さとともに、うなずきの頻度の高さが明らかにされてきた。メイナード(1992)によれば、日本人のうなずきはアメリカ人の約 3 倍の頻度を数える。さらに、アメリカ人のうなずきの約 92％が、相手の話を聞いているときに「続けてシグナル」として話者交替に関連して起きるのに対して、日本人の場合は、相手の話を聞いているときのうなずきは全体の約 67％に過ぎず、残りの約 33％は自分の発話に伴って起きる。また、日本人には、2 度、3 度と一定のテンポで連続するうなずきや、2 人のあいだで同期するうなずきが多く見られるという。このようなうなずきは、話者交替という枠組みでは説明しがたいものである。喜多(1996)は、日本語会話では同調のリズムを作り出すことが常に目指されており、うなずきの大部分は「同調のリズム作り」のために起こっていると指摘する。抜粋(1)におけるうなずきの多くは、自分の発話に伴って起きている(話し手：44・46・48 行、聞き手：45 行)ことから、発話中の相手に対する「続けてシグナル」というよりも、相互のリズムを調節する「同

調のリズム作り」として生じたものと言えるだろう。

　うなずきと同様に、繰り返しについても、日本語会話におけるその頻度の高さが指摘されている。落合他（2006）の会話データでは、日本人の繰り返しは、アメリカ人の 2.1 倍の頻度を数える。同じことばの繰り返しは、時に単純で冗漫な行為とみなされることもあるが（Johnstone 2002）、一方では、会話者間の共感をもたらすとともに、同調したことばのリズムを生む効果をもつ（Tannen 1989、落合他 2006）。同調したリズムを作り出すことを志向する日本語会話において、繰り返しは、うなずきによる「同調のリズム作り」（喜多 1996）と連関して起きることもあるのではないだろうか。

　次を見てみよう。「優しい」の相互の繰り返しを経て、抜粋(2)では、話し手は出来事の描写へと戻り、聞き手は、話し手の話を受けることに比重を戻していく。

(2)
```
48  話し手：<そう><なん>です{笑}＝
49  聞き手：　　　　　　　＝<うー><ん>＝
50  話し手：　　　　　　　　　　　　　＝それ /で、入れてもらっ[て
　　聞き手：　　　　　　　　　　　　　　　　　/< > < > < > < >
51  聞き手：　　　　　　　　　　　　　　　　　　　　　　　　　[<<
　　　う[ーん>>
52  話し手：　[それを、 /持って来てもらっ[て< > < >
　　聞き手：　　　　　　　/< > < >
53  聞き手：　　　　　　　　　[<うー><ん>
```

　興味深いことに、話し手が語り、聞き手がその話を受けるという非対称的な活動をしながらも、二者はそれぞれに自身の発話パターンを繰り返し、全体として調和したリズムを生んでいる。

　話し手は、「それで、入れてもらって」（50行）、「それを、持って来てもらって」（52行）と、「それ」で始まり「もらって」で終わる発話パターンを 2 度

繰り返している。一方、聞き手は、話し手の発話の終了部に、「<うー><ん>」(49行)、「<<うーん>>」(51行)、「<うー><ん>」(53行)と同じ形のあいづちを繰り返している。こうした発話パターンの繰り返しは、音声的、形式的に特徴付けられた談話の世界を生成して話し手と聞き手を包み込む効果をもつ(Tannen 1989)。

　話し手と聞き手がそれぞれの発話パターンを繰り返すやりとりにおいて、うなずきはどのように起きているのか。聞き手は、話し手の発話中(50・52行)に小刻みにうなずき(50行：4回、52行：2回)、また、話し手の発話終了部で、あいづちとともに大きなうなずき(49・51・53行)を送る。一方、話し手も、聞き手のうなずきにひきこまれるように、自身の発話(52行)が終わったところで、2度大きくうなずいている。しかも、その話し手のうなずきは、聞き手のうなずき(53行)と同期している。

　このように、聞き手はうなずきによって絶えず話し手に働きかけ、話し手もそれに感応してうなずいている。聞き手は話し手の話に伴奏するようにうなずきを送り、話し手は状況描写を進めながらも聞き手とうなずき合うことで、2人は「本質的に対称的」(喜多1996)なコミュニケーションを行っていると言えよう。

　続きを見てみよう。抜粋(3)では、聞き手と話し手がストーリーのクライマックスを共に創り出す様子が観察される。聞き手と話し手のうなずきが集中して同期する中、話し手ではなく聞き手の側が、先取り、付け加えによって、クライマックスの創出を推進していく。

(3)
52　話し手：[それを、　/持って来てもらっ [て< > < >
　　　聞き手：　　　　　　　/< > < >
53　聞き手：　　　　　　　　　　　　　　　　[<うー><ん>
54　話し手：　/<はい>、普通 [に全部
　　　聞き手：　/< > < >

55	聞き手：	［それでぺろっと＜平ら＞［げちゃった＜の＞？
56	話し手：	［＜そう＞なんですよー、なん［か
57	聞き手：	［恐ろしい、さすがラグビー部は /＜ ＞＜ ＞違［＜う＞
	話し手：	/＜ ＞
58	話し手：	［違うんですよねー、それで ＝
59	聞き手：	＝へ＜え＞＜え＞＜え＞＝
60	話し手：	＝でも、なんか、ちょっと苦しんでたんで
	聞き手：	｛笑｝
61	話し手：	やっぱ、苦しいこともあるんだなと思いました＜ ＞｛笑｝

　話し手が、（マスターに）「それを、持って来てもらって」（52行）、「はい、普通に全部」（54行）と言うと、聞き手は、その発話の最後の部分に言い重なりながら、「それでぺろっと＜平ら＞げちゃった＜の＞？」（55行）と先取りして問いかけている。話し手は、聞き手の先取り発話（55行）に大きく言い重なって「＜そう＞なんですよー」（56行）と強い調子で肯定する。すると聞き手は、話し手の「なんか」（56行）に間髪を入れず、「恐ろしい、さすがラグビー部は＜ ＞＜ ＞違＜う＞」（57行）とドラマチックな抑揚をつけて一層声高に付け加える。話し手は、聞き手が発した「違う」（57行）とほぼ同時に「違うんですよねー」（58行）と同じことばを繰り返して言う。このように、聞き手による先取りや付け加えの発話が話し手の言い重なりや繰り返しを引き出し、相互ひきこみ発話が織り重なってストーリーのクライマックスが形作られている。

　ここでのうなずきを見てみよう。聞き手は、先取りして「それでぺろっと＜平ら＞げちゃった＜の＞？」（55行）と発する直前に、2度連続して話し手と同時にうなずいている（52行の話し手と53行の聞き手のうなずき、および、54行の話し手と聞き手のうなずき）。聞き手は、ストーリーのクライマックスを予期し、その創出を自ら牽引するべく、うなずきにより話し手とタイミングを合わせているかのようである。さらに、聞き手は、自身の付け加えの

発話（57行）の途中で、2度うなずいて間をとっている。そのうなずきにひきこまれるように、話し手も同時にうなずいている（57行）。そして、聞き手は、話し手が同時にうなずいたのを確かめ、そこから勢いを得たかのように「違<う>」と声を強めてうなずきながら言う（57行）。その時、話し手は、聞き手による「違<う>」（57行）にひきこまれるように「違う」と声を揃えている（58行）。

　以上見てきたように、聞き手と話し手のうなずきによる「同調のリズム作り」が、うなずきの連続的同期というより深いレベルに達する中で、「はい、普通に全部、**それでぺろっと平らげちゃったの**、そうなんですよー、なんか、**恐ろしい、さすがラグビー部は違う**、違うんですよねー」（ゴシック部分が聞き手の発話）というストーリーのクライマックスの創出が実現したのである。

　その後、「やっぱ、苦しいこともあるんだなと思いました< >」（61行）という話し手の発話によってストーリーは終了している。

3.　場の理論

3.1　既存のコミュニケーション・モデルを超えた聞き手の行動

　談話「カレーライス」における「優しい」の繰り返しからクライマックスの創出へと至る過程には、聞き手と話し手の相互のうなずきを伴って、繰り返し、先取り、言い重なり、付け加えといった相互ひきこみ発話が集中的に起きていた。そこでは、一方のうなずきが他方のうなずきを誘い、ひきこむと同時に、一方の発話が他方の発話を誘い、ひきこむ。そのようにして、互いの発話がつながり、重なり合いながら1つのストーリーラインが生み出される。ストーリーのクライマックスに至っては、2人のうなずきが連続的に同期する中、話し手ではなく、聞き手によって、その創出が牽引されていた。

　既存の語用論は、総じてコミュニケーションに関与する人のあいだに「情報の発信者である話し手と受信者である聞き手」という非対称的な役割関係

があることを前提とし、理論の組み立ては、情報の発信者である話し手と受信者である聞き手が、いかに協力し合って共有知識を築くかという観点からなされてきた（喜多 1996）。日本語の共話的現象もそのような枠組みのもとに分析され、しばしば「より協調的」、「人間関係重視」、「聞き手志向」などと評されてきた。

　しかし、2節で論じたように、2人で1つのストーリーラインを創る過程においては、どちらが聞き手でどちらが話し手か見分けにくいほどに2人の境界が曖昧になって、互いの発話が交錯し、融合的になり、時には聞き手が話し手を主導することさえもある。こうしたコミュニケーションの様相は、話し手と聞き手の非対称的な役割関係を前提とした見方では捉えきれない。

　2人の境界が曖昧になり、1つのストーリーラインが生み出されるときの聞き手と話し手のコミュニケーションは、どのような論理によってより適切に解釈することができるのだろうか。次項では、この問題に応えるための思考装置として、自己と他者が非分離的になって場を共有する仕組みを理論化した「場の理論」（清水 2003、2004）を取り入れる。

3.2　自己の二領域性

　場の理論は、生物物理学者・生命関係学者である清水博により、生命のはたらきと自己の基本的性質を説明するために提唱された理論である。元々は語用論のための理論ではないが、会話における人と人のコミュニケーションにも有効に活用できると考える。

　清水（2003、2004）は、デカルトの「我惟う故に我あり」の「我（コギト）」という認識主体としての自己意識を第一原理として発展した近代科学は、主体から慎重に切り離した客体を研究対象とするため、自他が互いの運動を誘い自己組織的に秩序を生成する生命の自律的なはたらきを説明することができないと指摘した。そして、その問題を解決する考えとして、「自己の二領域性」を提示した。自己の二領域性とは、自己は、コギトに相当し頭脳性を担う「自己的自己」の周囲に、「場所的自己」と呼ばれる、身体性・感性を

自己の二領域性

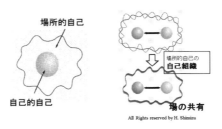

図1 自己の卵モデルと場の共有（清水 2004）

担う広い下意識の領域をもつとする考えである。

「自己的自己」と「場所的自己」の二領域からなる自己の構造とはたらきは、器に割り入れられた生卵の黄身と白身に例えて説明される。図1左イラストが示すように、「自己的自己」が黄身、「場所的自己」が白身に対応する。黄身は器のどこかに局在するが、白身は器全体に広がって遍在し、その状態を自己の内部に映す。そして自己は白身に映された器全体の状態を「場」として感じとる。すなわち器に広がった白身が場に相当する。黄身と白身は決して混ざらないが、白身が黄身に映り、また黄身のはたらきが白身に移るという循環を繰り返しながら、双方向から整合的な関係を作る。そのようにして、自己は場における自己を表現していく。

図1右イラストは、人と人のコミュニケーションにおける「自己の二領域性」のはたらきを示している。器の中に2つの生卵を割り入れたとき、各々の白身が互いの波動リズムを同調させてなじんでいくように、自己と他者は各々の身体に生成するリズムを相互にひきこんで同調し、各々の「場所的自己」が自他非分離的につながった状態を「自己組織」する。これが、「場の共有」である。「場所的自己」は身体性・感性を担うことから、自己と他者の「場所的自己」の共有、すなわち、場の共有は、身体的共振・共鳴、同時性、さらには、共感や共存在感覚を生むことになる。

3.3 「場所的自己」のはたらき

　他者と共有可能な遍在的自己領域であり、身体性・感性に関わる下意識のはたらきに相当する「場所的自己」の問題は、従来の科学ではほとんど扱われてこなかった。人文科学においても然りである。Brown and Levinson (1987: 85) はポライトネス理論の普遍性を謳う一方で、下意識が人の行動に重大な影響を与えることは分かっていても、そこにアクセスする理論的方法がないことを認め、下意識の問題は人文科学に立ちはだかる壁であると述べている。清水（2003、2004）が「場所的自己」の考えを提示したのは、従来の科学に矛盾しない方法で、下意識のはたらきを説明する道筋を立てるためであった。

　「場所的自己」のはたらきとされる人と人の身体のリズムのひきこみは、古くは Condon and Sander (1974)、Hall (1984) らが注目した現象である。Condon and Sander は、母子間のコミュニケーションにおいて母親の発話と幼児の運動のリズムが無意識のうちに同調する現象を「エントレインメント」と呼んだ。Hall (1984) は、Condon らの研究を引用しながら、身体的リズムが織りなす目に見えない網によって人と人がつながることで瞬発的な反応の連鎖が可能になると論じている。近年の脳科学の研究からは、発話リズムが同調すればするほどに脳波リズムも同調することが明らかにされている (Kawasaki et al. 2013)。

　私たちは、身体的な共振によって他者と自他非分離的につながる瞬間を日常的に経験している。対面する相手がうなずけば、自分も自ずとうなずく。相手が会釈をすれば、自分も思わず会釈をしている。また、音の波動を介して自己と他者が共振する経験もある。例えば、静寂な教会で荘厳なパイプオルガンの音が鳴り響くとき、その波動が身体の内部に伝わって震えるのを感じることがあるだろう。パイプオルガンの音の波動はリズムの網となって同じ空間にいる人々をつないでいる。人々がコンサートに集うのは、歌声や楽器から発する音の波動が、各々の身体の内部に共鳴的に伝わり、大きな波に飲み込まれるように皆の体が揺り動かされる、その一体感や共感的全体性に

26 第Ⅰ部 理論の再考・新モデルの構築

包まれる瞬間を愉しむためであろう。

「場所的自己」が担う身体性と感性は、互いに切り離せない密接な関係にある。何かを見て微笑ましいと思うとき、その思いは微笑みとして身体に現れる。何かを聞いて嫌な思いをすれば、その思いはこわばった表情として身体に現れる。相手が微笑めば、自分も自ずと微笑む。相手がこわばれば、自分も自ずとこわばってしまう。このように、感性に関わる思いや情動は身体に現れ、身体に現れた思いや情動は、他者の感性に触れて、その身体に伝播していく。身体性・感性の共有、すなわち、「場所的自己」の共有により、自己と他者の思いや情動は、融合し合い、滲透し合うのである。

「場所的自己」が遍在的であるということは、どういうことか。例えば、ドライバーが車体全体を自分の身体の延長のように感じ、狭い道を通るときに思わず身をすぼめてしまう現象は、身体性・感性が必ずしも皮膚を境にした体の内部だけで成り立つものではなく、遍在的な性格をもっていること（市川 1992）、つまり「場所的自己」の遍在性を示している。また、上に挙げたように、教会にいる人々がパイプオルガンの音の波動でつながるとき、あるいは大きなコンサート会場に集まった人々がリズムの大きな波に飲み込まれるとき、各々の身体は空間全体を取り込んだように拡張して感じられている。それは、身を置く場所の状況が各々の「場所的自己」に直接的に映され、それを各々が「場」として感じている、つまり、共有の場という全体の一部になっている状態なのである。

人は「場所的自己」により他者や自分を囲む環境と共振し、同調し、融合的な関係をつくる。これは、人間の普遍的な性質である。

次節では、場の理論に基づいて、聞き手と話し手が1つのストーリーラインを創出する過程における聞き手行動を解釈する。

4. 場の理論による聞き手行動の解釈

聞き手が話し手の話をうなずきながら聞き、話し手が聞き手のうなずきを

聞き手行動の「場の理論」による解釈　27

感受しながら話すとき、2つの生卵の白身と白身がリズムを同調させてなじんでいくように、聞き手と話し手は「場所的自己」を共有して自他非分離的になり、場の共有が進んでいく。

　抜粋（1）（再掲）を見てみよう。「場所的自己」により話し手とつながっている聞き手は、話し手が身振り豊かに描写する情景をあたかも自分も見ているかのように感じとる。そして、聞き手は、話し手が「（マスターが）お釜に残ってる、ご飯全部入れてくれ、くださって」（44行）と言ってうなずくリズムに共振しながら、マスターに対して話し手も感じたであろう「優しい」という思いを自ずと発する（45行）。「場所的自己」により聞き手とつながっている話し手も、共振するリズムに身を委ね、聞き手の「優しい」という思いをそのまま受け入れ「優しい」と繰り返す。（46行）。

（1）（再掲）

44　話し手：［したら、また、ドーンて、きて、/なんか、お釜に残ってる、ご飯
　　　　　　　全部入れてくれ、［くださって/<< >>
　　　聞き手：　　　　　　　　　　　　　　/< > < >
45　聞き手：　　　　　　　　　［<あ、ん>、/ (.) 優し<<い>>｛笑｝=
46　話し手：　　　　　　　　　　　　　　　　　　　=<優［し>い
　　　　　　　んです｛笑｝
47　聞き手：　　　　　　　　　　　　　　　　　　　　　　　［優　し
　　　　　　　いお店の人だ
48　話し手：<そう><なん>です｛笑｝=

　「優しい」という思いは、聞き手のものでもあり、話し手のものでもある。聞き手と話し手は、交互に送り合ううなずきのリズムによってつながり共振しながら、「優しい」という思いを繰り返し、「優しいお店の人」という2人の共通の思いを創り出していく。そこに共感が生まれ、次第に共存在感覚が深まっていく。

　次に、聞き手と話し手がストーリーのクライマックスを創出する場面を見

28　第Ⅰ部　理論の再考・新モデルの構築

てみよう。

(3)（再掲）

52　話し手：[それを、 /持って来てもらっ [て<　>　<　>
　　聞き手：　　　　　　/<　>　<　>
53　聞き手：　　　　　　　　　　　　　[<う><ーん>
54　話し手： /<はい>、普通 [に全部
　　聞き手： /<　>　<　>
55　聞き手：　　　　　　　　　[それでぺろっと<平ら> [げちゃった<の>?
56　話し手：　　　　　　　　　　　　　　　　　　　　[<そう>なんですよー、な
　　ん [か
57　聞き手：　　[恐ろしい、さすがラグビー部は /<　>　<　>違 [<う>
　　話し手：　　　　　　　　　　　　　　　　　/<　>
58　話し手：　　　　　　　　　　　　　　　　　　　　[違うんですよねー、
　　それで ＝
59　聞き手：　　　　＝へ<え><え><え>＝
60　話し手：　　　　　　　　　　　　＝でも、なんか、ちょっと苦しんでたんで
　　聞き手：　　　　　　　　　　　　　{笑}
61　話し手：　やっぱ、苦しいこともあるんだなと思いました<　>{笑}

　うなずきの連続的同期が起きるこの局面では、聞き手と話し手は、一層深いレベルで共振し、同調している。共存在感覚はさらに深化し、2人の境界が曖昧になって一体化していく。そして、聞き手、話し手という役割の区別がなくなり、互いの発話に重なり合うように、聞き手でも、話し手でも、どちらでもいいような発話が引き起こされる。聞き手による「それでぺろっと平らげちゃったの」（55行）という先取り、「恐ろしい、さすがラグビー部は違う」（57行）という付け加え、および、それらを補う話し手の発話は、そのようにして生まれたものと考えられる。

　「普通に全部、ぺろっと平らげちゃった」は聞き手と話し手が共に思い描く情景であり、「恐ろしい、さすがラグビー部は違う」は聞き手と話し手に共通する思いである。ストーリーのクライマックスの創出は、「場所的自己」

を共有し、共振し、同調するリズムでつながった聞き手と話し手が、2人で同じ情景を思い描き、その情景への共通の思いに2人で到達することにより実現したのである。

　ここで行われているのは、「聞き手が話し手から情報を得て共有知識を築く」という既存のモデル（cf. 喜多 1996）で捉えられるコミュニケーションではない。聞き手は、話し手が話す経験談をもとにして、話し手と身体のリズムを共有してつながり、共存在感覚に包まれて、2人の共通の思いを共に創るという「共感の交歓」（communion of empathy）（Ueno 2017）を愉しむコミュニケーションを行っているのである。

5.　おわりに

　話し手から聞き手への情報伝達を基盤としたコミュニケーション・モデルの背後には、コミュニケーションとは情報や知識をやりとりすることであるという了解がある。そうしたタイプのコミュニケーションは、「場所的自己」のはたらきがあまり関与しない、コギトとコギトによる頭脳性の交渉と言えるものである。しかし、日常生活において営まれているのは、頭脳性に偏ったコミュニケーションばかりではない。

　本章で扱った談話データに観察されたような、「場所的自己」のはたらきが顕在化した会話では、人と人が身体的リズムを共有してつながって、湧き出る思いをことばにのせる心地良さを感じ合うコミュニケーションが行われている。それは、人間の根源的な営みであり、そのようなコミュニケーションにおいてこそ、人は他者と共に在ることをより実感するのではないだろうか。

　自己の二領域性は、人間の普遍的なはたらきである。既存の語用論は、下意識的領域のはたらきを説明する方法をもっていないが、場の理論は、コミュニケーションにおける下意識的領域のはたらきをも説明しうる枠組みである。語用論に場の理論を加えることにより、語用論理論がより豊かな普遍性を備えていくことが期待される。

30 第Ⅰ部 理論の再考・新モデルの構築

謝辞

本章は、平成27〜29年度科学研究費基盤研究(B)「『場』の語用論モデルの構築：母語話者視点による通言語的実態分析に基づいて」(課題番号15H03208)、および、平成29〜31年度科学研究費基盤研究(C)「日本人の英語発話モデルの構築―話ことばの日英対照研究を基に―」(課題番号17K02746)の成果の一部である。

注

1　ミスター・オー・コーパス は、言語使用の異言語異文化比較を目的として同一条件を設定して収集された日本語、英語を含む6言語の談話資料である。3種類の談話(会話、課題達成談話、語り)の映像と書き起こしが収録されている(cf. 井出・藤井2014)。

トランスクリプト記号

本章で使用した文字化表記法は以下の通りである。

[　　　音声が重なり始めている時点を示す。

=　　　2つの発話が途切れなく密着していることを示す。

...　　　沈黙を示す。

/　　　うなずきが観察された箇所を示す。

< >　　うなずきを示す。

<< >>深い大きなうなずきを示す。

{ 笑 }　笑いを示す。

?　　　上昇イントネーションを示す。

(.)　　短いポーズを示す。

▨　　　繰り返しを示す。

……　言い重なりを示す。

傍点　先取りを示す。

傍点　付け加えを示す。

参考文献

Brown, Penelope and Stephen C. Levinson. (1987) *Politeness: Some Universals in Language Usage.* Cambridge: Cambridge University Press.

Condon, William and Sander, Louis. (1974) Neonate movement is synchronized with adult speech, *Science* 183: pp.99–101.

Hall, Edward T.(1984) *The Dance of Life.* New York: Anchor Books.

市川浩(1992)『身体論』講談社

井出祥子・藤井洋子編(2014)『解放的語用論への挑戦―文化・インターアクション・言語』くろしお出版

Johnstone, Barbara. (2002) *Discourse Analysis.* Oxford: Blackwell.

Kawasaki, Masahiro, Yohei Yamada, Yosuke Ushiku, Eri Miyauchi, and Yoko Yamaguchi. (2013) Inter-brain synchronization during coordination of speech rhythm in human-to-human social interaction. *Scientific Reports* 3: 1692, doi: 10.1038/srep01692.

喜多壮太郎(1996)「あいづちとうなずきからみた日本人の対面コミュニケーション」『日本語学』15(1): pp. 58–66. 明治書院

メイナード・K・泉子(1992)『会話分析』くろしお出版

水谷信子(1993)「「共話」から「対話」へ」『日本語学』12(4): pp.4–10. 明治書院

長井弘志・渡辺富夫・山本倫也(2009)「聞き手のうなずき反応を視触覚提示する音声駆動型身体的引き込みシステム」『日本機械学会論文集(C編)』75 (755): pp.163–171.

落合るみ子・植野貴志子・野村佑子(2006)「日本語会話における同調促進装置としてのあいづち、繰り返し、テイクオーバー―米語会話との比較から」『日本女子大学大学院文学研究科紀要』12: pp.29–41.

清水博(2003)『場の思想』東京大学出版会

清水博(2004)『自己に関する科学的研究』場の研究所

Tannen, Deborah. (1989) *Talking Voices: Repetition, Dialogue, and Imagery in Conversational Discourse.* New York: Cambridge University Press.

植野貴志子(2014)「「融合的談話」の『場の理論』による解釈」『待遇コミュニケーション研究』13: pp.18–34.

Ueno, Kishiko. (2017) Speaking as Parts of a Whole: Discourse Interpretation Based on *Ba*-based Thinking. (Unpublished doctoral dissertation). Japan Women's University, Tokyo, Japan.

聞き手の参与枠組み再考
聞き手役割のモデル化の有用性

山口征孝

要旨 本章では、従来の言語学で軽視されている「聞き手役割」も含めた参与枠組みのモデル化を提示し、データ分析によりそのモデルの有用性を示す。主な主張は、参与枠組みの中で、聞き手役割に話し手役割と同等のステータスを与えモデル化することが「参与」という概念の全体像の理解にとって有益であるという点である。具体的にはマイケル・ホー (Haugh 2013) で提案されたモデルを中心に聞き手が果たす決定的な役割を具体的な会話データ分析から例証し「受容のフッティング」という概念を「産出のフッティング」と対置する。最後に、言語使用を社会的コンテクストとの関連で研究する分野にとって社会歴史的コンテクストと非言語的マルチモーダルな要素の両面を射程に入れた参与枠組みを理論化していくことが「参与」の概念をより完全に理解することに繋がると結論付ける。

1. はじめに―本章の概要

　本章の目的は、従来の「参与枠組み (participation framework)」(Goffman 1981) では十分に理論化されていない「聞き手役割 (listenership/reception role)」に焦点をあて、これまで話し手だけに与えられていたインターアクションにおける能動的役割を聞き手にも与えた参与枠組みの必要性を論ずることである。このようなモデル化により、多数の参与者で行われる複雑なインターアクションの全体像の理解に近づくことも意味する。具体的には、参与枠組みに関する主要先行研究の検討をまず行い、その中から特にマイケル・ホー (Haugh 2013) により提唱された「受容のフッティング (reception footing）」を含めた参与枠組みのモデルを提示する。このモデルに至るプロセスとして、まず、会話分析で発見された「間接的標的（indirect target）」（Sacks et al. 1978）及び教師と多数の学生が参与する教室談話の例から「インターアクションにおける位置づけ（interactional positioning）」（Wortham 2003）という考え方を例示し、聞き手役割を参与枠組みに組み込む必要性を見る。続いて、Kádár and Haugh（2013）及び Yamaguchi（2009）のデータを再分析する。その際、一見会話に大きな影響を与えないと思われる聞き手の最小限の応答（"no"）や「笑い」と言った非言語的「コンテクスト化の合図」（Gumperz 1982）が果たす決定的な役割を示す。結論として、聞き手役割に焦点を当てた参与枠組みに関する更なる理論的・実証的研究が、語用論、会話分析、言語人類学にとって有益であると提案する。特に、記号論的に有意味な「笑い」や「うなずき」などのコンテクスト化の合図も射程に入れた参与枠組みを理論化することが必要であると述べる（難波 2016、山口 2015）。

　ここで本章の論旨を概観しておく。まず「参与枠組み」（Goffman 1974, 1981）という考え方がなぜ提案され、この概念がどのような理論的発展を遂げてきたかを主要先行研究の要点を素描することで示す。次に、ゴッフマンのミクロ社会学の洞察を取り入れた研究（Levinson 1988、Irvine 1996）から「発話出来事（speech event）」の下位区分としての「発話行為出来事（utterance event）」という単位を導入する。この分析単位を用いることで、同じ発話出来事内でも、常に「話し手」と「聞き手（受け手）」が動的に変化していく中で、「聞き手」を分析上いかにして同定するのかという問題の解決策となる。つまり、「発話行為（speech act）」を行うための単位としての「発話行為出来事（utterance event）」を措定する。この分析単位を例示するために会話分析で研究されている「間接的標的（indirect target）」（Sacks et al. 1978）と呼ばれる現象を考察する（2 節）。続く第 3 節では、言語の多機能性（multifunctionality）（Silverstein 1976）に注目すると、このような間接的標的を含む発話行為は「言及指示機能」だけでは十分に理解できず、「社会指標機能」を考慮しなければならない点を示す（Wortham 2003、Enfield 2006）。

第 3 節のまとめとして Haugh（2013）のモデルを提示し説明を加える。

　上記の Haugh（2013）による聞き手を含めた参与枠組みのモデルの実効性を例証するため、第 4 節では Kádár and Haugh（2013）及び Yamaguchi（2009）のデータを提示し聞き手役割に焦点を置いて再分析する。まず、Kádár and Haugh（2013）で分析されているデータを例になぜ「聞き手」を参与枠組みに組み入れるべきか、また先述のモデル（Haugh 2013）がいかに現象を捉えられるかを再確認する。Yamaguchi（2009）のデータ分析では、参与者全員の「インターアクションにおける位置づけ（interactional positioning）」（Wortham 2003）の理解が必要であるだけでなく、社会・歴史的コンテクストとしての「間テキスト性（intertextuality）」（Hill 2005）も考慮に入れるべき点を論ずる。最終節では、本章のまとめと考察を行う。特に、今後の研究課題として、インターアクションにおける「参与」の理解が必要である語用論、会話分析、及び言語人類学の分野において、マルチモーダルな視点から「聞き手役割」を含めた参与枠組み全体の理論化を行うことが生産的な方向であると提案する（5 節）。

2.　聞き手行動を理論化するための先行研究—「参与枠組み」

　本書の課題である「聞き手役割」を考える上で、本章では「参与枠組み（participation framework）」と呼ばれる分析モデルを出発点とする。このモデルは、20 世紀初頭のソシュールからチョムスキーを経て 1970 年代に至るまで、「話し手」と「聞き手」の二者だけが存在するという抽象的・非現実的な前提から言語使用が考えられていたことへの根本的批判から生まれたと言える。そこで本節の目的は、「話し手」と「聞き手」という二分法では捉えられない参与者役割を概念化した「参与枠組み」の輪郭とその発展に寄与した代表的研究の要点を記述することである。「参与枠組み」の考案者とされる人物が社会学者アーヴィング・ゴッフマン（Goffman 1974,1981）であり、彼の研究を出発点にするのが妥当であろう。ゴッフマンは、人間がイン

ターアクションに「参与する(participate)」ための役割には「話し手」と「聞き手」以外に様々な種類の「フッティング(footing)」に応じた役割があるとしている。「フッティング」とはインターアクションにおける「参与者間のスタンス、姿勢、自己像などの整合(alignment)の様式」(Goffman 1981、片岡など訳2016: 4)に関するものである。具体的には、会話の流れを変える「直接引用・間接引用、受け手の選択、感嘆詞、繰り返し、個人的な内容や関与を伴う会話、強調、トピックと文の主語を別のものにする、講義、議論などの談話の種類」(Goffman 1981: 127、筆者訳)などの要因によりフッティングが変化するとしている。

　このフッティングという概念化によって、ソシュール言語学の伝統では「話し手」と「聞き手」の二種類しかなかった参与者役割を、分析的に細分化することが可能になったのである。つまり、インターアクションへ参与する「話し手役割」を細分化したのが「産出フォーマット(production format)」であり、聞き手も含めた役割を「参与者役割(participant role)」(Levinson 1988)という概念で捉える。この細分化に関し以下その有用性と限界について記述する。

　まずこの「産出フォーマット」を理解するために、ゴッフマンによる4分類を示し、それを短い2つの例から考えてみる。この分析概念の要点は、言語学で用いられている「話し手」という概念だけでは実際の発話を「産出する」側の社会的役割を理解するのに全く不十分であるという認識である。そこで、話し手役割りを「産出フォーマット」とし、発話を行う際に話し手が果たし得る4種類の役割をフッティングに応じて分類する。具体的には、(1) アニメーター／発声者(animator)、(2) オーサー／著作者(author)、(3) プリンシパル／責任者(principal)、(4) フィガー／登場人物(figure)が考案されている (Goffman 1981: 144–145、Goffman 1974: 523)。ここで注意すべき点は、最後の「フィガー／登場人物」はゴッフマンの「フッティング」論考(Goffman 1981)では抜け落ちているが『フレーム分析』(Goffman 1974)では示されている点である (Goodwin and Goodwin 2004: 224)。本章の目的に

とって「フィガー／登場人物」は欠くことができない参与者役割であるので
用いることにする。

　上記の「産出フォーマット」の一例として、Culpeper and Haugh（2014）
から採られた、ブッシュ元大統領（George W. Bush）の 2001 年 9.11 同時多発
テロ直後における "Either you are with us, or you are with the terrorists"（「我々
と共にあるのでなければテロリストの見方である」）という発話を分析する。
ブッシュ元大統領はこの発話を実際に「物理的に生み出した人物」なので
「アニメーター／発声者」であるのと同時に「プリンシパル／責任者」でも
ある。なぜなら、大統領はこの発言の「責任」を（すべてではないにしても）
負うからである。しかし、意見が分かれるのは、大統領自身がこの発話の
「オーサー／著作者」であるかどうかである。それは、大統領のスピーチに
はその原稿を書くスピーチライターの存在が広く知られているからである。
更に、「責任」という問題に関して述べると、この発言は大統領だけではな
く「アメリカ政府」にも当然責任があると言えよう。また、このような大統
領を選挙により選んだ「アメリカ国民」にも全く責任がないとは言えないと
いう人々もいるだろう。最後に、この発話で描かれている「フィガー／登場
人物」を考えてみると、一人称複数形 "us" が「アメリカ政府」を指すのか「ア
メリカ国民」を指すのかが曖昧であり、二人称代名詞の "you" に関しては誰
が聞いて（読んで）いるのかでその意味が変わってくる（Culpeper and Haugh
2014: 122）。このように「産出フォーマット」による話し手役割りの 4 分類
により、従来では不明であった一個人の「話し手役割」の社会的多面性（特
に「社会的責任」）が明らかにされるのである。

　スピーチや会話などの話し言葉以外に、書き言葉による制度的談話に対す
る「社会的責任」を考える上でも「話し手・書き手」という概念だけでは不
十分であり、産出フォーマットによる分析が有効である。仮に、アメリカ
食品衛生局が「ミラクルブレッド（架空のパンの商品名）で体が頑強になる
（"Miracle Bread builds strong bodies"）」という誇大広告に対して訴訟を起こ
した場合を考えてみる（Hill and Irvine 1992）。原告として衛生局が訴えるの

は、「オーサー／著作者」としての広告代理店及びその代理店と契約し広告の文言を実際に書いたコピーライターでもなく、その広告を新聞紙上に載せた「アニメーター／発声者」としての新聞社でもない。裁判で被告となるのは、「プリンシパル／責任者」であるパン製造会社である（1992: 11）。この（架空の）広告のように（非明示的ではあるが）「引用された発話」を考える場合、責任を負う人物あるいは団体は実際の発話を行った「話し手・書き手」とは必ずしも一致しない点にも注意する必要がある。

　ここで、本題である「聞き手役割」に入る。「話し手」同様に「聞き手」という参与者役割だけでは分析できない現象を示すことがポイントである。具体的にはゴフマンは「聞き手」を「承認参与者（ratified participant）」と「未承認参与者（unratified participant）」に分類している（Goffman 1981）。前者は話し手が直接視線などを向けて話しかける「受け手（addressee）」と直接の受け手ではないが承認された受け手としての「傍参与者（side-participant）」に細分化される（Clark and Carlson 1982）。後者の「未承認参与者」のうち、会話には参加していないが、少なくとも部分的にはその内容を理解し得る立場の聞き手を「バイスタンダー／側聞者（bystander）」と呼ぶ。レストランの例を使えば、食事をしている顧客の横で注文を受けるなどの目的で脇に控えているウェイターはこれにあたる。これに対し、レストランで隣の席に座っていて会話を漏れ聞くことができる他の顧客は「オーバーヒアラー／漏聞者（overhearer）」である。更に、顧客の会話に秘かに耳を傾けたり、盗聴器を使って聞いている人がいたらその人は「イーブズドロッパー／盗聴者（eavesdropper）」となる（Culpeper and Haugh 2014 参照）。

　上記のゴフマンの考え方を更に発展させた重要な研究にスティーヴン・レヴィンソンの論考（Levinson 1988）がある。これは、ゴフマンの言語学に対する貢献を称える編著（Drew and Wootton 1988）の中の一章であり、"Putting Linguistics on a Proper Footing"（「言語学を適切なフッティングに置く」）と題されている。この中で、レヴィンソンは、発話行為における話し手及び聞き手の役割を「参与者役割（participant roles）」と名付け 17 種類の範

疇に分類している（その分類の仕方の詳細は省略するが、音韻論の弁別特徴にヒントを得た二項対立（+/-）を用いた参与者役割範疇の設定である）。しかし、このような参与者役割の更なる細分化に対しては批判がある。そのような批判の１つに、インターアクションにおいては、参与者役割は原則として無限に存在し得ることから、有限個の役割範疇に固定することは不可能であるというものがある（Irvine 1996）。この批判はある意味で正しい。それは、インターアクションにおける参与者役割は、まったく同じ形で再生産されることは厳密な意味ではないからである。このような、言語使用場面での一回限りの記号の生起をトークン（token）と呼ぶ。これに対して、本章では参与者役割のモデル化を提案する立場から、トークン・レベルではなく、個々の事例を抽象化した記号のパターンの集合としての「タイプ・レベル（type-level）」での参与者役割をレヴィンソンより単純化した形で提示する。そうすることで参与者役割に関する有意味な一般化に向かうと考えるからである。

　本章にとってもっとも重要なレヴィンソンの貢献は、従来の「発話出来事（speech event）」より小さな「発話行為出来事（utterance event）」を分析単位として提案している点である。つまり参与者役割を同定する際、常に発話出来事における役割なのか、特定の発話行為における役割なのかが曖昧であるという問題提起と解決策の提示である（例えば、学会の基調講演者は発話出来事では常に「話し手」であるが、講演後の質疑応答の際に質問を受けるという発話行為出来事では「聞き手」となる）。本章にとって、この「発話行為出来事」という分析単位が、「聞き手役割」を同定するのに有益であるので採用する。そこで「発話行為出来事（utterance event）」を「個々人が発話を行う際に、参与者役割が変わらない一定の会話におけるターン（順番）の塊り、つまり、参与者役割の集合の機能と発話を行う個人の集合が一定になっている単位」と定義する（1988: 167–168、筆者訳）。この「発話行為出来事」という単位を会話分析で発見された「間接的標的（indirect target）」から例示する。以下は Sacks, Schegloff, and Jefferson（1978）の例を Levinson（1988: 166）より改変して再掲する。

40　第Ⅰ部　理論の再考・新モデルの構築

　以下の4人からなる会話ではSharonがMarkを「受け手」として、Karen
がいる前で話している。つまりKarenは「傍参与者」であり、かつ「間接的
標的」である。またRuthieも「傍参与者」であるが「間接的標的」ではない。
ここで注意すべき点は、レヴィンソンが指摘する通り、ゴッフマンの「聞き
手役割」の概念化ではRuthieとKarenの参与者役割（共に「傍参与者」）の区
別ができないという限界を呈している（Levinson 1988: 167）。

データ（1）　Levinson（1988: 166）
　1. Sharon: You didn't come to talk to Karen?
⇒2. Mark:　　No, Karen - Karen and I are having a fight (0.4)
⇒3.　　　　　 after **she** went out with Keith and not with me
⇒4. Ruthie: Hah hah hah hah
　5. Karen:　Well, Mark, you never asked me out
〔日本語対訳〕
　1. Sharon: (Markに向かって)Karenに話しをしに行かなかったわね。
⇒2. Mark:　　いや、Karen、Karenと僕は喧嘩していて(0.4秒沈黙)
⇒3.　　　　　 **彼女は僕ではなくKeithと出かけた後だったから**
⇒4. Ruthie: ははは((笑))
　5. Karen:　だって、わたしに出かけようって一度も誘わなかったじゃない、
　　　　　　　Mark

　上記の会話での参与者役割を考える際、人称代名詞が参与者間の「位置づ
け（positioning）」を決めるのに重要な役割を果たしている。つまりKarenが
その場にいるにもかかわらず3人称で指示されている（3行目の"she"参照）。
従って、KarenはSharonとMarkの会話からは排除されているが、話題の
中心として「標的」となっている。そこで5行目では標的となったKarenが
反論を開始している。このことからもインターアクションにおける関係性か
ら生じる意味の重要性がわかる。このように、「何」を話しているかという
言及指示的意味だけではなく、その場の参与者間の関係性を考慮に入れた社
会指標的意味（だれが「受け手」でだれが「傍参与者」であるか）も重要であ

る（3 節でこの点に戻り詳述する）。

　更に 1–4 行目の発話の塊りでは、話し手（「発声者」・「著作者」・「責任者」）として Sharon、受け手として Mark、そして傍参与者として Karen と Ruthie という参与者役割が一定であるので「発話行為出来事（utterance event）」として同定する。この際、聞き手役割により大きな役割を与える必要があることは 2–3 行目の「受け手」である Mark の能動的発話からも見て取れるし、4 行目の「傍参与者」の Ruthie による「笑い」も「コンテクスト化の合図」（Gumperz 1982）としてこの会話の意味の構築に貢献していると言える。この聞き手が果たす決定的な役割こそ本章にとって本質的問題を呈しているので、以下考察していく。

　Levinson（1988）に続く重要な研究に Goodwin and Goodwin（2004）による「参与（participation）」と題された論考がある。本章にとってこの研究のもっとも有意義な点は、ゴッフマンの「フッティング」の限界として、話し手だけが「独立した世界」に生きており、聞き手の会話への参与及び話し手との相互作用がほぼ無視されている、と指摘していることである。そこで、ゴッフマンの分析枠組みの限界を超えるために、話し手だけに与えられている能動的な認知的役割を聞き手側にも与える必要があると主張している（2004: 227）。この主張は上記のデータ（1）の分析とも整合しているので受け入れる。ただし、Goodwin and Goodwin（2004）は Irvine（1996）と同様に聞き手役割に「静的な範疇」を与えることに反対している（2004: 225）。先述したように本章では、このような参与者役割の無限の拡大化という立場を取らず、個々のトークン・レベル（個々の事例）での違いを捨象し、聞き手役割に話し手役割と並行する同等の参与役割をタイプ・レベルで与えてモデル化することを提案する。このような聞き手役割を含めた参与役割のモデル化にホー（Haugh 2013）の研究がある（Kádár and Haugh 2013、Culpeper and Haugh 2014 も参照）。特に話し手役割りにおける産出フォーマットと並行した聞き手役割として「受容のフッティング（reception footing）」というモデル化を以下提示する。

42　第Ⅰ部　理論の再考・新モデルの構築

　モデル提示の準備作業として、次節ではゴッフマンのフッティングの定義で曖昧であるインターアクションにおける参与者間の「スタンス(stance)」、「整合(alignment)」または「位置づけ(positioning)」という概念を操作化し、多機能的言語理論から見直す(3.1)。以下では「位置づけ」という用語を一貫して用いる。その後、ホーの受容のフッティングを含めた参与枠組みモデルを日本語の試訳と共に提示し説明を付す(3.2)。

3.　インターアクションにおける位置づけと聞き手役割を含めたモデル

3.1　位置づけ (positioning) としてのフッティングについて

　本節ではゴッフマンの「フッティング」という概念を操作化するためのアプローチを聞き手役割に焦点を当てながら示す。このアプローチは、会話を行う際に話し手と聞き手は情報を交換しながら同時に互いの社会的立場の「位置づけ(positioning)」を行うという前提から出発する。例えば、上記データ (1) において「間接的標的(indirect target)」と呼ばれる社会的相互行為を見た。その際、Sharon が Mark を「受け手」、Karen を「傍参与者」と「位置づけて」発話を行った。このような複数の参与者からなるインターアクションにおける「位置づけ」をより十分に理解するためには、言語の多機能性に注目する必要があることを以下見ていく。一般化した言い方をすれば、多機能的言語理論の観点から言語使用を見ると、言及指示的情報のやり取りは必然的に社会的位置づけの形成にもつながる (Enfield 2006、山口 2016 参照)。パース記号論的に言えば、発話は「言及指示(reference)」という機能だけではなく、「社会指標的(social-indexical)」機能も同時に果たす、ということである (Silverstein 1976)。

　本節の例として、アメリカの高校での授業場面で、教師が主導するディスカッションにおいて教科書に出てくる「登場人物」と授業内での「参与者(教師及び生徒)」の位置づけが並行関係(パラレル)となる「参与者例(participant example)」と呼ばれる興味深い現象を示す (Wortham 2003)。具体的には、

歴史教科書の登場人物であるローマ帝国時代の独裁者「シーザー」と部下の「キケロ」との関係が、実際の授業場面の参与者である（独裁者のような）男性教師「スミス先生」と（独裁者に反抗的な部下のような）男子生徒の一人「モリス」との関係とパラレルになるようなインターアクションを「参与者例」と呼ぶ。以下データ（2）に見られる参与者例から「位置づけ（positioning）」という考え方を例証していく。

　データ（2）はシカゴ都市部のとある高校の授業を録音したものから採られている。ここでの主な参与者は、アフリカ系アメリカ人の男女の生徒たちと教員2名である。ディスカッションは、教員の一人 T/S「スミス先生」とアフリカ系アメリカ人の男子生徒 MRC「モリス」を中心に展開しているが、他の参与者も決定的に重要な役割を果たす。以下のインターアクションを理解するために、背景として知っておくべき要因を述べる。このシカゴ都市部にある高校は、概して生徒の学力が低い。そのような生徒に対し、特別な教授法が提案され、古典的名作（この授業では『キケロの書簡集』）を読むことで低学力層の生徒に新たな視点から学びの機会を与えるという「歴史」と「英語」の共同授業が行われることになった。この授業では教員として、T/S「スミス先生」（男性）と T/B「ベイリー先生」（女性）という教養のある中流階級の白人アメリカ人二名がいる。この授業中、スミス先生が、モリスに教科書の登場人物である独裁者としてのシーザーを自分（スミス先生）だと仮定し、他の男子生徒たちが自分を階段から突き落として殺す陰謀が企てられているというシナリオを提示する（注として、アフリカ系アメリカ人男子生徒は基本的に先生と敵対する関係にあり、特にモリスとスミス先生はこの学期中、授業内で口論を何度も繰り広げていた）。そしてモリスがその陰謀を知ってしまったという仮の状況を提示する（Wortham 2003: 195）。

　更に、スミス先生はモリスに「陰謀があることを自分にこっそり教えてくれるか」、と質問する。しかし、モリスは「もし他の生徒がそのことを発見したら自分の身が危うくなるから、陰謀の密告はしない」と答える。それに対し、スミス先生は「独裁者シーザーを暴君と思うか」とモリスに尋ねる。

44 第Ⅰ部 理論の再考・新モデルの構築

それに対し、モリスは肯定的に答える。するとスミス先生は、「暴君は人々を苦しめる悪い人間であるから殺しても何の罪にもならないのだから、陰謀に加わればいいではないか」、とモリスを問い詰める。それに対し、モリスは「自分がそのような陰謀には加わると苦境に陥るので関わらない」と答える（Wortham 2003: 196–197）。

　この直後のスミス先生（T/S）、ベイリー先生（T/B）、そしてモリス（MRC）のやり取りの書き起こしであるデータ（2）を、女子生徒のキャンディス（CAN）と他の生徒たち（STS）の反応も入れつつ提示する。まず、原文データを再掲しそのすぐ後に日本語対訳を付け分析する。その際、矢印（⇒）と太字体は分析の焦点を際立たせるために筆者が付したものであり、原典には存在しないことを注記する。

データ（2）　Wortham（2003: 198）

```
     T/S: gee you sound terribly confused Maurice.
          sort of like Cicero here.
     T/B: what w- if you knew that they actually you know
          there's a group of kids that are actually going to
          do:
225       this dastardly deed. and you know that there's
          going to be some reaction. what might you do th-
          and you kn- you know basically while you might not
          be- enamored totally of Mr. Smith or myself you-
          basically: don't wish that we were crippled for
          life or whatever,
230       what might you do that day. you know that's going
          to come that this is all going to happen on
          Wednesday,
⇒         what are you going to do that day.
⇒    CAN: I would try to warn you.
⇒    STS: right. I would [overlapping [comments]
```

```
⇒235 T/B:                    [he's- he's not- he's not going to
        warn us though.
     T/S: no.
     T/B: what- what are you going to do that day Maurice.
          (1.0)
⇒     MRC: stay away. [ 2 syll ]
⇒240 T/B: what are you going to do?
⇒     MRC: I'm going to stay, away so I won't be- be:
     T/B: so you're not going to come to school on Wednesday.
⇒     MRC: no
⇒     CAN: that way he's a coward.
  245 ST?: what would you do.
     MRC: what would you do.
⇒     T/S: a coward.
     CAN: yeah 'cause he's scared.
```

〔日本語対訳〕

スミス先生：	ああ、モリス、君はすごく頭が混乱しているようだね
	この教科書に出てくるキケロみたいだよ
ベイリー先生：	もし君が他の生徒が
	何人かの生徒が実際このとんでもない行為をする計画を知ったら
225	つまり何らかの反乱があるだろうと知ったなら
	そもそも君ならどうする
	スミス先生のことも私のこともすごく好きではないとしてね
	でも私たちが一生肢体不自由になることは望んでいないとして
	とにかく
230	その日に君ならどうすると思う　この計画が進んで
	この陰謀が今度の水曜日に決行されること知ったら
⇒	その日に君はどうする
⇒キャンディス：	私だったら先生に警告するわ
⇒生徒たち：	そうだ　わたしだったら〔複数の発言の重なり合い〕

46　第Ⅰ部　理論の再考・新モデルの構築

⇒235　ベイリー先生：　　　　　　　　　　　　　　〔でもこの子、この子は、この子
　　　　　　　　　　　は私たちに警告しないわ
　　　　スミス先生：　そうだね
　　　　ベイリー先生：モリス、君はその日にどうするつもり (1.0秒沈黙)
⇒　　　モリス：　　　学校から離れている〔2音節の発話〕
⇒240　ベイリー先生：どうするつもり
⇒　　　モリス：　　　学校から離れているつもりだから学校にはいない
　　　　ベイリー先生：つまり水曜日に君は学校に来ないのね
⇒　　　モリス：　　　うん
⇒　　　キャンディス：じゃあこの子は臆病者だわ
　245　生徒?：　　　君ならどうする
　　　　モリス：　　　君ならどうする
⇒　　　スミス先生：　臆病者
　　　　キャンディス：そうだわ　だってこの子は怯えているんだよ

　　上記データは「話し手」と「聞き手」という参与者役割だけでは到底満足
な分析ができない。教員が二人、モリスの他生徒が多数いる複雑なインター
アクションとなっているからである。分析にあたり、第2節で導入した「発
話行為出来事 (utterance event)」の同定から開始する。一番目の発話行為出
来事は、221–222 行目のスミス先生の発話を受けて、223 行目からベイリー
先生がモリスにしている質問とそれに続く答えの部分である。232 行目で
「その日に君はどうする」とモリスに対し再び聞いている。ここで、ベイリー
先生に「産出フォーマット」の中から「発声者」の役割が与えられる。「責
任者」と「著作者」の役割も与えられるが、この質問はスミス先生が考案し
たシナリオから生まれたので、二人の教員に「責任者」と「著作者」の役割
が与えられるべきであろう。そしてモリスが「登場人物」となっている。こ
の質問に対し、「聞き手」として、モリスではなくキャンディスと他の生徒
たちが「傍参与者」の立場から仮定法過去の *would* を使い「モリスの立場で
あったら」として答えている (233–234 行目)。このような聞き手役割を「説
明者 (accounter)」(Haugh 2013) と呼ぶことにする。つまり、キャンディスと

他の生徒たちは、殺されるかもしれない先生二人に対して、道義的責任があると感じ「説明義務」を果たす社会的行為として発話しているからである。

　二番目の発話行為出来事は、先生二人の235–237行目の対話であり、代名詞の "he（「この子」）" を用いることでモリスに「対して」ではなく、モリスに「について」話していることになる。ベイリー先生が「産出フッティング」の「責任者」・「著作者」・「発声者」の役割を担い、モリスが「登場人物」である。「受け手」としてのスミス先生が237行目で「解釈」を行っているので「解釈者（interpreter）」（Haugh 2013）となり、モリスが聞き手として「標的」となる。

　最後の発話行為出来事を分析する。まず、238、240、242行目で、ベイリー先生が再びモリスに質問をするので「産出フォーマット」の役割を与えられ、239、241、243行目ではモリスはそれらの質問を「受けて」いるので「受容のフッティング」を与えられる。その際、モリスは自分の行為の説明をしているので「受け手」であると同時に「説明者」となる。注意すべきは、このやり取りの後、聞き手であるキャンディスが244行目で三人称単数の "he" を用い、モリスを「臆病者」と呼び、スミス先生も247行目で同様に「臆病者」と呼んでいる。これは「解釈者」と呼ばれる聞き手役割になる。同時に、モリスは何も発話を行っていないが、聞き手として「標的」となっている。このようなモリスを排除するインターアクションは彼にとって非常にダメージの大きなものであることは想像に難くなく、モリス以外の「聞き手」の反応がモリスを「標的」として「位置づける」のに大きな役割を果たしていることが見て取れる。

　本項では、言語の多機能性の観点からゴッフマンの「位置づけ」を実際のデータ分析から例証した。分析では「聞き手役割」を「話し手役割り」と対応する形で発話行為出来事ごとに示した。次項では Haugh（2013）のモデルを提示し説明する。

3.2 聞き手役割を含めたモデル（Haugh 2013）

　上記データ（2）の分析でフッティングという概念を操作化するためにインターアクションにおける「位置づけ」を「聞き手」が果たす役割に焦点を当てて見た。ここでシステマティックな形で話し手役割と聞き手役割を対応させた参与者役割のモデルを「参与フッティングのタイプ（型）」（Haugh 2013=Kádár and Haugh 2013: 128）として、日本語に試訳し提示する（図1参照）。ここで繰り返し強調したいのは、図1は「タイプ」としてのモデル化であり、「トークン（個々の事例）」のパターンから導き出されたものという点である（又、本章のデータでは「未承認参与者」は分析上不要なので省略してある）。

　「話し手役割」に関しては、Haughはゴッフマンの「産出フォーマット」を踏襲しているが「産出のフッティング（production footing）」という用語に言い換えている。4種類の産出のフッティングは「登場人物」、「責任者」、「著作者」、そして「発声者」である（注意点として、日本語では共に「発声者」と訳してあるが英語ではゴッフマンの"animator"の代わりにより誤解の少ない"utterer"を用いている）。意図としては、「産出のフッティング」という用語を用いることで、聞き手役割の「受容のフッティング」と対応させているものと思われる。そこで「聞き手役割」としての「受容のフッティ

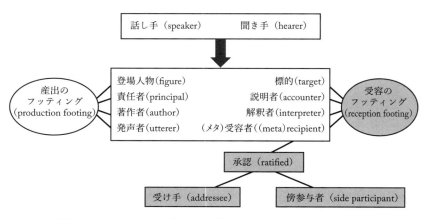

図1　参与フッティングのタイプ（Kádár and Haugh 2013: 128）

ング」は、「産出のフッティング」に呼応する形で「標的(target)」、「説明者(accounter)」、「解釈者(interpreter)」、「(メタ)受容者((meta)recipient)」と名付けられている。これらの役割は承認された聞き手であれば「受け手」でも「傍参与者」でも引き受けられる役割である。

　この「受容のフッティング」にある4種類の役割を定義・解説する。まず、「標的」は発話の際その場にいる人(あるいは団体)であり、「登場人物」に対応する受容のフッティングの役割である。次の「説明者」とは、発話の説明責任を負う聞き手であり、「責任者」に対する受容のフッティングの役割である。三番目の「解釈者」は、発話を解釈又は評価する聞き手であり、最後の「(メタ)受容者」は発話を聞いたり、観察している受け手である(注として、「メタ受容者」とはテレビを見ている視聴者やラジオを聞いている聴者が挙げられる。つまり、テレビで話している人は直接の受け手ではないので「メタ的な」聞き手役割となる)。このモデルの汎用性を示すために、第4節では他の2種類のデータを分析する。

4.　聞き手役割に焦点を当てたデータ分析例

　3節までの理論的・実証的議論を踏まえ、図1を参照しながらデータ(3)を分析する。データ(3)では5行目のRadhikaの発話に注目することで聞き手が果たす重要な役割を確認する。

データ(3)
```
  1. Gurmeet: then what are the complaints?
  2. Elder:         ((cocks her head)) uh uh, beg your
                    pardon?
  3. Gurmeet: why are you complaining then.
  4. Elder:         ((steps back))↑ am I complaining?=
⇒5. Radhika:   =no::
  6. Gurmeet:((smiles)) heh [heh
```

```
  7. Elder:                    [I'm answering questions that
               they asked.
  8.           I am not complain-
  9. Gurmeet:but but you are saying ...
```

〔日本語対訳〕
```
  1.Gurmeet: それなら何が不満なんだ
  2.Elder:    (頭を傾げて)ええ、もう一度言ってよ
  3.Gurmeet: なんで君は不平を言っているんだ
  4.Elder:    (一歩下がって)私が不満を言っているですって
⇒5.Radhika: ちが:::う
  6.Gurmeet: (微笑んで)へへへ
  7.Elder:    あいつらが聞いた質問に答えているだけだよ
  8.           不満なんて言っていないよ
  9.Gurmeet: でもでもああだこうだ言っているじゃないか
```

　データ (3) の会話は映画 *Dumb, Drunk and Racist*(『馬鹿で酔っ払いの人種差別主義者』)(2012) と題されたオーストラリア先住アボリジニーが直面する様々な社会問題に関するドキュメンタリーから採られている。この会話を理解するには、先住アボリジニーである Elder が、インド人である Gurmeet に「先住民は理由もなく不平不満を言っている」と批判され気分を害していることを読み取ることが必要である。産出のフッティングからデータを見ると、1、3、9 行目で Gurmeet は「発声者」、「責任者」、「著作者」の役割を担っていて、Elder が「登場人物」となっている。それに対し、受容のフッティングとして Elder は「標的」になっており、また「解釈者」でもあり「説明者」でもある。2、4、7 行目の Elder の反応は産出のフッティングから見て「発声者」、「責任者」、そして「登場人物」である。だが「不平を言う」という言葉の「著作者」は Gurmeet に帰せられている。

　このデータで最も注目したいのは、5 行目の別のインド人 Radhika の反応である。この場面で Radhika は傍参与者であるが、産出のフッティングから見ると、Elder の 4 行目の発話に対する「説明者」であり「解釈者」である

だけでなく、Gurmeet のそれ以前の発話（1、3 行目）の「説明者」ともなっている。つまり聞き手として Radhika は Elder に対する同意・賛同を示しつつ Gurmeet の発話を道徳的に説明責任のあるもの、つまり、人の気分を害するものとして位置付けている。このように、傍参与者である聞き手の最小とも思える反応（"no"）であっても参与フッティングからみると多層的役割を果たしていると言える。次のデータ（4）もこのような傍参与者のフッティングという観点から見るとインターアクションの全体像がより理解できる。

　ここでデータ（4）の背景を略述する。2003 年春にアメリカ南部でフィールドワークを行うことでデータ収集をしていた筆者（Masa）は、イラク戦争勃発という事態に遭遇した。その際、アメリカ人インフォーマントとこの戦争の合法性について何度か口論していた。主な争点は、以下のものであった。つまり、筆者の立場からは、この戦争は国際法違反の侵略戦争であるからただちに中止すべきである、というものであった。それに対し、アメリカ人インフォーマント（Ace、Jane、及び Dan）はサダム・フセイン政権の少数民族クルド人抑圧を理由にイラク侵攻を支持していた。このような口論の後、その日は、大学近くの日本食レストランで筆者を含め 4 人でランチに出かけた時の会話の一部である。以下のデータでは Dan の発話はない（Yamaguchi 2009）。

データ（4）　Yamaguchi（2009: 395）
```
  1.Ace:  My host family asked me what I thought about it
          (2.0)
  2.      I told them Americans do not like surprise
          attacks.
⇒3.Jane: ha ha [ha
⇒4.Masa:       [Huh?
  5.Ace:  M:y host family when I was in Japan, they go,
          what do you like-,
  6.      what do you- what do you think of
```

52　第Ⅰ部　理論の再考・新モデルの構築

```
            ((unintelligible)) September 11th?
  7.        I told them-, I said Americans do not like
            surprise attacks.
  8.Masa:   [Uh uh
  9.Jane:   [ha ha ha ha ha
 10.Ace:    ((pause)) I was- I was trying to hint at Pearl
            Harbor
```

〔日本語対訳〕

```
    1.Ace:    僕のホストファミリーは、それについてどう思うって聞いたんだ
    2.        アメリカ人は奇襲攻撃が好きじゃないって言ったんだよ
⇒  3.Jane:   (笑)ははは
⇒  4.Masa:   え？
    5.Ace:    日本にいた時のぼくのホストファミリーが言うには、「えっと
    6.        9.11のこと、どう、どう思う」って聞いたんだ
    7.        ぼくは「アメリカ人は奇襲攻撃が好きじゃない」って言ったんだ
    8.Masa:   あ:::
    9.Jane:   (笑)はははは
   10.Ace:    (沈黙)ぼくはね、ぼくは真珠湾攻撃のことをほのめかしていたんだ
             よ
```

　このデータを Ace の発言を中心に会話分析（Sacks et al. 1978）の立場で見れ
ば 1–2 行目が「問題のある発話（problematic display）」であり、5–7 行目は「修
復（repair）」となる。この間、話し手と聞き手が一定しているので「発話行
為出来事（utterance event）」と考えられる。ここで興味深いのは 3 行目で、
傍参与者の Jane が「解釈者」として「笑い」という聞き手行動を示してい
る（難波 2016 参照）。それに対し、4 行目の Masa は「受け手」であるが「解
釈者」として理解できないことを示す発話（"Huh?"）を行っている。この 4
行目の発話を受けて、Ace は 5–7 行目で「修復」を行い、10 行目でアメリ
カ人インフォーマントには暗黙の了解となっている前提をより明示的な形で
言い換えている。つまり、Ace は「9.11 同時多発テロ事件」も「真珠湾攻撃」
も共に「奇襲攻撃（surprise attack）」であり、それこそ国際法違反である、

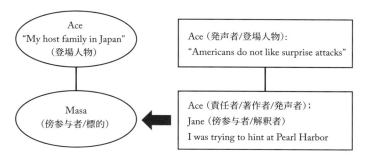

図2　産出のフッティングと受容のフッティングのパラレルと参与者の位置づけ

ということを筆者に示している。これは当時起こっていたイラク戦争を「国際法違反」として批判していた筆者を「標的」として逆に批判する発話である。この点を以下更に詳述する。

つまり、参与フッティングの観点から見ると、Aceの1、5行目では日本人ホストファミリーとAce自身が「登場人物」であり、発話場面では受け手としてのMasa（筆者）が同じ「日本人」として「標的」となっている点が重要である。ここでは、Aceの語りの「登場人物」である"My host family"と発話場面の「受け手」の一人Masaを同時に指し示すことでインターアクション場面において発話者間の位置づけを行っている。つまり、話し手（Ace）が「登場人物」を語りで描き、語りが実際になされている場面で受け手がその「登場人物」にパラレルに呼応する「標的」ともなっているのである。先に述べたように、参与者の一人を語りの中の登場人物とパラレルに語る「参与者例」(Wortham 2003)という現象を「参与フッティングのモデル」で補足するとより完全な分析となる。この説明を図示すると図2のようになる。

5. 考察及び今後の課題

本章ではソシュール以来の言語学では二種類しかなかった「話し手」と

「聞き手」という参与者役割だけでは言語使用の分析には不十分であるという認識から出発した。そこでゴッフマン（Goffman 1981）の「参与枠組み」理論にある「フッティング」という着想から、話し手・聞き手の分析的細分化を試みた。特にゴッフマンを受けたレヴィンソン（Levinson 1988）、グッドウィン及びグッドウィン（Goodwin and Goodwin 2004）、そしてホー（Haugh 2013）の一連の研究を検討することで聞き手役割の重要性を強調した。本章のデータ分析から聞き手に話し手と同等の能動的な役割を与えたモデル化は、分析対象となったインターアクションのより深い分析に寄与したと言えるだろう。

　最後に今後の課題に関し、データ（4）を中心に（2）及び（3）にも言及しながら述べたい。データ（4）で Ace は、日本人ホストファミリーと筆者をパラレルに位置づけながら、真珠湾攻撃と 9.11 同時多発テロ事件を「同一化」した、という分析を行った。しかし、この分析には単なる「一解釈」、あるいは「拡大解釈」であるという疑問の声がある。筆者の反論は、バクチンが提案した「間テクスト性」（Hill 2005）の観点から見ると、メディア談話が上記の分析の妥当性の証拠となるというものである。つまり、2001 年 9 月 11 日の同時多発テロ後に見られた「真珠湾攻撃」と「9.11 事件」の同一化という一連のメディア報道のパターンが、データ（4）の会話に参加したアメリカ人の前提となっている「奇襲攻撃（surprise attack）」ということばの含意が上記の 2 つの歴史的事件を同時に指標するという主張の証左になるのである。このようなメタディスコースが「マクロ」な社会・歴史的コンテクストとして存在し、「ミクロな」日常会話をフレームしている点を確認したい（Yamaguchi 2009）。この点は多くの日本語を母語とする読者には受け入れがたい「社会的事実」かもしれない。

　分析的・理論的観点から今後の課題を述べる。近年のマルチモーダルに指向した会話分析（例えば、Goodwin and Goodwin 2004）に見られるように、「エンボディメント（具体化・身体化）」に着目した「笑い」やジェスチャーなどに注目した分析は大いに評価される。しかし、データ（4）の「見えない

コンテクスト」である「真珠湾攻撃」と「9.11」の同一化は、会話分析の皮相なコンテクスト概念では決して理解できない重要な暗黙の了解である。このような観点から見ると、データ(2)の「深い理解」には、アメリカ合衆国における 17 世紀以降の黒人奴隷の歴史というコンテクストが無関係とは言えないだろう。更に関係が深い社会現象としては、現在も度々起こる「レーシャル・プロファイリング(racial profiling)」と呼ばれる黒人(有色人種)を標的にした白人警官による逮捕(時には射殺)の慣行である。これが、「白人の先生」対「黒人の(男子)生徒」という対立図式の前提となる「プリ・テクスト(pretext)」として存在する。データ(3)に関して言えば、先住アボリジニーの虐殺の歴史と彼らが現在も直面する白人社会オーストラリアでの差別という「見えないコンテクスト」が Elder と他の参与者の「参与者役割」を理解するのに不可欠であることは明らかであろう。

　結論として、「聞き手」に焦点を当てた参与枠組みに関する更なる研究により、会話分析、語用論、言語人類学が関心を示す社会的行為への参加としての「参与」をより完全に理解することができるだろう。そのためには、ここで示したモデル化の汎用性を確かめる更なる実証的研究の積み重ねが必要であり、それは新たな理論化にも繋がるだろう。その際、「マルチモーダル」なアプローチとして「ミクロ」な非言語的記号現象(「笑い」や「うなずき」などのジェスチャー)と共に「マクロ」な社会・歴史的コンテクストの理解も必要不可欠であろう。

謝辞

本章を執筆にあたり龍谷大学の村田和代氏には大変有益な教示を頂きお礼を申し上げます。また岡山大学の難波彩子氏にも感謝の意を表したい。

参考文献

Clark, Herbert H. and Thomas B. Carlson. (1982) Hearers and speech acts. *Language* 58(2): pp.332–373.

Culpeper, Jonathan and Michael Haugh. (2014) *Pragmatics and the English Language*. Basingstoke: Palgrave Macmillan.

Drew, Paul and Anthony Wootton. (eds.) (1988) *Erving Goffman: Exploring the Interaction Order*. Boston: Northeastern University Press.

Enfield, Nick J. (2006) Social Consequences of Common Ground. In Nick J. Enfield and Stephen C. Levinson. (eds.) (2006) *Roots of Human Sociality: Culture, Cognition and Interaction*, pp.399–430. Oxford: Berg.

Goodwin, Charles and Goodwin, Majorie H. (2004) Participation. In Alessandro Duranti. (ed.), *A Companion to Linguistic Anthropology,* pp.222–244. Oxford: Wiley-Blackwell.

Goffman, Erving. (1974) *Frame Analysis: An Essay on the Organization of Experience*. New York: Harper & Row.

Goffman, Erving. (1981) *Forms of Talk*. Philadelphia: University of Pennsylvania Press.

Gumperz, John J. (1982) *Discourse Strategies*. Cambridge: Cambridge University Press.

Haugh, Michael. (2013) Im/politeness, social practice and the participation order. *Journal of Pragmatics* 58: pp.52–72.

Hill, Jane H. (2005) Intertextuality as Source and Evidence for Indirect Indexical Meanings. *Journal of Linguistic Anthropology* 15 (1): pp.113–124.

Hill, Jane H. and Judith T. Irvine. (1992) Introduction: Responsibility and Evidence in Oral Discourse. In Hill, Jane H., and Judith T. Irvine (eds.) *Responsibility and Evidence in Oral Discourse,* pp.1–23. Cambridge: Cambridge University Press.

Hymes, Dell. (1974) *Foundations in Sociolinguistics: An Ethnographic Approach*. Philadelphia: University of Pennsylvania Press.

Irvine, Judith. (1996) Shadow conversations: The indeterminacy of participant roles. In Michael Silverstein and Greg Urban (eds.), *Natural Histories of Discourse*, pp.131–159. Chicago: University of Chicago Press.

Kádár, Dániel Z. and Michael Haugh. (2013) *Understanding Politeness*. Cambridge: Cambridge University Press.

片岡邦好・池田佳子・秦かおり (2016)「参与・関与の枠組みの変遷と周辺領域」片岡邦好・池田佳子・秦かおり編『コミュニケーションを枠づける―参与・関与の不均衡と多様性』pp.1–23. くろしお出版

小山亘 (2008)『記号の系譜―社会記号論系言語人類学の射程』三元社

Levinson, Stephen C. (1988) Putting linguistics on a proper footing: Explorations in

Goffman'sconcepts of participation. In Paul Drew and Anthony Wootton (eds.), *Erving Goffman*, pp.161–227. Cambridge: Cambridge University Press.

難波彩子 (2016)「日本語会話における聞き手のフッティングと積極的な関与」片岡邦好・池田佳子・秦かおり編『コミュニケーションを枠づける—参与・関与の不均衡と多様性』pp.109–129. くろしお出版

Sacks, Harvey, Emanuel A. Schegloff, and Gail Jefferson. (1978) A Simplest Systematics for the Organization of Turn Taking for Conversation. In Jim Schenkein. (ed.) *Studies in the Organization of Conversational Interaction*, pp.7–55. New York: Academic Press.

Silerstein, Michael. (1976) Shiftrs, Linguistic Categories, and Cultural Description. In Keith Basso and Henry A. Selby (eds.) *Meaning in Anthropology* (pp. 11-55). Albuquerque: University of New Mexico Press.

Wortham, Stanton. (2003) Accomplishing identity in participant-denoting discourse. *Journal of Linguistic Anthropology* 13(2): pp.189–210.

Yamaguchi, Masataka. (2009) Non-understanding as a heuristic to hypothesizing cultural models: A meta-oriented sociolinguistic strategy. *Journal of Sociolinguistics* 13(3): pp.387–410.

山口征孝 (2015)「コンテクスト化の合図から見たリスナーシップ」『日本語用論学会第18回大会論文集』11: pp.271–274.

山口征孝 (2016)「異文化間対話における雑談の美学—rapport（対人構築的）–report（情報伝達的）機能連続性仮説の立場から」村田和代・井出里咲子編著『雑談の美学—言語研究からの再考』pp.239–260. ひつじ書房

聞き手行動が孕む二重の他者指向性
漫才のツッコミから見る聞き手行動研究の射程

岡本雅史

要旨 本章は、聞き手行動の観点から、聞き手の能動的な振る舞いが会話を共同構築する様態を明らかにする試みの1つである。具体的な手順としては、まず H. Clark らの「理解提示方略」と E. Schegloff らの「修復」概念を接合することで、聞き手行動の論点を整理した。さらに、漫才対話におけるツッコミ発話事例の認知語用論分析を行い、漫才対話に見られる「オープンコミュニケーション」構造が、直接の受け手のみならず、対話の場の外部にいるオーディエンスへの指向性を含めた二重の他者指向性を実現していることを論じた。それらを踏まえて、こうした二重の他者指向性が日常会話での聞き手行動における共有基盤構築の営みと通底するものであることを明らかにすることで、今後の聞き手行動研究の新たな方向性と課題を示した。

1. はじめに

　会話は話し手と聞き手が織りなす動的な相互行為と捉えることができる。このとき、聞き手に焦点を当てると、話し手の発話を所与の時点においてどのレベルで理解しているかを提示しつつ、話し手ないしは聞き手自身、さらには他の参与者の次発話への準備を促す側面がある。その意味で聞き手は、単なる受動的な反応者というよりも、むしろ能動的に理解を表明し、自身が話し手となる次ターンにおいての発話デザインを行う、いわば話し手との共同行為としての会話を構築する上で欠くべからざる役割を果たしていると捉えるべきであろう。それでは聞き手は会話という共同行為においてどのよう

な方略で何を目指しているのであろうか。

　本章では、聞き手行動の観点から、聞き手が能動的に振る舞うことで会話構築に貢献する様態とその動機づけを解明することを目的とする。方法としては、漫才対話という、一見すると日常会話とは距離のある対話場面を取り上げ、これを筆者が提案する「オープンコミュニケーション」概念（岡本ら 2008）にもとづいて一般化することを通じて、日常会話場面の分析にもオープンコミュニケーション概念が孕む二重の他者指向性が適用可能であることを示唆したい。

　本章の構成は以下の通りである。まず、Clark and Schaefer (1989) の理解提示方略と Schegloff, Jefferson, and Sacks (1977) の「修復」概念を接合することを通じて聞き手行動の論点を整理する。さらに、「発話事態モデル」（崎田・岡本 2010）を補助線として聞き手行動を再整理することで、肯定的な「リアクティブ・トークン」（Clancy, et al. 1996）では顕在化しえない聞き手の理解の焦点が、非承認的な返答によって顕在化することを示す。これを踏まえて「オープンコミュニケーション」の 1 つの典型とみなすことができる漫才対話の実例について、それぞれのツッコミ発話に着目して分析を行う。そしてこの分析を通じて、漫才におけるツッコミ発話が、単にボケ役の発話（者）に対する指向性だけでなく、対話の場の外部にいるオーディエンスへの指向性を含めた二重の他者指向性を実現する機能を担っていることを明らかにする。これにより、最終的には日常会話においても同様の二重性が生じる可能性を示唆することで、今後の聞き手行動の研究の新たな方向性と課題を示す。

2.　聞き手行動の諸相

2.1　理解提示方略

　Clark and Schaefer (1989) は話し手の発話を理解していることを示すための証拠となる聞き手の振る舞いを 5 種類に整理している。本章ではこれを聞

き手が取るコミュニケーション方略として捉え、「理解提示方略」と呼ぶこととする。

(1) 理解提示方略（Clark and Schaefer 1989）
 a. **注意の継続**（continued attention）：話し手の発話に引き続き注意を払ってみせることで現在の発話に満足していることを示す
 b. **関連する次発話の開始**（initiation of the relevant next contribution）：現在の発話と同じくらい高いレベルでの関連性を持つ発話を次発話として行う
 c. **承認**（acknowledgment）：うなずきや 'uh huh' や 'yeah' などの短い返答を行う
 d. **理解部分の明示**（demonstration）：話し手の意味を理解した内容の全体ないしは一部を明示する
 e. **逐語的提示**（display）：話し手の発話の全体ないしは一部を逐語的に提示する

 注目すべきは、こうした理解提示方略のうち、特に (1a) と (1c) では（しばしば (1b) も）先行発話のどのレベルを聞き手が理解しているかは不明であり、Schegloff (1982) の謂う「先に進む促し（continuer）」と同様、「相手の話を聞いている」ことだけを提示していると考えられる。他方、(1d) や (1e) では話し手の意味をどこまで理解しているかを多少なりとも明示しているので、ここでは仮に「明示的理解提示方略」と呼んでおく。このとき聞き手はどうしてわざわざ話し手に対し、自身が理解している部分を示す必要があるのだろうか。聞き手行動を考える際、こうした明示的な理解提示の動機付けを考察する必要がある。
 一方、Clancy らは、話し手のターンにおいて聞き手役割を維持したまま聞き手が発する短い発話を「リアクティブ・トークン（Reactive Tokens）」と呼び、それを、(i) あいづち詞（backchannels）、(ii) リアクティブ表現

(reactive expressions)、(iii) 引き取り (collaborative finishes)、(iv) 繰り返し (repetitions)、(v) あいづちによるターン開始 (resumptive openers)、の 5 つに分類している (Clancy, et al. 1996)。これは、従来では広義の「あいづち」のみに注目されてきた聞き手行動を、拡張ないしは精緻化する意図で定義されたものである。

興味深いのは、彼女らが聞き手行動の中に、水谷 (1980、1988、1993) の謂うところの「共話」を構成する役割を持つ「引き取り」を含めているように、聞き手を受動的な存在とみなすのではなく、話し手と協働で 1 つの会話を構築しようとする志向性を重視している点である。すなわち、会話はそのつど交替される話し手の発話によってのみ成立するのではなく、話し手と聞き手がそれぞれの役割を能動的に演じながら共創される構築物であるという信念が背景にある。これは会話に代表される言語使用が常に話者の意味と聞き手の理解の協調に基づいた「共同行為 (joint action)」であるという Clark (1996) の立場と共通するものである。

2.2 修復

理解提示方略は聞き手による話し手の発話理解を示す手段であったが、会話においてはしばしば発音が聞き取れなかったり理解できなかったりする場合が生じる。このとき、聞き手はトラブルとなったその発話の「修復 (repair)」を話し手に要求し、話し手がそれを修復することで元の会話に復帰する。

Schegloff らはこれを会話に見られる修復現象について会話分析の立場から最初に主題として論じた (Schegloff, Jefferson, and Sacks 1977；以下 SJS)。彼らによれば「修復」とは、発話の産出・聞き取り・理解において生じたトラブルの修復を指すものとして用いられており、旧来の言語学では「訂正 (correction)」とみなされる傾向が強かった現象である。しかしながら、「訂正」という概念は「間違い」や「失敗」を正解で代置するという意味合いが強く、「修復」を用いることで、言葉探し (word search)、表面上は誤りの含

まれない言い直し、聞き手に無視される間違い等、会話の組織化に関わる重要な現象を広くカバーすることが可能であるとする。

そして、修復の対象となるものは「修復されるべきもの」ないしは「トラブル源（trouble source）」と呼ばれ、一般的には話し手が発話中で表出したトラブルの箇所を指す。そして、聞き手が当該トラブルに対しての気づきを表明することを「修復開始（repair initiation）」と呼び、それを受けて（主にトラブル源を産出した話し手が）当該トラブルを解決することを「修復」であると Schegloff らは規定する。しかしながら、実際の会話データを観察すると、修復開始を受けた修復がそれ自体として失敗する場合も数多く存在するため、岡本・榎本（2011）はこれを「修復実行（repair execution）」と名付け、修復開始と修復実行を含めて「修復」としている（岡本・榎本 2011）。

Schegloff らは修復の開始と実行の担い手に着目し、話し手（自己）と他の参与者（他者）の違いに基づいて修復を以下の 4 タイプに区別する。

(2) 修復開始と修復実行（SJS 1977）
   a. **自己開始／自己修復**：話し手が自分で気づいて言い直す
   b. **他者開始／自己修復**：聞き手の疑義提出に対して話し手が言い直す
   c. **自己開始／他者修復**：言葉探しのように聞き手が助ける
   d. **他者開始／他者修復**：聞き手がトラブルに気づいて言い直す

従来の会話分析研究で主に報告されてきたのは、トラブル源となる発話を行った話し手自身がその修復を優先的に行うための相互行為的な会話の組織化についてであった（SJS 1977, Schegloff 2007）。これに対し、聞き手側が修復を行う「他者開始修復（other-initiated repair）」の技法と比較すると、Clark らの理解提示方略の性質が見えてくる。

以下に挙げるのは Schegloff らの整理に基づく、他者開始修復の技法である。

(3) 他者開始修復の技法（SJS 1977: 367–369）
　　a. **非限定的質問**（ex.「え？(huh?)」「何？(what?)」）
　　b. **カテゴリー限定的質問**（ex.「誰？」「どこ？」「いつ？」）
　　c. **位置限定的質問**：トラブル源を含むターンの一部を反復し、質問語を付け加えたもの（ex.「全部の何？(all the what?)」）
　　d. **繰り返し**：トラブル源を含むターンの一部を反復
　　e. **理解候補の提示**：先行するターンの理解候補に「っていうこと？(you mean)」を付加したもの

　こうした他者による修復の開始技法は、先行発話に対する無理解を明示すると共に、どこまで理解しているかを暗示するものと捉えることができる。つまり、聞き手側で自身の理解部分と無理解部分の境界線を引き、それを話し手に対して提示しているのである。

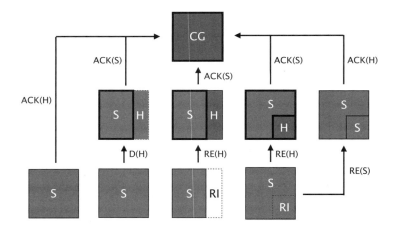

図1　聞き手行動による共有基盤構築プロセス

2.3 共有基盤構築としての聞き手行動

したがって、「理解」を示す〈理解提示方略〉と「無理解」を示す〈他者開始修復〉は聞き手行動として表裏の関係にあることが分かる。言い換えれば、聞き手は、話し手が提示する発話で本来意図されていた意味を互いの共有基盤として十全に構築しようとする志向性を有し、それが所与の時点で十全であるならば（広い意味で）それを「承認」し、不十分であると判断すれば明示的に反復ないしは言い換えを行うことでその「補強」を行い、不分明であると判断すればその箇所を「確認」し、不適切であると判断すればその部分の「修復」を話し手に求めるか、それを聞き手自身で修復する。その意味で、話し手の発話は常にそのつどの共有基盤を構築する主要なリソースに過ぎず、聞き手による理解提示と修復によって初めて互いの共有基盤として完成されるのである。

これを図示すると図1のようになる。

図中の点線は聞き手にとって不十分ないしは不分明であるということを示し、これを話し手が承認することにより共有基盤として完成する。また、細い実線はまだ参与者にとっての検証が済んでいない状態を示し、太線になることで参与者にとって確定された情報となることを示している。

このように、聞き手行動とは単に話し手に対して受動的に反応することを超えて、会話の場における共有基盤を能動的に構築するためのものである。

3. 発話事態モデルに基づく聞き手行動の再整理

話し手の発話に対し、聞き手がさまざまな聞き手行動によって共有基盤をそのつど構築しようとするとき、その共有基盤は単に知識レベルで互いの信念を一致させるということと同一ではない。そもそも一度きりのターンの交換によって完結する会話は日常ではほとんど見られず、複数の発話連鎖やターン交替によって会話を継続することがほとんどである。したがって、一口に共有基盤と言っても、会話の流れのなかで動的に変容する瞬間を切り

取ったものと、会話セッションの終了時に最終的に構築されるものとでは、その性質は異なる可能性が高い。

崎田・岡本（2010）は、認知語用論（Cognitive Pragmatics）の立場から会話における聞き手の発話理解の諸相を考察し、そのつどの聞き手による発話理解を「返答可能性（respondability）」の問題として捉えている。例えば、以下のような短いやりとりを想定してみよう。

（4）Ａ：昨日枕元に幽霊がいてさ
　　　Ｂ：うん

　このとき、Ａの発話の聞き手であるＢのあいづちは何を「承認」しているのだろうか。可能性として、以下の３つのタイプが想定される。

（5）昨日Ａの枕元に幽霊がいたという〈**事実**〉
（6）事実はどうあれ、枕元に幽霊がいたとＡが感じたというＡの〈**認知**〉
（7）話の真偽はさておいても、Ａがとりあえず何らかの体験を語ろうとしているという〈**発話行為**〉

　一見すると、聞き手のあいづちは（5）のように話し手の発話が担う命題的情報を承認しているように思われるが、先述したように、理解提示方略としての承認発話が主に「先に進む促し（continuer）」の機能を担っていると考えれば、話し手の主張を〈事実〉として受け入れていない場合でも肯定的なあいづちは可能である。その場合、（6）のように、あえて話し手の主張の事実確認を脇において、話し手が何らかの出来事や事態をそのように〈認知〉したのだということを承認するレベルと、（7）のように、話し手がこれから話そうとする「語り（narrative）」の全体像を把握するため、とりあえず話し手の語る行為（＝〈発話行為〉）を承認して、話の続きを聞こうとする態度を示すレベルがあり得る。

こうした聞き手の態度の多義性は、そのつどの発話理解プロセスにおいて潜在的であり、共有基盤を構築するうえでの「承認」行為が実際には曖昧で未確定であることを示唆している。

逆に、聞き手が話し手の発話を承認しない返答を行う場合、その時点でどのように聞き手がそれを理解しているかが顕在化する。

(5')「そんなはずはないだろう」(=〈**事実**〉の否定)
(6')「そう見えただけじゃない？」(=〈**認知**〉の確認)
(7')「それがどうしたの？」(=〈**発話行為**〉の動機づけの要求)

こうした聞き手による発話理解の多相性を捉えるため、崎田・岡本(2010)は「発話事態モデル」(図2)を提案する。これは心理学者カール・ビューラー(Bühler 1934)のオルガノンモデルを発展させたものである。オルガノンモデルでは、言語の機能を「表象(representation)」・「表出(expression)」・「喚起(appeal)」として、発話を中心とした対象や事態との関係、話者との関係、聴者との関係から捉えている。これはあくまで発話という言語中心的

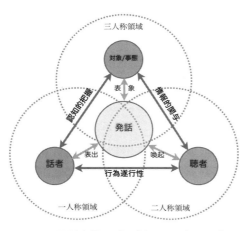

図2　発話事態モデル(崎田・岡本 2010)

な機能であるため、〈言語機能的関係〉と呼ぶことができる。これに対し、崎田・岡本は言語を媒介とした参与者間の関係として、「認知的把握（construal)」・「行為遂行性（performativity)」・「情報的関与（involvement)」も発話事態の内に存在することを示し、これを〈言語媒介的関係〉と呼んだ。

　このモデルにしたがえば、先の(4)の聞き手であるBは、話し手Aの発話に対し、それが表象している対象や事態の真偽を承認ないしは問題にすることで「表象」としての言語機能的関係にコミットすることもできるし（＝(5)(5')）、Aが何らかの事態をどのように認知したかという「認知的把握」にコミットすることも可能である（＝(6)(6')）。さらに、事実や認知がどうあれ、当該発話でBに対してどのような「行為」を行おうとしているのかというコミットメントも話者と聴者との間の「行為遂行性」に基づいて可能となる（＝(7)(7')）[1]。ただし、このモデルは一種のシステムとして全体的に作動すると考えられるので、実際にはそうした諸関係のいずれかに対し排他的にコミットすることは不自然であり、聞き手の理解プロセスにおいて同時並行的にそうした諸関係へのコミットメントが生じていると考えられる。

　いずれにせよ、この発話事態モデルの観点から考えれば、聞き手行動の基盤となっているのは、そもそもの発話がなされた際にその発話が有する〈言語機能的関係〉と、発話事態を構成する参与者間の〈言語媒介的関係〉の両者であると考えられる。コミュニケーションにおいてこうした多相的な関係性が潜在することを意識することで、様々な聞き手行動を統一的に把握することができるのである。

　このとき、聞き手行動が先行発話に対して肯定的なあいづちのときには顕在化しない「聞き手の理解の焦点」が、非承認的な返答の際に顕在化することに注目しよう。日常会話ではややもすれば見逃されがちであるこうした非承認的な返答が頻出し、その際立った特徴を呈するのは、二者の対話によって笑いを喚起する演芸である漫才対話においてである。そこで、次節では漫才対話におけるツッコミの役割を整理し、日常会話における聞き手行動との共通点を探ることを試みる。

4. 漫才のツッコミの多様性と機能的分類

　「漫才」とは、二人で滑稽な問答を中心に演じる寄席演芸であり、関西で興ったものである。大辞林第三版(三省堂)によると、昭和八年正月より大阪で「万才(万歳)」に替えて用いられ、九年4月より東京で使用されたとされるが、前田(1975)によれば、エンタツ・アチャコの新しい万歳に対し、吉本興業の宣伝部長が「漫談」の「漫」の字を当てて昭和七年1月に印刷物として公開したのが最初とされ、昭和十一年には新聞・雑誌でほぼ定着し、十二年には辞書・事典の類にも登録されるようになったとされる。

　この、漫才の元祖とも言うべき「横山エンタツ・花菱アチャコ」のコンビは、それまでの「万歳」が小鼓や三味線などを伴った音曲が主であったのに対し、演者が演芸中に一切歌わずに「しゃべくり」だけで観客を笑わせるという現代の漫才のひな形を作ったことで知られている。しかし、日高(2017a)によると、二人の演者が賢愚の二役を演じて掛け合いの形を取るのは漫才の源流となった万歳や軽口などの先行諸芸で既に確立されていたものである。このとき愚役の名称は、万歳では「才蔵」、軽口では「ピン」または「ボケ」と呼ばれていたものが、漫才として確立するなかで、その芸の内容から「ボケ」と固定されるようになったが、賢役の名称はなかなか定まらず、「太夫」や「シン」といった名称から現在の「ツッコミ」として定着したのは、漫才が既に人気を博するようになった1960年代になってからであるとされる(日高 2017a: 18–23)。

　こうした「ボケ」と「ツッコミ」の成立過程から窺えるように、本来ツッコミとは真面目な常識人の立場から、ボケ役の愚かな言動に対して鋭く突っ込むことで笑いを生じさせるものである。しかし、現代の漫才におけるツッコミ発話には多種多様なタイプがあることが知られている。これを遍く分類したものは(後述する日高(2017b)を除いて)管見の限りほとんど見当たらないが、その数少ない例として、実際の漫才台本を手掛ける構成作家である元祖爆笑王(2008)が以下のようにツッコミを分類している。

(8) ツッコミの形式的分類 (元祖爆笑王 2008: 73–76)

a. **否定**：相手のボケに対してすぐにツッコミを入れる(例：なんでだよ)

b. **ドツキ**：相手をドツいてツッコむ

c. **ノリツッコミ**：相手のボケに一回乗っかってからツッコミを入れる〈肯定→否定〉

d. **例えツッコミ**：相手のボケを何かに例えてツッコむ(例：子供か！)

e. **スカシツッコミ**：強くツッコむのではなくはぐらかす(例：はいはい)

f. **無視**：相手がおかしなことを言って、無視して次の話に行く

g. **一刀両断**：相手の話をバッサリ切り捨てる

h. **リアクションツッコミ**：言葉ではなく顔の表情や動きなどでツッコむ

i. **説明ツッコミ**：正しい方向に導いていこうとする(例：確かにそういう奴いるけど…)〈説明→否定〉

j. **笑いながらツッコミ**：「誘い笑い」とも言い、客の心の中を代弁する

k. **全力ツッコミ**：どのボケに対しても全力でツッコむ

　これらの分類基準を鑑みると、そのほとんどが言語的・非言語的な表現様態の違いに基づいていることが分かる。しかしながら、聞き手行動の1つの典型としてツッコミ発話を考察する上では、単なる表現様態の違いではなく、先に挙げた聞き手の発話理解の明示化のプロセスとして、先行するボケ発話の「何に」ツッコんでいるのかを明確にする必要がある。

　そこで、漫才対話におけるツッコミ発話の実例を観察したところ、ツッコミ発話は以下のような機能的な分類が暫定的に可能となった。

(9) ツッコミの暫定的な機能的分類

a. **発話内容レベル**：先行発話内容の不適切性の指摘

b. **発話行為レベル**：先行発話行為の不適切性の指摘

c. **表出行動レベル**：非言語行動の不適切性の指摘

聞き手行動が孕む二重の他者指向性　71

　全てのレベルのツッコミに共通しているのは、先行する発話や非言語行動に対してその不適切性を指摘するという機能である。先述したように、そもそも「ツッコミ」は「ボケ」役の愚かな言動に対して鋭く突っ込むことでその発話や行いを正していくという方向性を持つ。その意味で何らかの不適切性を発見し、それを指摘するという行為がツッコミの基本であることは容易に了解されよう。

　しかし、ツッコまれる焦点となる要素は、まず、発話（＝(9a)(9b)）なのか、表出された非言語的な行動（＝(9c)）なのかで大きく２つに分かれる。さらに発話の不適切性についても、それが言語的な内容面でのもの（＝(9a)）なのか、その発話を行うという発話行為（＝(9b)）なのかで二分することができると考えられる。上記の分類はそれに対応したものである。

　なお、多くのしゃべくり漫才においては《表出行動レベル》のツッコミはあまり観察されないが、コント的な要素が強まるとしばしば出現する。以下の例はボケ役が漫才の演技中でもあるにもかかわらず、話の流れを無視して突然コンビニに行くと言い出した場面である（以下、ボケ役はB、ツッコミ役はTと表記し、角括弧は非言語行動、墨括弧内は対話を演じた漫才コンビ名とする）。

(10)　《表出行動レベル》のツッコミ　【メイプル超合金[2]】
01　B：俺コンビニ行くけどなんか要る？
02　B：［舞台袖の方に歩き続ける］
03　T：いやいや、ちょ、行くんじゃねえって

　上記の例のツッコミは、あくまでボケ役の非常識な行動（＝02）に対して向けられているものであり、01の発話に対してのものではないと考えられるため、《表出行動レベル》のツッコミに分類される。

4.1 発話内容レベルのツッコミ

　《発話内容レベル》のツッコミは、先行発話の内容面が常識から外れていることを指摘するものだが、古典的なしゃべくりスタイルを得意とする漫才コンビはこれを多用する傾向がある。次の対話断片は、ボケ役が「豚もおだてりゃ木に登る」ということわざの意味をツッコミ役に尋ねられて、それを説明している場面である。

(11) 《発話内容レベル》のツッコミ　【銀シャリ[3]】
04　B：なんかこう、おだてられて、調子に乗る感じやろ？
05　T：おお、そういうことそういうこと
06　B：代表取締役さん、代表取締役さん
07　T：いや、普通社長さん社長さんやろそこは。誰が役職フルネームでおだててくんねん

　(11)の例では、ボケ役の「代表取締役さん、代表取締役さん」という発話(＝06)に対して、その内容が常識から外れていて不適切であることをツッコミ役が指摘している。このとき、まず注目すべきは07の発話において「普通」という語彙を用いることで常識への回帰を促している点と、「社長さん社長さん」としてあるべき正解を提示している点である。前者はまさに先行発話が常識外であることを指摘する談話標識と捉えることができるが、後者は一種の「他者修復」として聞き手側が修復を実行する形となっている。つまり、単に不適切性を指摘するのではなく、その不適切性を理解した上であるべき正解を示すという、いわば、互いの共有基盤を構築しようという聞き手の能動的な志向性が見られる。

　こうした共有基盤構築の志向性は、発話内容レベルのツッコミが単なる修復ではなく、不適切性の根拠を明示するという形でも実現される。以下の例は、突然ミュージシャンになりたいと言い始めたボケ役の願望に対してそれにツッコミを入れつつ、ボケ役のなりきり芝居に付き合うという漫才内コントでのツッコミ役の複数の発話例である。

（12）《発話内容レベル》のツッコミ　【千鳥[4]】

a. （ボケ役がミュージシャンになりたいという発話に対して）いやいや
お前、ものすごい音痴やんか、お前

b. （相方として協力を申し出たらボケ役に照明係をしてくれと言われ
て）裏方やんか完全に、お前

c. （ボケ役が演じるコンサートでのMCとしてのセリフに対して）飯
ですって何や、おい

　（12c）のように、ボケ役の発話の一部を反復することは、Clark and
Schaefer の（明示的）理解提示方略や SJS の他者開始修復の技法においても共
通する振る舞いであり、ここではツッコミとして、反復箇所に対して不適切
性を指摘している。ところが、（12a）では「ミュージシャンになりたい」と
いう発話が不適切であることを、相方が音痴であるという指摘によって根拠
付けており、また（12b）では照明係を担わされることの不適切性を、それが
「裏方」であるという指摘によって示している。このように、単に先行発話
が不適切であることの指摘だけではなく、しばしばその理由や根拠の明示が
伴うことが示唆するのは、ツッコミが常識人の立場としての正当性を持って
いることを表明する必要性である[5]。

　また、発話内容レベルのツッコミは、語彙の誤りを指摘するだけにとどま
らず、その発話内容自体を「評価」するコメントという形式も取る。次の対
話断片は、ボケ役が岐阜から大阪まで「雷鳥」という特急電車で来ていると
いう話をしている場面でのやりとりである。

（13）《発話内容レベル》のツッコミ　【ダイアン[6]】

08　B：定期代月12万かかってるからね
09　T：高すぎるやろ、お前
10　B：雷鳥の定期すごい大きいねん、iPadぐらいあるんです
11　T：絶対嘘やん、お前。ありえへんやろ

08 の「定期代月 12 万かかってるからね」という発話に対し、09 ではそれが非常識なまでに高すぎるという評価を行っている。さらに、10 で雷鳥の定期券が iPad くらいの大きさであるというボケに対し、11 でそれが嘘に違いないという評価がなされる。こうしたツッコミとしての評価コメントは、先の発話事態モデルの観点からすれば、「表象」という事実と発話内容との言語機能的関係にコミットするものであるとも考えられるが、同時に言語媒介的関係の「行為遂行性」に焦点化して、聞き手に「嘘をつく」という発話行為に対して焦点を当てているとも捉えることができよう。その意味で、先に (9) で示したツッコミ発話の機能的分類で暫定的に《発話内容レベル》と《発話行為レベル》に分類したもののいくつかは、明確に区別することが不可能であるとも考えられる。

4.2 発話行為レベルのツッコミ

《発話行為レベル》のツッコミと考えられるのは、ボケ役の先行発話の内容面というよりも、その場でそうした発話を行うという行為自体が常識外であることを指摘するものである。典型的な発話行為レベルのツッコミは、1980 年代に人気を博した漫才コンビ「ツービート」のネタでよく見られる。

(14) 《発話行為レベル》のツッコミ　【ツービート[7]】
12　T：もうやめよーよ。お客さんいなくなっちゃう
13　B：今日はサービスじゃねーか。俺たちの後はつまんないですから
14　T：やめろ！楽屋で聞いてる
15　B：いいんだよ。残ってる芸人はジジイとババアで耳が遠い。中には戦前から
　　　　寝たきりの奴までいる
16　T：やめなさい

　（14）はボケ役が下品な発言を行った後の対話断片であるが、12 の「もうやめよーよ」、14 の「やめろ！」、16 の「やめなさい」、などここでのツッコミは全て過激な発話を行っているというボケ役の発話行為に対して向けら

れている。その他にも「よしなさい（ツービート）」や「やかましいわアホ（チュートリアル[8]）」というような、ボケ役の発話行為を直接たしなめたり非難したりする形式や、「何を急に言い出したんだお前」「何で声が小さいんや、お前は」（いずれも千鳥）というような疑問文を用いる形式が観察される。

《発話内容レベル》のツッコミの多くが先行発話内容の誤りの指摘や真偽を具体的に問うために、「他者修復（実行）」として修正候補を提示したり（＝(11)）、不適切性の根拠を示したり（＝(12a)(12b)）、さらには修正すべき箇所を反復したり（＝(12c)）することで、そのつどのやりとりに応じて語彙を選択する必要があるのに対し、《発話行為レベル》のツッコミはボケ役の発話行為自体に向けて反応するため、定型的な表現が用いられやすいという傾向を持つ。

これに関連して、日高（2017b）では、漫才の歴史的変遷を明治末期から昭和初頭の「黎明期」、1930 ～ 1950 年代の「創生期」、1960 ～ 1970 年代の「完成期」、1980 年代以降の「発展期」に分けて詳細に解説する中で、ツッコミとして使用される定型句の用法について以下のように整理している。

(15)　ボケへの応答の定型句（日高 2017b: 405）
　　I.　打ち消し系
　　（a）**あほ類**：常識に反する言動の打ち消し
　　（b）**むちゃ類**：理不尽な言動の打ち消し
　　（c）**ええかげん類**：過剰に繰り返されるボケの打ち消し
　　II.　評価系
　　（d）**頼りない類**：無知な言動に対する軽い蔑み
　　（e）**よう言わんわ**：奇想天外な言動に対する呆れ
　　（f）**なんでやねん**：想定される「正解」からずれた言動に対する強い戸惑い

こうした日高によるツッコミ発話の分類は、打ち消し系の「あほ類」が全

ての時代で用いられ、「むちゃ類」が創生期のコンビに偏って使用されていたり、評価系の「頼りない類」や「よう言わんわ」が発展期、つまり現代のコンビではほとんど用いられていない一方、「なんでやねん」は創生期には見当たらないことなど、興味深い指摘に富む。しかし、ここで注目したいのは、ツッコミの定型句が、ボケ役の言動に対する「打ち消し」を行うか、それを「評価」するか、というツッコミ役自身の発話行為として分類することが可能であることである。

　先述したように、《発話内容レベル》と《発話行為レベル》の区別は時として曖昧となる。それは、ツッコミが修復しようとする焦点がボケ役のことばに対してなのか、それともそれを発する行為に対してなのかが言語的に明示されないかぎりは判断できないからであり、と同時に、焦点明示の有無にかかわらず、ツッコミ役はボケ役の言動を打ち消したり否定的に評価したりすることを通じて、常に発話行為を行っていると考えられるからである。こうしたツッコミによる発話行為は、会話の参与者による共創的な共有基盤構築の試みが、単なる情報レベルでの共有基盤のみならず、参与者がそれをどのように評価し、意味づけているのかというメタ・レベルの共有基盤にまで及んでいることを示唆している。

5.　ツッコミによるリフレイミング

　これまで見てきたように漫才対話におけるツッコミの役割は、ボケ役のボケや愚行に対して鋭く突っ込み、その発話や行いを正すために「打ち消し」や「評価」によってボケの不適切性を指摘するという発話行為の遂行にある。このとき、ボケに対する「意味づけ」の側面に着目すると、必ずしもボケの不適切性があらかじめ参与者間で共有ないしは認識されているとは限らない。例えば次の対話断片は、なかなか朝にちゃんと起きることができないというボケ役の悩みに対してツッコミ役がアドバイスするという場面であるが、ここでのボケ役の発話は全て論理的には誤りがなく、一種の「正論」と

しての反論とも考えられる。

(16)　正論としてのボケ　【ブラックマヨネーズ[9]】
17　T：目覚まし時計セットしたら、そんなら
18　B：目覚ましをようけセットするってやりかたな
19　T：5個くらいいっぺんに鳴らしたら目覚めるやろが
20　B：でもお前、5個で起きれへんかったらどうしたらいいよお前
21　T：6個7個と増やして起きれる個数を探せや！
22　B：でも俺のベストが10個やったら、5から始めたら5回くらい遅刻してまう
　　　やんけお前
23　T：100個鳴らしたらええやんけお前、100個鳴らしたら起きれるやろがい！
24　B：100個も置いたら止めてる間に遅刻するやろ！
25　T：そこ細か言われても俺かて知らんやんけ！
26　B：100個同時に音が鳴ったらびっくりしてショックで死ぬかも分からへん

　上記の例では、本来常識人としての立場から発話を行うツッコミ役が、し
つこく正論を吐き続けるボケ役にうんざりしていると捉えることができる。
その意味で、この漫才を見る聴衆は、ボケ役の非常識なまでのしつこさに対
するツッコミ役のうんざりした気持ちに寄り添う形でこの対話を理解するの
であり、必ずしもツッコミの主張内容が道理にかなったものであると捉えて
いるわけではない。言い換えれば、ボケ役の発話内容の不適切性ではなく、
そうしたしつこく正論で反論し続ける行為に対して、ツッコミが「不適切」
であると意味づけしているのである。このような例では、ボケの言動はあら
かじめ会話における意味が決まっているのではなく、ツッコミによって意味
づけされることで初めてそれが不適切ないしは非常識であるという意味を与
えられる。本稿では、これを「ツッコミによるリフレイミング」と呼ぶこと
とする。
　「リフレイミング（reframing）」とは、心理療法家の Paul Watzlawick が
Gregory Bateson によるメタ・コミュニケーションの議論（Bateson 1972
［1955］）を継承し、それを実践的な心理療法として確立した家族療法の中心

78　第Ⅰ部　理論の再考・新モデルの構築

的技法の1つである（Watzlawick et al,. 1974）。彼によると、リフレイミングとは、「ある具体的な状況に対する概念的および、あるいは感情的な構えや見方を変化させることであり、同じ状況下の「事実」の意味を規定する古い枠組みに代えて、それよりも良い、もしくは同等の他の枠組みを与えて全体の意味を変えてしまうこと（邦訳書：133）」と定義され、リフレイミングによって変えられるのは事実ではなく、その状況に帰属された「意味」であるとされる。

　例えば次の（17）は、かつてツッコミ名人として人気を博した「さまぁ〜ず[10]」という漫才コンビの三村マサカズが、テレビのバラエティ番組において、街角の何気ない風景を映した映像に対して無理やりツッコんでいくという企画における発話の1つである。

（17）　（赤い服を着ている通行人を見て）赤かよ！

　このとき、指摘された通行人が赤い服を着ていても何も問題はないのであるが、本来は何ら不適切ではない状況に対してあえてツッコミを入れることで、あたかもその状況が不適切であるかのような意味づけを行っている。その意味でこれもリフレイミングの一種と言えるだろう。

　こうしたリフレイミングは、漫才のツッコミのみならず日常会話においても頻繁に観察される。

（18）　要らんこと言わんでええ
（19）　（さんざん議論した後で）だいぶ時間を無駄にしましたので…

　上記のような日常会話での発言も、先行発話やそれまでのやりとりを「不要」なことであると意味づけており、やはりリフレイミングの一種であると考えることができる。このことも、会話の参与者による共有基盤構築プロセスにおいて、単なる情報共有を超えた、参与者による評価レベルの共有基盤

の存在を示していると言えるだろう。

6. オープンコミュニケーションが孕む二重の他者指向性

言うまでもないが、漫才対話はボケ役とツッコミ役という二人の参与者が対話を行って進行する話芸である。したがって、一見すると互いの発話は相方に対して向けられているクローズドな対話のように思われる。しかし、それが観客を前にした演芸であることを思い起こせば、漫才対話が真の受け手として指定しているのは舞台を見ている観客、ないしは（テレビ番組であれば）視聴者であることは容易に理解されよう。つまり、漫才対話は通常の二者間の「閉じた」対話ではなく、対話の場から見て外部にある聴衆に向けられる「開かれた」対話なのである。そこで筆者はかつて、このような対話タイプを〈オープンコミュニケーション〉と名付けた（岡本ら 2008、岡本 2009）。

オープンコミュニケーションは2つの特徴を持つ。1つは、対話形式でのやり取りでありながらその指向性が直接の参与者だけではなく外部のオーディエンスにも開かれているという二重の指向性である。まずこの点について、Clark and Carlson (1982) によって提起された 'informative' という概念を手がかりに説明を試みたい。

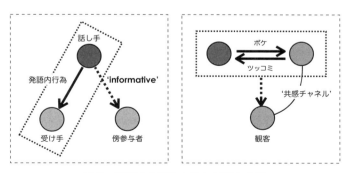

図3　発話の内部志向性と外部志向性

Clark and Carlson は、特定の受け手（addressee）に対してある発語内行為を遂行する際に、「参与者全員にその発語内行為を知らせる」という参与者指向的な（participant-directed）発語内行為の存在を指摘し、これを 'informative' と名付けた（Clark and Carlson 1982）。例えば、授業中に教師が宿題を忘れた生徒に対して激しく叱責したとしよう。そのとき、図3の左図のように話し手である教師は受け手である当該生徒に「叱責」という発語内行為を遂行しているとみなすことができる。ところが、同時にそうした発語内行為が授業を受けている他の生徒たちの面前で行われることで、彼らに対しては「お前たちも今度宿題を忘れたとしたら同じ目に遭うぞ」という「警告」の発語内行為を行っていると考えられる。つまり、直接の話し手と受け手の関係によって生じる対話の場での発話行為を、その外部に位置する傍参与者（side-participant）に意図的に示すことで、間接的に傍参与者に別の発話行為を行っているのである。このことを参与枠組みの観点から捉えるならば、話し手と受け手の対話空間（＝図3中で点線で囲まれた長方形）と傍参与者を含めた会話空間（＝図3中で破線で囲まれた正方形）が入れ子になっており、話し手は直接の受け手に対してだけではなく、傍参与者にも理解可能なオーディエンスデザインを行っているのだと考えられる。

　岡本ら（2008）は、こうした入れ子型の参与枠組を鑑み、図3において実線の矢印で示されるような、発話が明示的に特定する受け手への情報伝達を発話の〈内部指向性〉と呼び、点線矢印で示されるように informative によって傍参与者に理解可能なものとして伝達することを発話の〈外部指向性〉と呼んだ。つまり、発話はそれが直接向けられた相手への指向性だけでなく、その外部に対しても指向性を有する場合があり得るのである。

　漫才対話は、こうした外部指向性をボケとツッコミの相互行為によって実現する点にその特徴がある（図3・右）。ただし注意が必要なのは、漫才師は必ずしも相方に向けた発話を常に行うわけではないということである。例えば演目の冒頭部分ではたいていの場合その場の観客に向けた挨拶や自己紹介などを行い、演技の途中でもしばしば観客に向けて語りかける。その場合、

観客をアドレス先とした内部指向的な発話を行っていると考えられ、漫才対話は両者のタイプの発話を巧みに使い分けながら進行する話芸であると言えよう。

オープンコミュニケーションのもう1つの特徴は、いずれかの対話者が外部にいるオーディエンスのための〈共感チャネル〉（岡本 2004, Okamoto, et al. 2005）の役割を果たすことが多いという点である。〈共感チャネル（empathy channel）〉とは、仮想世界や物語世界などをその外部から観察ないしは鑑賞する主体にとって、そうした世界にスムーズに嵌入することを可能にするような共感の参照点、およびその参照点と主体との認知的リンクを意味する。卑近な例で言えば、小説において物語の主人公の内面描写が特権的に描かれる際、読者はその主人公への共感を通じて擬似的に物語世界を体験すると考えられるが、そのときこの物語の主人公やその内面描写が読者との共感チャネルの役割を果たしていると捉えることができる。では、漫才対話における共感チャネルとは何であろうか。

金水（1992）は、語用論的な観点から、しゃべくり漫才のボケとツッコミをグライスの「会話の原則（Conversational Principle）」からの逸脱とそれに対する修復として捉えている。つまり、観客の笑いが誘発されるメカニズムを、ボケの発話によって生み出された正常な会話と異常さの落差が観客に対して与えるある種の緊張状態を、ツッコミ役が「おかしいやないか」とか「そんなあほなことをいいな」ということによって、観客に「ああそうか、やっぱりボケとったんや」と納得させ、それまでの緊張状態を弛緩させて安定状態に戻すことに見出している。金水が指摘するように、ツッコミによって初めて観客がボケの伝えるコミュニケーション的意味を見出すという側面を考慮に入れるならば、ツッコミ役は観客の代理として常識人の立場に立ち、ボケとツッコミのやりとりを理解可能なものにすることで、図3の右図のように両者の語りの世界に観客を誘う共感チャネルの役割を果たしていると考えることができるだろう。

また、オープンコミュニケーションは漫才対話に限られるものではなく、

テレビの教育番組や料理番組、さらには最近の報道番組に見られるようなメインのニュースキャスターにサブキャスター（もしくはコメンテーター）が加わったセッティングなど、対話型の情報伝達コンテンツにも適用可能である。実際、こうした教育番組や料理番組では、しばしば視聴者の代理としてのアシスタント役が視聴者の理解を助けるような質問や解説を行っており、そうしたアシスタントの言動を通じて視聴者はそこでの情報のやりとりに認知的に関与することが可能となる。言い換えれば、そうしたセッティングにおけるアシスタントはテレビ番組内の会話とその外部にいる視聴者を繋ぐ共感チャネルとして機能しているのである。

　こうした2つのオープンコミュニケーションの性質を鑑みるならば、漫才対話におけるツッコミは相方と観客の各々に対する二重の聞き手指向性を担っていることが重要となる。例えば次の例はコント形式で行われるレストランでのシェフと客のやりとりである。

（20）　ツッコミの二重の指向性　【フットボールアワー[11]】
27　T：セットは何があるんですか？
28　B：えー、ライス，ドリンク、シェフの気まぐれサラダとなっております
29　T：えらいしゃれたんやってんねんな、日替わりで
30　B：はい
31　T：ほな今日はどんなサラダや
32　B：えー今日はやっておりません
33　T：気まぐれやなおい
34　B：気まぐれですので
35　T：いや気まぐれ過ぎひんかそれ

　28の発話は日替わりランチで「シェフの気まぐれサラダ」があるという軽いボケなのであるが、そのままでは観客に理解しづらい。それを29でツッコミ役が少し驚きをもって評価することで観客にそのボケの意味が伝達される。そして32はここでのやりとりのメインのボケ発話であるが、この時点

での観客は(その時点での笑い声の小ささからして)予想外の答えがボケ役から発せられたとしか理解していないのだが、続く 33 のツッコミによって、それが文字通り「シェフの気まぐれ」として、ある種、理にかなった発言であったことに気づき大笑いする。つまり、ここでのツッコミは、まず対話者である相方への明示的な「非難」を行うことで規範からのズレを指摘しつつ、同時にその対話の場の外部にいる観客に対して非明示的に「解説」を行うことで、観客との共有基盤構築に貢献しているのである[12]。

　このように、ツッコミは直接の対話者との対話の場の内部と外部の両方に関わっている。こうした聞き手行動における二重の他者指向性の存在が示唆するのは、聞き手は単に話し手に対してのみ反応する受動的な存在などではなく、むしろコミュニケーションの場の内外を意識しつつ、そこで交わされる情報を明確化し、自身の評価を交えて新たな方向づけを行い、それらをその場に関わる全ての参与者にとって認知的にアクセス可能なものにしていこうという強い能動性を持った存在であるということである。

7.　まとめ

　これまで見てきたように、一見すると極めて特殊な対話場面に見える漫才対話の観察から窺えるのは、話し手と聞き手の両者による能動的な営みが紡ぐ多重の共有基盤構築プロセスに他ならず、それは日常会話においても適用可能なものであると思われる。

　例えば、村田ら (2016) において取り上げられた市民参加によるまちづくりの話し合い場面では、その話し合いを円滑に進めるため、熟練したファシリテーターが頻繁にあいづちを行うことで先行発話をセグメント化し、傍参与者の理解を促進する場面が観察された。さらに、笑いや間投詞を用いることで、先行発話に対する自身の肯定的評価や気づきを傍参与者と共有したり、先行発話の言い換えを効果的に行うことで、それを話し合いの参加者全員が利用可能な情報へと変形したり、といった共有基盤構築の多様なストラ

テジーをファシリテーターが柔軟に駆使していることが明らかとなった。もちろんファシリテーターも漫才師もある種の職能としてこうした積極的な聞き手行動を取っているのであるが、3人以上の日常的な多人数会話場面においてもしばしばこうした聞き手行動は観察可能であり、その意味で漫才対話やファシリテーション場面は日常会話場面の延長線上にあると考えてよい。

したがって、最初に提起した「聞き手は会話という共同行為においてどのような方略で何を目指しているのか」という問いに対して、聞き手が先行発話に対してどのような動機付けで反応しているのかという側面に着目して答えるならば、以下のようにまとめることができるだろう。

(21)　聞き手行動の動機づけ
　　a.　先行発話の理解の〈**承認**〉(＝理解提示方略)
　　b.　先行発話の不十分な箇所の〈**補強**〉(＝明示的理解提示方略／修復)
　　c.　先行発話の不分明な箇所の〈**確認**〉(＝明示的理解提示方略)
　　d.　先行発話の無理解の〈**修復**〉(＝修復／ツッコミ)
　　e.　先行発話の不適切性の〈**指摘**〉(＝ツッコミによる打ち消し・評価)
　　f.　先行発話ないしは話し手に対する〈**評価**〉(＝ツッコミによる評価)
　　g.　先行発話の〈**意味づけ**〉(＝ツッコミによるリフレイミング)

そして、こうした聞き手行動の基盤となるのは、先行発話を行った話し手との共有基盤だけでなく、対話の場の外部の参与者との共有基盤をも構築し、更新しようとする二重の他者指向性なのである。

8.　おわりに

以上の考察を踏まえ、今後取り組むべき課題のいくつかを以下に挙げることで本章を締めくくることとする。

まず、ツッコミ発話の機能的分類はまだ確立されていないので、より多く

の事例を元に精緻化する必要がある。と同時に、形式的な分類との対応関係についても考察する必要があろう。一方、日常的な多人数会話にまで二重の他者指向性が適用可能であるという本章の主張は、現時点では示唆に留まるものであり、今後、日常会話データをより詳細に分析することで検証することが求められる。また、従来の談話研究における談話行為タグが、基本的には発話時点において付けられることを主眼としていたのに対し、ツッコミが先行発話の意味づけを行うという点から、事後的に先行発話の意味が付与されるという、「遡及的談話行為」の可能性が拓かれる。そのとき、個々の発話行為がその時点での「潜在的談話行為」から「遡及的談話行為」へと変容する条件を詳らかにする必要があるだろう。さらに、1つの発話単位による談話機能の認定から、ボケとツッコミの協働で何を伝えているかという「相互行為的談話機能」への展開も考えられる。

　なお、本章で「聞き手行動」として取り上げた発話の一部は、いわゆる純粋な「聞き手」の役割を逸脱しているとみる向きもあろう。つまり、漫才対話のツッコミはすでに聞き手役割を超えて、話し手としての役割を遂行しているとみなすべきではないかという反論が予想される。この点について筆者は自覚的であり、今後は Edelsky（1981）による 'floor' 概念の再定義などを踏まえ、聞き手のリスナーシップの範囲と定義については稿を改めて論じることとしたい。

注

1　その他にも、発話事態モデルに基づいて、話し手の言語表現の適切さを問うて「表出」を問題にしたり、当該発話が自身に向けられているのかどうかを確認することで「喚起・呼びかけ」にコミットしたりすることも可能であるし、話し手が伝えようとしている事態を自身がどのように受け止めるべきかに焦点を当てることで「情報的関与」を前景化させることも可能である。ただし、発話事態モデルの主眼は、こうしたコミュニケーションの参与者によるコミットメントが潜在的に可能であることを示す

ことであり、後述するようにそれらが排他的に実現されることを保証するものではない。

2　現在、(株)サンミュージックプロダクション所属。引用例は、TV 番組「M-1 グランプリ 2015」(朝日放送)より。

3　現在、(株)よしもとクリエイティブ・エージェンシー所属。引用例は、TV 番組「初笑い東西寄席 2016」(日本放送協会)より。

4　現在、(株)よしもとクリエイティブ・エージェンシー所属。引用例は、DVD「ZAIMAN [MAN!!]」(2006)(よしもとミュージックエンターテインメント)より。

5　後述するように、この点はツッコミ役が同じく常識人の立場に立つ観客との〈共感チャネル〉を確立するための要請に基づいていると考えられる。

6　現在、(株)よしもとクリエイティブ・エージェンシー所属。引用例は、DVD「ダイアン 1st DVD ／ DVD のダイちゃん〜ベストネタセレクション〜」(よしもとミュージックエンターテインメント)より。

7　現在、(株)オフィス北野所属。引用例は、ビートたけし(2009)『漫才』(新潮社)p.43 より。

8　現在、(株)よしもとクリエイティブ・エージェンシー所属。

9　現在、(株)よしもとクリエイティブ・エージェンシー所属。引用例は、TV 番組「M-1 グランプリ 2002」(朝日放送)より。

10　現在、(株)ホリプロ所属。

11　現在、(株)よしもとクリエイティブ・エージェンシー所属。引用例は、DVD「ZAIMAN [ZAI!!]」(2006)(よしもとミュージックエンターテインメント)より。

12　漫才コンビの「ナイツ」(現・(株)マセキ芸能社所属)はこの点に極めて自覚的であり、「ボケとツッコミの二人で一つの笑いが作れるシステム」を自身の漫才のなかで実践していることを元祖爆笑王氏との鼎談で明らかにしている(元祖爆笑王 2015: 180)。具体的には、客にとって一瞬理解できないボケ発話(例：「東京・名古屋間のある女性ですよね」)に対して、ツッコミ役が先に正解(例：「透明感(東名間)だろ」)を言うことで「ああ、なるほど」と納得してもらうような、クイズ形式に則ったシステムである。

参考文献

Bateson, Gregory. (1972[1955]) A Theory of Play and Fantasy. In Gregory Bateson. (1972/2000) *Steps to an ecology of mind*, pp.177–193. Chicago: The University of Chicago Press.

Bühler, Karl. (2011)[1934] *Theory of Language: The Representational Function of Language*. Translated by Donald Fraser Goodwin. Amsterdam: John Benjamins Publishing Co.

Clancy, Patricia M., Sandra A. Thompson, Ryoko Suzuki, and Hongyin Tao. (1996) The

Conversational Use of Reactive Tokens in English, Japanese, and Mandarin, *Journal of Pragmatics* 26: pp.355–387.

Clark, Herbert H. (1996) *Using Language*. Cambridge: Cambridge University Press & Center for the Study of Language and Information.

Clark, Herbert H. and Thomas B. Carlson. (1982) Hearers and Speech Acts, *Language* 58 (2): pp.332–373.

Clark, Herbert. H. and Edward F. Schaefer. (1989) Contributing to Discourse, *Cognitive Science* 13: pp.259–294.

Edelsky, Carole. (1981) Who's got the floor?, *Language in Society* 10(3): pp.383–421.

元祖爆笑王 (2008)『漫才入門―ウケる笑いの作り方ぜんぶ教えます』リットーミュージック

元祖爆笑王 (2015)『しゃべくり漫才入門―ボケとツッコミの基本ぜんぶ教えます』リットーミュージック

日高水穂 (2017a)「漫才の賢愚二役の名称と役割の変容―「ツッコミ」「ボケ」が定着するまで」笹川慶子・日高水穂・森勇太・増田周子・Michael Cronin『近代大阪文化の多角的研究―文学・言語・映画・国際事情』pp.17–32. 関西大学なにわ大阪研究センター

日高水穂 (2017b)「漫才の賢愚二役の掛け合いの変容―ボケへの応答の定型句をめぐって」『國文學』101: pp.416–399. 関西大学

金水敏 (1992)「ボケとツッコミ―語用論における漫才の会話の分析」大阪女子大学国文学研究室編『上方の文化―上方ことばの今昔』pp.61–90. 和泉書院

前田勇 (1975)『上方まんざい八百年史』杉本書店

水谷信子 (1980)「外国語の修得とコミュニケーション」『言語生活』344: pp.28–36. 筑摩書房

水谷信子 (1988)「あいづち論」『日本語学』7(12): pp.7–13. 明治書院

水谷信子 (1993)「「共話」から「対話」へ」『日本語学』12(4): pp.4–10. 明治書院

村田和代・森篤嗣・増田将伸・岡本雅史・井関崇博 (2016)「第 36 回研究大会ワークショップ まちづくりの話し合い学―言語学・社会学からのアプローチ」『社会言語科学』18(2): pp.94–99.

岡本雅史 (2004)「ユーザ・インボルブメントに注目した自然なシステム－ユーザ間コミュニケーション環境のデザインに向けて」『〈人間同士の自然なコミュニケーションを支援する知能メディア技術（研究課題番号：13GS0003)〉平成 15 年度科学研究費補助金(学術創成研究(2)) 研究成果報告書』pp.181–188.

岡本雅史 (2009)「実践：漫才対話のマルチモーダル分析」坊農真弓・高梨克也 (編)『知の科学―多人数インタラクションの分析手法』5.3 節 . オーム社

岡本雅史・榎本美香（2011）「修復の権限はいかにして移譲されるか？—多人数会話における第三者修復の事例を通じて」『日本語用論学会第13回大会発表論文集』6: pp.25–31.

Okamoto, Masashi, Yukiko I. Nakano and Toyoaki Nishida. (2005) Toward Enhancing User Involvement via Empathy Channel in Human-Computer Interface Design, In Leonard Bolc, Zbigniew Michaelewicz, and Toyoaki Nishida. (eds.) *Intelligent Media Technology for Communicative Intelligence* LNAI 3490: pp.111–121. Berlin Heidelberg: Springer-Verlag

岡本雅史・大庭真人・榎本美香・飯田仁（2008）「対話型教示エージェントモデル構築に向けた漫才対話のマルチモーダル分析」『知能と情報』20(4): pp.526–539. 日本知能情報ファジィ学会

崎田智子・岡本雅史（2010）『言語運用のダイナミズム—認知語用論のアプローチ』研究社出版

Schegloff, Emanuel A. (1982) Discourse as an interactional achievement: Some uses of 'uh huh' and other things that come between sentences. In Deborah Tannen. (ed.) *Analyzing Discourse: Text and Talk*: pp. 71–93. Washington, DC: Georgetown University Press.

Schegloff, Emanuel A. (2007) *Sequence Organization in Interaction*. Cambridge: Cambridge University Press.

Schegloff, Emanuel A., Gail Jefferson and Harvey Sacks. (1977) The Preference for Self-correction in the Organization of Repair in Conversation. *Language* 52 (2): pp.361–382.

Watzlawick, Paul, John H. Weakland, and Richard Fisch. (1974) *Change: Principles of Problem Formation and Problem Resolution*. New York: W.W. Norton & Company.（ワツラウィック・P.・J. H. ウィークランド・R. フィッシュ　長谷川啓三訳（1992）『変化の原理—問題の形成と解決』法政大学出版局）

第Ⅱ部
制度的役割からの考察

ずれた発話をどう「聞く」か
授業内グループワークの参与者による「受け流し」

増田将伸

要旨　本章では、「その場の流れからずれた」発話を参与者が「受け流し」ている事例を会話分析の手法により検討する。「受け流し」とは、「相手の発話を受け取るものの、それに対して承認や拒絶のような明確な反応を示さず、また相手に積極的に働きかけない」ことを指す。「受け流し」によって、参与者が相手の発話と距離を取りつつ、会話のチャンネルは維持し、協調できるときには協調するという微妙な距離感が実現されている。これにより、「聞き手」はその時々で能動的に会話への関わり方を決定しやすくなっている。また、「受け流し」は、参与枠組みが流動的である多人数会話で行われやすく、多様で複雑な多人数会話での「聞き手」のふるまいの一端を示している。

1.　はじめに

　本章では、大学の英語の授業内に行われたグループワークにおいて、その場の流れからずれた発話に対する「聞き手」の反応を論じる。「その場の流れからずれた」発話にはいくつかの種類があると考えられるが、いずれにしても、そのずれを指摘したり訂正したりという場合が少なからずあるだろう。特に授業内のグループワークのように、参与者で協調して何らかのタスクに取り組まなければならない場合、ずれを修正して、参与者が一致した理解や指向性の下でタスクに取り組めるようにするのが効率的であるように思える。

しかし、本章で分析するデータの参与者たちは、ずれた発話を「受け流し」ていると言えるようなふるまいをしている。本章では、会話分析（conversation analysis）の手法によりそのふるまいを記述し、その「受け流し」がもつ理論的含意について論じる。分析対象となるデータを2節で示した後、3節で、ずれた発話の直接の受け手と傍参与者に、また反応を働きかけられている程度ごとに分けて事例の分析を行う。4節では、「受け流し」について理論面から検討を加える。

なお、本書にも表れているように、「聞き手」の役割には様々なものがあるが、本章では相手の発話を受ける「受け手（recipient）」としての側面を取り上げる。

2.　データ

2.1　概要

本章で分析の対象とするデータは、近畿地方の大学の1年生配当の教養科目「総合英語Ⅰ」の後期の授業内にある1クラスで行われた、グループワークによる英文読解場面である。クラスは33人で、男女混合で5〜6人の6グループに分けられた。このクラスの前期の授業内容はオーラル・コミュニケーションが主で、読解は後期から導入された。

本データは2012年度の後期終盤にあたる2013年1月に収録された。グループのメンバーは毎回の授業で変わらないので、メンバーは自分のグループで読解に取り組むことに慣れていると考えられる。グループ分けは英語力、性格、人間関係等を考慮してこの授業の担当教員が行った。

この授業では、学生は各自で補助プリントの設問に解答した上で授業に臨むことになっている。設問は英文の内容理解を問う真偽判定問題、下線部和訳、文構造の理解を問う問題などである。90分の授業内に25分程度設けられるグループワークの時間でこれらの解答についてグループで相談し、グループとして1つの解答を出す。グループワークの時点では英文の内容につ

いて教員からは解説がなされておらず、メンバーは基本的に自分達の力により設問に取り組む。ただし、教員が随時巡視するので質問はできるし、教員から助言を与えることもある。各グループの解答が出揃った後に教員が英文の内容についてクラス全体に対して解説を行う。

グループの解答は、グループに1本配られる「アノト方式デジタルペン」、によってメンバーが専用解答紙に記入する。記入された解答は筆跡情報としてリアルタイムで教員のコンピューターに転送される。グループワークの時間が終わって教員の解説に移る際には、各グループの解答がプロジェクターで表示される。

2.2　本章での分析対象

本章では、図1に示す6人による、ある1回のグループワーク場面を取り上げる。図1で、□は男性、△は女性を示している。参与者名は仮名である。

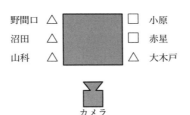

図1　グループメンバーの配置

この日のグループワークでは、The UK: Reasons For Visiting という題の370語程度の文章[1]に取り組んでいる。以下に示されているのはその中のパラグラフで、各文に番号が振られている。本章で取り上げられている会話断片では、参与者たちは「文(6)の主節(文頭〜Austen)を日本語に訳しなさい。」という設問に取り組んでいる。

(1) But people visit the UK for more than history. (2) Some love its writers.
(3) They walk in the beautiful Lake District in the footsteps of William

Wordsworth and Beatrix Potter. (4) They rediscover the Victorian London of Charles Dickens. (5) They see Shakespeare's plays in his birthplace, Stratford. (6) Some travel around the gentle villages of Southern England enjoying the world of Jane Austen, while others trek to the bleak and wild Yorkshire Moors for the melancholy of the Brontes' *Wuthering Heights.*
(7) Many come to Britain to experience the magic of Harry Potter!

（文(6)の下線は本章著者による。）

3. 「受け流し」の事例分析

　では、「その場の流れからずれた」発話を参与者が「受け流し」ている事例を本節で検討していこう。以下の会話断片で、→はずれた発話、⇒はそれに対する反応を表している。トランスクリプション記号については、本章末尾に一覧を載せている。

3.1 「受け流し」の例示

　本章で論じる「受け流し」の例をまず(1)で確認したい。

(1)[Data3_0643–0755]

```
01    大木戸：これとりあえず日本語訳にしたらいいってこと？
                          ((発話末で沼田を見る))
02    沼　田：↑あ (.) <↑それでもイチ>考え<られる>と°思う°
((6.7秒略。各自ハンドアウトを見ている。))
06    大木戸：わかる？((赤星を見て))
07    赤　星：わかんない＝
08    大木戸：＝hhhh[hhhh        ]
              ((笑い声。山科・沼田・赤星も声を出して笑う))
09→  野間口：    [ま：田舎のひ]とやからさ：.
              ((30行目まで視線は机上))
```

10　　　　　　　(.)
11 ⇒沼　田：田舎の人なん？
12　　　　　　　(.)
13　野間口：う：[ん.
14　大木戸：　　[uhu[hu[hu　.hh　　　a[hahaha[h][.h[h
15　沼　田：　　　　[お：：.
16　山　科：　　　　　　　[ahahaha .hh [　hhhh　]　　[.hh
17　野間口：　　　　　　　　　　　[だから [：]
18 ⇒沼　田：　　　　　　　　　　　　　　[え][誰が？
19　　　　　　　(0.7)
20　野間口：ジェーンさん
((4.8秒略。野間口以外の5人が笑っているが、野間口は終始真顔。))
30 →野間口：なんか*田舎のことを中心に書いたってさ？
　　　　　　　　　*((沼田に視線を向ける。視線は38行目直前まで継続))
31　　　　　　　(0.8)((山科が大木戸を見る))
32 ⇒沼　田：↑ほん　(.)　[↑ほ[ん：=
33　野間口：　　　　　　[ん：：
34　山　科：　　　　　　　　　　[.hh
35　大木戸：=ohoho [hohohh
((大木戸の笑顔は38行目後半まで続く。山科が35行目冒頭で笑顔になり、両手で
顔を覆って上体を後ろにのけぞらせる。41行目冒頭で山科の上体が戻り、真顔に
戻っている。))
36　(沼田)：　　　　　[°(て/>どゆ<)こと°
37　　　　　　　(0.7)((38行目の直前に野間口が沼田から辞書に視線を移す))
38　小　原：(の- い[なか)
39　沼　田：　　　　[お：.
40　　　　　　　(1.1)
41　沼　田：うんうんう[んうん((頷きながら))
42　小　原：　　　　　　[ジェーンは　(.)　田舎
43　　　　　　　(.)
44　野間口：だからその舞台になった所歩くみたいな感じなんちゃうん
45　沼　田：あ題材：？°題材：[：°にしたってことやな？
46　野間口：　　　　　　　　　[うん：

```
47            (.)
48   野間口: そうそう
49            (0.6)
50   沼　田: うん.↑それは:
51            (2.1)
52   沼　田: °°うん:そやな?°°
            ((「そ」のあたりで大木戸が笑いをかみ殺し、それを見た山科が笑う))
53            (6.8)
54   大木戸: °huhuhu°止まった[な
            ((「な」で沼田と山科が大木戸と顔を見合わせる。))
55   野間口:              [なんかジェントルは::=
56   山　科: =い(h)っつも((直前に首を傾げてからの発話))
57            (1.2)
58   野間口: なんか:
59            (0.2)
60   野間口: 穏やかな:とかな(.)意味もあるらしい=
61   沼　田: =どれ:?
```

　9行目の野間口の発話は、文(6)に含まれている villages という語に基づいているのではないかと思われる。ただ、Jane Austen か誰かが「田舎の人」であるということは、文章に直接的には書かれていない。したがって他の参与者にとって、9行目の野間口の発話は、文(6)の主節を日本語に訳すという進行中の活動との関係が必ずしもわかりやすいとは言えず、「その場の流れからずれている」ととらえられうるものである。以下で、この発話への他の参与者の反応を、野間口と直接やりとりをしている沼田と、グループワークには積極的に関与しているものの、野間口と直接やりとりをすることがほとんどない大木戸に主に注目しながらそれぞれみていきたい。

3.1.1　直接の受け手のふるまい

　9行目の野間口の発話では、呼びかけや視線など、受け手を指定する手続きが用いられていない。沼田が自己選択して受け手となり（Sacks, Schegloff, and Jefferson 1974)、修復開始を2回行っている(11, 18行目)。修復開始は、野間口の発話に何らかの問題があることを示し、野間口自身がその問題に対応することを可能にするやり方である(Schegloff, Jefferson, and Sacks 1977)。ここでは、「文章に直接書かれていないのに、誰かが『田舎の人』だとなぜ言えるのか」「誰かが『田舎の人』であることは、文(6)を訳すという活動とどういう関係があるのか」ということを野間口が他の参与者に伝えることが、ずれの解消のために必要になっていると言えるだろう。野間口はこれに応答して、「田舎」に対する説明を30行目で追加する。しかし、30行目の発話も文章中に書かれていない内容であるので、9行目と同様の問題が残ってしまい、ずれの解消にはつながらない。

　30行目の野間口の説明を、0.8秒という長い間の後で沼田が受け取る(32行目)。受け取りが遅れているだけでなく、高い音程で、「ほん」という変わったトークンが選ばれているという発話の構成の面でも、この受け取りは特徴的である。これらの特徴からわかるように、この発話は「説明を理解し、納得したスムーズな受け取り」ではない。高い音程の「ほん」は、驚きや当惑を窺わせる反応トークンである。すなわち、Heritage (1984)が英語の oh について論じているように、「受け手の想定にない情報が伝えられ、その結果受け手の知識や指向などの状態が変わった」ことを標示していると言えるだろう。

　このように、野間口の発話の直接の受け手である沼田は、まず「修復開始」を行い、わかりやすい説明が得られなかった次の位置で「想定外の情報の受け取りを示す反応トークン『ほん』」により反応していた。この位置で野間口に対して応答を追求することもできるのだが、実際に沼田が行った「ほん」という反応は、相手に応答を働きかけるものではなく、応答の追求より弱い反応になっている。また同様に、沼田の反応が強いものだと言いにくいもう1つの要因として、この反応が野間口の説明に対して、承認や拒絶といった形で明確なスタンスを示していないということがある。沼田の反応は理解や納得を示すものではないが、だからといって沼田は、理解ないし納得

しなかった者が行うように、わからなかった点を質問したり、説明の内容に異議を唱えたりするということを明示的には行っていない。（36行目で「どういうこと」と言っている可能性はあるが、声が小さいことと、顔の向きがそれまでと変わらず前を向いていることから、この発話を野間口に宛てているとは考えにくい。）この点でも沼田の反応は、野間口の発話を受けるが、それに対して強くは働きかけないというやり方で構成されていると言える。本章では、このように「相手の発話を受け取るものの、それに対して承認や拒絶のような明確な反応を示さず、また相手に積極的に働きかけない」という受け手のふるまいを「受け流し」と呼ぶ。

3.1.2 傍参与者のふるまい

9行目の野間口の発話に対しては、3.1.1節冒頭で論じたように沼田が直接の受け手となり、他の参与者は、同じグループに属してはいるがこの局面では傍参与者（Goffman 1981）となっている。大木戸は、野間口のずれた発話（9行目、30行目）に対しては険しい表情で何も反応しない。ずれた発話に対して沼田が反応し、それに対して野間口が反応した後の位置で笑うというふるまいを大木戸はしている（14行目、22行目（省略部分）、35行目）。つまり、沼田の反応があっても野間口が自らのずれた発話を修復しないことがわかり、野間口のずれがいっそう顕在化した時点で笑い始めている。この笑いには山科が同調し、2人で笑っているが、ずれを解消するために野間口に働きかけることはなく、野間口の発話に対しては傍参与者という立ち位置を取っている。野間口のずれた発話をその場の活動の中に位置づけられず、活動が止まった（53行目）際も、顔を見合わせて、活動が止まったという認識を沼田・山科と共有する（54行目）だけで、野間口への働きかけは行わない[2]。

　野間口が働きかけを行っているこの断片で、54行目のように大木戸たちが傍参与者として野間口を含めずにやりとりを行っているのは、Goffman（1981）のいう「バイプレイ（byplay）」だととらえられる。バイプレイとは、その場の活動の承認された参与者のうち、そのときに会話や課題に関わって

いない者（すなわち傍参与者）が、本筋の会話や課題の脇で、本筋ではない副次的なやりとりを行うことである。このやりとりを Goffman (1981) は「共謀 (collusion)」と特徴付けており、その一例として当てこすりを挙げている。話し手に直接的に働きかけず、傍参与者同士で話し手に否定的な内容を共有するという点は、大木戸らが笑ったり顔を見合わせたりしているふるまいと共通している。このように、沼田と違うやり方ではあるが大木戸も、傍参与者として、野間口の発話に応答するという本筋に関わらないバイプレイに終始するという形で、野間口に強い反応を返さないようにふるまっている。

3.2 他の断片の分析

本節では、さらに 2 つの断片を検討する。これらの事例では、野間口が応答を求める程度が (1) より強まり、大木戸が野間口の直接の受け手となる。しかし大木戸は、3.1 節で論じたようなやり方で野間口を「受け流す」。

3.2.1 発話を宛てられた場合の反応

(2) では、大木戸がノック式ペンを逆に持ち、頭の部分を机や自分の腕に押し付けてカチカチ鳴らしていることが 1 つの特徴となっている。話者名が「Ok ペン」となっている行はこの音を表している (Ok は大木戸の略)。なお、(2) の中には小原と赤星が自分たちだけで小声で話をしている部分があるが、その発話はトランスクリプトに載せていない。

(2) [Data3_0850–1005]
```
01  沼 田：˚˚これ:˚˚((ささやき声))
02        (0.5)((沼田が右手で口を覆う;3行目の「つ」まで))
03  沼 田：˚この(.)主せつ(h)hh˚((ささやき声))
04        (0.2)
05  山 科：主節¿
06        (17.8)((各自ハンドアウトを見ている))
07  大木戸：˚(これ)˚とりあえ↑ず:
```

100　第Ⅱ部　制度的役割からの考察

```
                ((自分のハンドアウトを沼田と山科の前に出しながら))
08            (0.2)
09   (沼田):゜は:(もい)゜
10            (2.0)((大木戸がハンドアウトをデジタルペンで指そうとするが、
                    やめて指すペンを自分のペンに替える))
11   大木戸:hhhhこ↑こまでを訳せってことやろ?
12            (.)
13   山　科:う[んうん
14   大木戸:　[それが文せ-
15            (0.9)((野間口が顔を上げ、大木戸や山科の方を見る))
16   大木戸:主[せつ:¿*なんじゃ[ないん.てことやんな:¿
                        *((野間口がハンドアウトを見る))
17   山　科:　[主節
18   沼　田:              [゜主節゜
19            (1.1)
20　(　　　):うん.
21            (0.8)((22行目の直前に野間口が顔を上げ、大木戸や山科の方を見る))
22   沼　田:゜゜あそっかそっか゜゜
23            (1.5)
24   大木戸:こっから-=
25→野間口:=*ま:とりあえずオースティンまで*訳せ[ばいい]って話=
              *((右側の虚空に視線))        *((大木戸を見る;38行目まで))
     ⇒Okペン:                      [kachi]
                              ((手からペンを机に落とす))
26→野間口:=や[から ]
27⇒大木戸:　[そう.]((前を向いたままうなずく))
28            (.)
29   沼　田:う:ん=
30　(山科):　=[そうそう[:
     ⇒Okペン:=[kachi[kachi
                ((ペンの頭を机に押し付けて鳴らす。2回目の「kachi」で野間口
                の方を見る))
31→野間口:それだけ[でいいねんで:¿=
```

```
         ⇒Okペン：         [ka((大木戸が前に視線を戻す))
32 ⇒沼 田：=ふん.
33         (.)
34 ⇒大木戸：ふん.
35         (.)
36 ⇒山 科：°はい°((無声音))
37 ⇒      (1.0)((Okペン「ka」))
38  大木戸：°それだけで[ええって°
             ((最初の「え」で野間口が視線をハンドアウトに戻す))
   ⇒Okペン：            [chi
39         (.)
40 (沼田)：う(h):ん
41         (4.3)((大木戸が机に当てていたペンを引き寄せ、ペンの頭を自分
                  の腕に当てる。42行目以降では、ペンの音は腕に押し付け
                  て鳴らしている))
42 →野間口：ま[:エンジョイニングは愉快n- (.) にとかっていう=
   ⇒Okペン：  [kachi
43 →野間口：=意味も[あるわ
   ⇒Okペン：      [kachi
44 ⇒      (0.2)((大木戸がペンの頭を自分の腕に叩き付ける。47行目まで
                  「kachikachikachikachikatchi」))
45  山 科：愉快=
46  沼 田：=愉快な
47         (2.9)
48  大木戸：hhh ((山科に視線を向け、鼻で笑う))
49         (2.1)
50 (  )：°°(どうしよ)°°=
51  大木戸：=ど[うしますかね: (.)  ]つっと:
52 (  )：  [どこに(かかすけ)るん]
53         (0.2)
54  大木戸：後に *回します:¿
                *((沼田を見る))
```

1 〜 3 行目で、沼田がささやき声で「°°これ：°°(0.5)°この(.)主せつ(h)hh°」と言い、設問文に含まれている「主節」という語の意味がわからないことを窺わせる。山科の反応の後で長い沈黙が続くが(6 行目)、大木戸が 7 行目で沈黙を破り、11 行目で文(6)の主節がどの部分かを示したことで、取り組むべき活動の内容が 22 行目までには大木戸・沼田・山科の間で再確認され、24 行目から訳す活動が再開しつつあるようにみえる。

その位置で、野間口が発話する(25 行目)。ここでの「とりあえずオースティンまで訳せばいい」という野間口の指摘は、7 〜 16 行目での大木戸の指摘と同じであり、活動を進めるべき方向性としては正しい。しかし、この発話は、24 行目までの流れに乗っているようには聞こえない。まず、この発話は、文(6)の主節を訳す活動を再開しようとした大木戸の 24 行目の発話を遮っている。また発話の構成上も、発話冒頭の「ま：とりあえず」によって、これまでの発話を重要と認めずに退け、「〜やから」という形式で新たな提案を行っているように聞こえる。ただ、このような発話の構成でありながら、提案の内容は新たなものではなく、16 行目までの大木戸の提案と同じなので、25 行目の野間口の発話はその場の流れをふまえていない、ずれた発話としてとらえられる。

このずれた発話が(1)と明確に異なるのは、(2)では視線によって野間口が発話を大木戸に宛てている点である。このため、(2)では大木戸がずれた発話の直接の受け手となる。しかし大木戸の反応は、自分が傍参与者だった(1)と基本的には変わらない。野間口の発話を受け取ってはいるが(27, 34 行目)、それ以上の強い反応は返さない。ペンを鳴らす様子からはいら立ちが窺えるが、しかし「私がそう言ったじゃない」などと反論するなど、野間口に対してそのいら立ちを表すことはしない。27 行目の「そう」は、野間口の発話内容を大木戸自身が既に考えていたこととして扱っており(cf. 串田 2002)、新たな提案を行うかのような形式をとった野間口の発話への抵抗ととらえうるが、(1)での「ほん」同様、明示的に相手に働きかけない弱い反応である。

ずれた発話をどう「聞く」か　103

　そして 38 行目以降では、大木戸は山科と沼田に自分の発話を宛てている。野間口を含めずに 3 人で話す点は（1）と同じだが、（1）のバイプレイと異なるのは、話している内容が活動の進め方についてであり、本筋であるということである。つまり（2）で大木戸は、野間口が本筋に関わる発話をしたのを受け取ったものの、それ以上の反応はせず、野間口を除外して本筋の活動を進めている。ただし、野間口の発話を受け取ってはいるという点で、これは野間口を無視することとは異なる反応である。

3.2.2　反応を強く求められた場合の反応

　（3）では、野間口が大木戸に働きかける度合いが強まっている。（3）が始まる前の部分で野間口は「とりあえずな::(0.3) あと-(1.6) エンジョイニングだけ訳せたらもういけんねん」と発話している。これは、文（6）の主節に含まれている語である enjoying を野間口がうまく訳せないでいることを窺わせる。その後、野間口は一人で辞書を引いて訳出に取り組む。一方、大木戸・沼田・山科は 3 人による話し合いで、enjoying は ing 形なので「楽しんでいる」という訳になるのではないかという考えに至った。（3）はその後の場面である。なお（2）と同様に、小原と赤星が自分たちだけで小声で話をしている発話はトランスクリプトに載せていない。

（3）[Data3_2600–2633]
```
01　大木戸：え　ふ(つうに)だか　たのs::<しんでいる>
　　　　　　　　((「だか」は「だから」のような韻律))
02　　　　　　　(0.2)
03　大木戸：入れたら:=
04　沼　田：=うんうんうん [うん
05　大木戸：　　　　　　　 [いいんじゃない?
06　　　　　　　(0.9)
07　大木戸：えts-
08　沼　田：それってどこにかか-
```

104　第Ⅱ部　制度的役割からの考察

```
09          (0.7)
10　沼　田：る¿
11          (.)
12→野間口：とりあえずエンジョイ以外 (やつ)‐ のは
13          (0.2)
14→野間口：できた=((自分のハンドアウトを大木戸の前に置き、28行目まで大
                木戸を見ている))
15⇒大木戸：=エン[ジョイ↑以が ]いのや (0.2)ったらじゃあ=
                ((野間口のハンドアウトを引き寄せ、自分の前で手に持って一人で
                見る))
16　沼　田：    [ ほ お : ]
17⇒大木戸：=エンジョイ入れたら:
18          (0.3)
19　野間口：完璧.
20          (2.2)  ((大木戸は手に持った野間口のハンドアウトを24行目冒頭
                まで見ている))
21　沼　田：(うぉん)
22          (3.2)
23　沼　田：°°(このひとが) ( [ )°°   ((自分のハンドアウトを見て、
                            ペンで指しながら))
24→野間口：            *[よくさ:トラベルアラウンザワールド=
                *((大木戸が首を傾げる))
25→野間口：=って言うや:ん
26          (0.5)
27⇒大木戸：言うの((手に持った野間口のハンドアウトを見ている))
28          (1.2)((野間口が辞書に目を落とす。教員が後の解説時に使うハ
                ンドアウトを配りに来て、大木戸の前に置いたので大木
                戸が参与者に配り始める))
29　野間口：それで調べたらさ:((辞書を見ながら))
```

　大木戸らが enjoying の訳を考えているときに野間口が一人で「エンジョ
イ以外」の訳に取り組んでいたという点で、12行目で大木戸らと野間口の
間にはずれが存在する。15行目で大木戸が「↑以外」と、わずかではある

が高い音程で強調して「以外」を発話しているのは、この点への指向の表れであろう。ただし、12 〜 14 行目の野間口の発話は、大木戸らと同じく文(6)の主節の訳に取り組んでいるので、ずれがそこまで大きくはない。また(1)や(2)と異なり、野間口は視線を大木戸からそらさないのみならず、訳文を書いたと思われる自分のハンドアウトを大木戸の前に置いて(14 行目)、大木戸の反応を強く求めている。これらのことは大木戸にも指向されており、大木戸は 15 〜 17 行目で受け取り以上の反応を返している。

　ただしその後、24 〜 25 行目の野間口の発話に対しては、大木戸は淡々とした口調で修復を開始する(27 行目)ものの、ハンドアウトを参与者に配り始めた(28 行目)こともあり、野間口にそれ以上の働きかけは行わない。ここで積極的な反応を行っていないという点は、(1)や(2)と共通した「受け流し」である。しかし、野間口がずれの比較的小さい発話を、反応を強く求めるデザインで行った(3)では、(1)や(2)と異なり、ハンドアウトを配る作業が始まる 28 行目までは少なくとも、大木戸は野間口の発話の直接の受け手であり続けていた。

3.3　事例分析のまとめ

　本章では、「その場の流れからずれた」発話を参与者が「受け流し」ている事例を、直接の受け手と傍参与者に、また反応を働きかけられている程度ごとに分けて検討した。(3)の前半を除いて各事例に共通していたのは、野間口の発話の受け手が野間口の発話を受け取っているが、承認や拒絶のような明確な反応を示さず、「ほん」「そう」やペンの音によるスタンス標示以上の強い反応をしていないということである。野間口に対してさらに説明を要求したり、反論したりというような積極的な反応もなされていない。すなわち、野間口を次話者に指定するような発話がなされなかったということである。こうなると、会話の構造は、常に野間口が発信する一方通行となり、他の参与者から野間口への働きかけは基本的になされないということになる。このことが、ずれが解消されず、野間口と他の参与者の間に距離が感じられ

る原因の1つである。

　ただし、3.2.1節の最後でも指摘したように、他の参与者たちは野間口を無視しているわけではない。野間口と積極的に関わる姿勢をみせていないとはいえ、反応自体はしているというのは、無視との大きな違いである。野間口と他の参与者の間に距離はあるが、会話のチャンネルも同様に確実に存在しているのである。したがって「受け流し」は単なる拒絶ではなく、相手の発話と距離をとりながらも、相手とのやりとりのチャンネルは維持するという微妙な関係を実現させている。

4.　「受け流し」の理論面からの考察

　本節では、「受け流し」について理論面から検討する。3.3節の最後で論じた、「受け流し」が微妙な距離感を実現するという点についてもう少し論じるにあたって、(3)での大木戸のふるまいを振り返りたい。大木戸は12〜14行目の野間口の発話に対して受け取り以上の反応を返し、長い間野間口のハンドアウトを見ていた。ここでは、野間口の発話を「受け流し」てはいない。しかし27行目では、強い反応を返さない「受け流し」を行っている。この例から考えられることは、受け手のふるまいは協調−非協調の二極に分かれるものではなく、その時々で受け手がふるまいを決定しているということである。(3)で、大木戸が長い間ハンドアウトを見ていたのは、野間口の考えた訳が納得できる内容ならば、それをグループワークに使おうと思っていたからであろう。このように、距離が感じられた大木戸と野間口でも、距離をとるかどうかは是々非々なのである。「受け流し」の微妙な距離感は、相手のずれた発話に対して「その中に使えるものがあれば使う」「対応できる部分には対応する」という臨機応変の反応を取りやすくしている。会話は必ずしも話し手主導ではなく、受け手が能動的に会話への関わり方を決定しているという指摘がなされる（例えばGoodwin 1997、難波 2017）が、本章で論じた「受け流し」もそのことを裏付けている。

また、「受け流し」がなされている背景には、本データが多人数会話であるということが無視できない。特に、(1)のように発話の宛先が指定されていない場合には、受け手が受け取り以上の反応を返さなかったとしても、反応がその受け手だけに期待されるわけではないので、反応の弱さが比較的受け入れられやすいだろう。二者会話の場合は、一人が発話をするとその宛先はもう一人の参与者に決まってしまう。この場合、「受け流し」を行うと、反応の弱さが際立ちやすいだろう[3]。

多人数会話で「受け流し」が行われやすいのは、参与枠組みが流動的に組み替えられるということも大きな要素である。大木戸は、(1)では傍参与者でいることによって野間口に直接反応を返さずにいられた。また(2)では、沼田や山科に発話を宛てることによって、自分を「野間口の受け手」でなくし、野間口と関わらずに本筋の活動を彼女らと進めることができている。このように多様で複雑な多人数会話での「聞き手」のふるまいの一端を、本章ではずれた発話の「受け流し」の分析を通じて示した。

謝辞

本章のデータを会話分析研究会、イカロ研究会、北星学園大学 HokCii 研究会、京都言語学コロキアム(KLC)で検討していただき、有益なコメントをいただいた。ここに記して感謝する。もちろん本章の不備は著者の責任である。

注

1　授業支援ツール「Open NOTE」(大日本印刷株式会社)を使用した。

2　Minehane, Greg. (2009) *Door to Door*. Perceptia Press. より。

3　大木戸の本節で記されているようなふるまいや、収録されていない回の授業でのふるまいは、大木戸と野間口の人間関係に距離があることを窺わせる。しかし、データからそれを明確に導き出すことはできないので、本章ではこの可能性を指摘するに留め、データに示された会話の組織に即して分析を行う。

4　生返事がこの場合に近いだろうという指摘を岡本雅史氏からいただいた。生返事

ばかりしていると相手が怒り出すというのは、二者会話での「受け流し」が社会的制裁を受けやすいということを示していると思われる。

トランスクリプト記号

=	間を置かない発話順番の移行、または同一話者による発話の継続
[	発話の重なりの開始点
]	発話の重なりの終了点
:	音の引き延ばし（：が多いほど長い）
言葉 -	言いさし
（数）	沈黙（数は秒単位で長さを表す）
（.）	マイクロポーズ（0.2秒未満の沈黙）
h	呼気または笑い（h が多いほど長い）
.h	吸気（h が多いほど長い）
<u>言葉</u>	強勢
言（h）葉	呼気または笑いを含んで発話されている言葉
↑言葉	語頭の上昇音調
↓言葉	語頭の下降音調
?	発話末尾の上昇音調（疑問符ではない）
¿	発話末尾の上昇音調（? より上昇幅が小さい）
＞言葉＜	速い発話
＜言葉＞	ゆっくりした発話
°言葉°	小さな声の発話（° が多いほど小さい）
（言葉）	聞き取りが不確かな言葉
（言葉／言葉）	確定できない聞き取りの候補
（話者）	確定できない話者の候補
（　　）	確定できない話者または言葉
（（言葉））	著者による注釈

参考文献

Goffman, Erving. (1981) *Forms of Talk*. Philadelphia: University of Pennsylvania Press.

Goodwin, Marjorie H. (1997) Byplay: Negotiating Evaluation in Storytelling. In Gregory R. Guy, Crawford Feagin, Deborah Schiffrin, and John Baugh (eds.) *Towards a Social Science of Language: Papers in Honor of William Labov, Vol.2*, pp.77–102.

Heritage, John. (1984) A Change-of-state Token and Aspects of Its Sequential Placement. In J. Maxwell Atkinson, and John Heritage (eds.) *Structures of Social Action: Studies in Conversation Analysis*, pp. 299–345. Cambridge: Cambridge University Press.

串田秀也 (2002)「会話の中の「うん」と「そう」―話者性の交渉との関わりで」定延利之編『「うん」と「そう」の言語学』pp.5–46. ひつじ書房

難波彩子 (2017)「日本語会話における聞き手のフッティングと積極的な関与」片岡邦好・池田佳子・秦かおり編『コミュニケーションを枠づける―参与・関与の不均衡と多様性』pp.109–129. くろしお出版

Sacks, Harvey, Emanuel A. Schegloff, and Gail Jefferson. (1974) A Simplest Systematics for the Organization of Turn-taking for Conversation. *Language* 50 (4): pp.696–735.

Schegloff, Emanuel A., Gail Jefferson, and Harvey Sacks. (1977) The Preference for Self-correction in the Organization of Repair in Conversation. *Language* 53 (2): pp.361–382.

グループの外の声を聞く
大学英語授業内グループワークの相互行為分析から

横森大輔

要旨 エレベータ、レストラン、そして授業内グループワークなど、同じ空間に複数の相互行為の「枠」が併存する状況においては、枠の外側で発された音声が耳に入ることもしばしばある。その時、枠の外の声に対してどのような反応行動を行うか（あるいは行わないか）によって、人々は自分がどのような立場でその場の活動に参与しているかを示し合い、それによって枠の境界線を交渉・更新することができる。本章では、大学英語授業内におけるグループワークを収録したデータを題材に、グループの外から聞こえてくる声に対して、聞き手として振る舞うかどうか、聞き手として振る舞うのであればどのようなステータスの聞き手として振る舞うのか、という観点から分析を行い、グループワークにおけるグループという活動単位が、個々の振る舞いによって相互行為的に交渉され更新されていることを例証する。

1. はじめに

1.1 聞くことと参与枠組み

　他者の発する音声を聞くというのは、人間の社会生活のあらゆる局面に遍在する営みである[1]。社会学者・人類学者のアーヴィング・ゴフマンが論じたように、他者の発話を聞く者は「聞き手 (listener)」という言葉で一括りにされがちであるが、実際にはそのあり方は極めて多様である（Goffman 1981）。例えば、エレベータに乗った友人同士が会話しているとしよう。そこで発される音声は、会話の「枠」の中にいる当人たちの間で聞かれているだけでなく、エレベータに乗り合わせた他の人にも聞こえているだろうし、

ひょっとしたらエレベータ管理会社の社員がエレベータ内の装置を介して聞いているかもしれない。

　これらの人々はいずれも発話音声を聞いているという意味では聞き手であると言えるが、その会話にどう参与しており、どのような振る舞いが規範的に期待されるかという点で異なっている。例えば、エレベータの中で会話が耳に入ってきたとしても、その場にただ乗り合わせただけの他人が「確かにそうですよね！」と相槌を打ったり、「え、なんでですか？」などと聞き返したりするようなことは通常ないだろう。また、こういった聞き手としてのステータスの違いは、話し手側の行動にも違いをもたらす（Clark and Schaefer 1992）。エレベータの中で会話している人々は、少なくともエレベータに乗り合わせた他の人々に聞こえている可能性を考慮して発話を組み立てるだろうが、エレベータ管理会社社員に聞かれている可能性を考慮することは珍しいだろう。このように、ある発言に対して、誰が、どのようなステータスの聞き手であるのかということは、すなわちある相互行為の枠に対して誰がどのように位置づけられるのかということであり、これこそがゴフマンが「参与枠組み（participation framework）」という概念で捉えたものである。

　では、聞き手としてのステータスの違いはどのように実現するのだろうか。1つには、「友人」「他人」「エレベータ管理会社社員」といった、会話が始まる前からもともと備えていた属性や人間関係が影響を与えているだろう。しかし、友人同士であれば常に会話の中に入っているわけではない。逆に、もともと他人であっても状況次第で会話に入ることもあるだろう。人は、他者の音声を聴覚器官を通じて知覚した際、どのような反応行動を行うか（あるいは行わないか）によって、自分がその場においてどのようなステータスの参与者なのかを他者から観察可能にすることができる。そしてそのようにして一人ひとりの人間が自分および相手の参与のステータスを示し合うことを通じて、その場で進行する活動の性格が創り上げられているのである。

1.2 参与枠組みの柔軟性の事例としてのグループワーク

このような論点を背景に、本章では、ある大学英語授業において行われたグループワーク場面を収録した映像データを検討する。ここでいうグループワークとは、学生達が、1つの教室の中の比較的至近距離に複数のグループを形成して、それぞれで学習活動に従事している状態を指す。授業内グループワークは（多くの場合）至近距離にいくつもの少人数グループが併存し、そのそれぞれが同じ課題に取り組んでいるという点で特徴的な相互行為の型である。すなわち、そこには教員からの指示で形成されたグループという参与枠組みの境界が存在する一方で、グループのメンバーはともに同じ授業の受講生であり同じ課題に取り組んでいる点で境界が曖昧になる可能性を有している。

この特徴は、公共空間における他のタイプの相互行為である、公共交通機関の車内や飲食店の客席などと比較してみるとより明確になるだろう。公共交通機関の車内や飲食店の客席は、複数の参与枠組みが同じ空間内に併存しているという点では授業内グループワークと共通しているが、併存する各参与枠組みを構成しているのは面識のない他人同士であり、何か共通の課題に取り組んでいるということは普通は無い。そのため、電車の車内にいるあるグループと別のグループの会話の輪が融合したり、レストランのあるテーブルの集団とその隣のテーブルの客が会話を交わしたり、ということも基本的には生じない（ただし、何らかの要因でそれらの別々の集団にとって共通の課題に取り組む必要性が生じた場合は、元々他人同士だったとしても相互行為の境界は曖昧になり得る）。

本章で検討するデータでは、相互行為の枠の外側、つまりあるグループがなんらかの課題に取り組んでいる際のその外側から聞こえてくる声に対して、聞き手として振る舞うかどうか、聞き手として振る舞うのであれば特にどのようなステータスの聞き手として振る舞うのか、という観点に着目し、それらの振る舞いを通じてグループの境界というものが非常に柔軟に更新されていることを例証したい。それによってゴフマンが論じた参与枠組みおよ

114　第Ⅱ部　制度的役割からの考察

び関連概念について、経験的な知見を与えることができるだろう。さらに、授業におけるグループワークで形成されるグループの境界が、必ずしも教員による指示によって確定されるわけではなく、人々の個々の振る舞いによってその都度交渉されたり更新されているということを示したい。すなわち、グループワークがグループワークとして成立しているということは、教員がコントロールしているからそうなるというよりは、受講生本人たちがその都度成し遂げている相互行為的達成（Schegloff and Sacks 1973）であるという点を論じたい。

2.　グループワークの概要とデータ収録状況

2.1　グループワークにおける課題・役割分担・進行

　本章で検討するのは、日本国内のとある大学の英語授業内で行われたグループワークを録画したデータのうち、約1分間ほどの断片である。本節では、ここで行われているグループワークの内容と収録状況について述べる。なお、このグループワーク活動を収録した映像を分析したケーススタディとして横森（2017）も参照されたい。

　当該のグループワークは、まとまった長さの英文を円滑に産出できるように訓練することを目的としたもので、グループの中の1名が質問を読み上げ、別の1名がその質問に対する回答を口頭で産出するという課題を中核として構成された活動である（原田 2003、原田 et al. 2006）。各グループは3人1組からなり、3人にはそれぞれ「質問者」「回答者」「タイムキーパー」という異なる役割が割り当てられ（クラス全体の出席人数の関係で2人1組となったグループでは、質問者がタイムキーパーを兼任する）、質問が次に進むごとに役割をグループ内で入れ替えていく。

　このグループワークは具体的には次のように進行する。まず質問者がカードに書かれた質問を2回読み上げ、その後タイムキーパーが10秒間のインターバルを計測してから回答開始の合図を出す。回答者はそこから45秒間

で回答となる英文を産出し、タイムキーパーは回答開始から 45 秒間が経過するとそのことを宣告して回答終了の合図を出す。そして、質問者とタイムキーパーの 2 人が回答者のパフォーマンスに対して点数をつけて用紙に記入し、役割を入れ替えて次のカードの質問に移る（カードは合計 10 枚用意されている）。なお、この活動の中で、質問が 2 回読み上げられるのは回答者に質問の意味を十分に理解させるためである（それと同時に、質問者による読み上げを語句の発音やイントネーションの点でより適切なものにするという目的もある。というのも、質問者の側も 1 回目の読み上げでは質問の英文を内容的・文法的に十分理解できていないことがしばしばだからである）。また、質問者も回答者もその都度自分の名前を名乗ることになっている。これは、授業後に教員が録音ファイルを聞く時に、誰の発話か特定しやすくするための処置である。

　カードに印字された質問は、TOEFL-iBT の Writing セクションに準拠した形式になっている。すなわち、回答者の経験や意見を問い、まとまった長さでの応答を要求するものである（例として、本章のトランスクリプト (2) における村上の読み上げ発話を参照されたい）。したがって質問とは言っても、例えば「現在のアメリカ合衆国の大統領は誰か」のような、正解が端的に決まるようなものではない。

2.2　グループワークの物理的環境とコンテクスト

　このグループワークを遂行するため、各グループには質問カード (10 枚)、相互評価用紙 (A4 用紙を 1 人に 1 枚)、ストップウォッチが配布されている。また、質問および回答の発話は全て録音し、活動終了後に録音ファイルを提出しなければならないため、各グループは教室に備え付けのデスクトップPC を取り囲んで立ち並んでいる（授業は一般教室ではなく各机に 1 台ずつPC が備え付けられた CALL 教室で行われている）。質問者および回答者は、録音を行うデスクトップ PC に付属のヘッドセットのマイク部分に音声を吹き込む。本章で提示するビデオ映像に基づく静止画において、ヘッドセット

およびそのマイク部分、質問カード、ストップウォッチなどを学生達が手に持っている様子が確認できるだろう。

図1は、本章で検討する事例が収録された当日の教室内の配置を示している。この図において、グレーの長方形は学生の机を、PCはそこに設置されたデスクトップPCを示している。その中でも「PC」の文字が太字になっているものは、グループワークのための録音に使用されているPCであることを表しており、太字の「PC」を囲んでいる破線の円は、3人1組の学生がそのPCを取り囲んでいることを示している。破線の円の中に名前(仮名)が記してあるのは、本章の分析に関わるグループを構成するメンバーである。特に、分析の焦点となる個人の名前は太字になっている。

図の中でビデオカメラを模した図像が示しているように、畑中・国見・竹下のグループを「カメラA」が、山川・村上・石田のグループを「カメラB」が撮影している。この時収録に用いることができたビデオカメラはこの2台のみである。撮影対象には、機器の設置および管理の都合から、教卓に近い

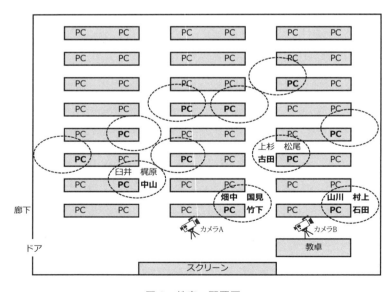

図1　教室の配置図

図2　分析の焦点となる学生（カメラAからの映像）

2グループが選ばれている。

　図2は、カメラAからの映像の一時点を静止画化したものであり、画面奥に村上たちのグループおよびそれを撮影するカメラB、そして古田たちのグループも写っている。

　このデータを収録した英語授業では、毎週このグループワークが実施されており、本章で検討する断片は後期の最終週に収録されたものである。この授業は前期と後期で担当教員と履修学生が変わらず、実質的に通年で一続きの授業として構成されていた。したがって、学生達にとってはこのグループワークは4月から1年近く毎週続けてきた活動であり、進め方には大いに慣れ親しんでいる。さらに、この授業を履修する学生は全員同じ学部の同じクラスに所属するクラスメイトであり、他の授業科目の履修、学内の諸活動、日常の大学生活などを通じて男女問わず互いのことをよく知った間柄になっている。また、後期開始時より、音声録音に加えてビデオカメラでの映像撮影も毎週行っているため、本章が扱うデータを収録した最終週の時点では、学生達はビデオ撮影されることにもある程度慣れている。

3. 分析―グループの外の声を聞く

　本章の分析の焦点は、竹下・国見・石田・村上という4名の学生が、それぞれ自分たちのグループの中心ではなく、自分のグループの外側にいる古田の方を向いているという瞬間である（図3–5；図3と図4は同じ瞬間の映像である）。以下では、この瞬間にいたるまでのやりとりをトランスクリプトも用いながら少しずつ紐解いていってみよう。

図3　竹下・国見・村上が古田の方を向いている

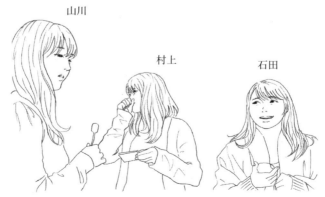

図4　村上・石田が古田の方を向いている（図3と同じ瞬間）

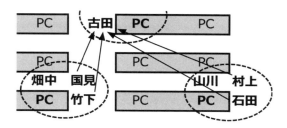

図5　図3および図4の瞬間における位置関係と志向関係

3.1　グループの外の目立つ発話と反応の不在

　まずは国見たちのグループにおけるやりとりを検討する。なお、トランスクリプトの行番号が連続していないのは、村上グループにおけるやりとりとの時間関係を示すために、2つのトランスクリプトを通しての生起順に通し番号で行番号を付与しているためである。

　ここでまず鍵になるのは32行目の国見の「♪ドヤあ〜〜〜〜！」という発話とそれに伴う身振りである。32行目にいたるまでのやりとりにおいて、国見たち3人はジャンケンによってグループワークの順番を決めようとしている。上述の通り、このグループワークでは質問が全部で10問あるため、3人のうち1人だけが4回設問に回答しなくてはならず、そのため単に順番を決めるという以上にジャンケンに必死になっている[2]。

(1) 国見グループで起きたこと
```
02  竹下：あ：負けた：！AHAHAHAHA
          ((直後に表情を一変させて国見を嘲笑うような顔をする))
04  国見：やっぱり：[：,
05  竹下：        [あ：：[：.
06  畑中：            [俺の[右手がうなったか.]
07  国見：                [ <女>   子供に ]はぁ,
09  竹下：aHAHAHA[HAHAHHAH]
10  畑中：      [はあ：：(h)[huh
```

120 第Ⅱ部 制度的役割からの考察

```
11  国見:                        [もうちょっと，荷が重すぎたようだ[ナ_
12  畑中:                                                [huhuh=
13  畑中: =Huh Huh .hhhh
15  竹下: $わ::つらい，悔しい，四問やりたかった$
16      (1.2)
17  国見: どう，俺の::,
19  竹下: HAHHAH $めっちゃおも-$
20  国見: シュ，シュー
22  竹下: 早くしてくれ[る_ hh HuhHuh
23  畑中:           [オケー.
26  国見: 男[気ジャンケン.   ]        ジャンケンほい!!
27  竹下:   [  .hh   HihHa]hahaha
29  畑中: ↑うあ::[:!
30  竹下:        [.hh HAHHAHHAH .hh .h aHAHHAHHAH .hh
32  国見: ♪ドヤあ  ～  ～[   ～      [～!]
         ((両手を派手に広げて天を仰ぎながら))
33  竹下:              [.HihHihHih[Hih]
```

　この後に起きることを理解する上で重要なのは、国見たち３人がジャンケンに興じている頃、周囲のグループは全てグループワークそのものを開始しているということである。実際、国見グループが上記（1）のようなやりとりをしている間、同じ時間帯の村上グループのやりとりは以下の（2）のようなものであった。

（2）村上グループで起きたこと

```
01  村上: Do you now feel more confident, (0.3) when you use computers=
03      = in writing essays, recording your speech and submitting your=
08      = homework, than you did in April.
14  村上: Give some specific examples and or reasons for your answer.
16      (1.2)
18  村上: もっかい読み↑ま:す.
21  村上: Do you now feel more confident when you use computers in writing =
```

24		= essays .h recording your speech and submitting your homework =
28		= than you did in April?=
31		= Give some specific examples [and or reasons for your answer
32	国見：	[♪ドヤあ　〜　〜　〜　〜！
34-39		((村上グループは全員無音))

　1行目から村上が質問の英文を読み上げ、山川と石田はそれを聞いている。国見グループと村上グループの間で、授業活動への取り組み方が（少なくともこの時点において）対照的であることが見て取れるだろう。

　ここでまず注目したいのは、32行目における国見の「♪ドヤあ〜〜〜〜！」という発話が極めて目立つものとして産出されており（音量の大きさおよび身振りの大仰さに注意されたい）、音声そのものは聴覚器官で知覚しているはずであるにも関わらず、古田グループも村上グループも誰1人として見ていないという点である（図6）。

図6　国見の「♪ドヤあ〜〜〜〜！」（32行目）の時点

3.2　グループの外からの反応

　以下の（4）は、この国見の目立つ発話行動の後に起きたことを示している。ただし、わかりやすさのために村上グループの振る舞いについては略記している（（5）を参照）。

（4）「♪ドヤあ〜〜〜〜！」の後に起きること
32	国見：	♪ドヤあ　〜　〜［　〜　　　［〜！］

122 第Ⅱ部　制度的役割からの考察

```
                        ((両手を派手に広げて天を仰ぎながら))
33  竹下：                [.HihHihHih[Hih]
34  中山：                         [国 ]見うるせえ!
35  国見：あ，はい．((笑顔で中山の方を見ながら))
36       (0.9)((古田、国見の方を向いて見つめる))
37  古田：[国見クンうるさいですぅ]
38  竹下：[ $.HH   ↑はあ，おも][しろ:い.$     ]
39  国見：                   [あ:，は(h)い.]((古田に向かって))
40  古田：ちょっと男子ぃ!
42  国見：[$あっ,$
43  竹下：[huhhuhhuhhuh
44  畑中：[hHUHHUHHUH
46  国見：もう:，男気あるからなあ.((竹下・畑中の方に向き直りながら))
49  竹下：.hh huhhuh .hh huhhuh
50       (0.5)
51  竹下：$.HH め[っちゃおもろい$]
52  国見：     [ (♪どや]あ：：：    )
56  竹下：↑$はあ$
57  国見：え，これマイコ:?
```

　「♪ドヤあ〜〜〜〜!」の直後(一部オーバーラップしながら)生じたのは、別グループである中山(位置関係は図1および図2を参照)による「国見うるせえ!」という発話(34行目)である。それを受けて国見は中山の方を向い

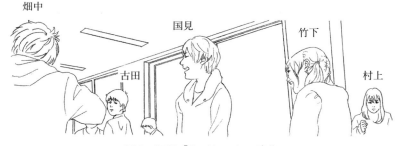

図7　国見「あ,はい.」の直後

て「あ,はい.」と、それまでとは一転した、恐縮するような態度を見せる（35行目）。その後、0.9秒の無音時間の間にまた別グループの古田が、国見の方を向いてじっと見つめる（睨んでいるようにも見える）（36行目）。図7はこの瞬間を捉えた映像である。

このように、国見が中山の方を向き、古田が国見に向いているという志向の関係性は、図8のように整理できる。

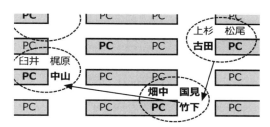

図8　国見「あ,はい.」の直後の志向関係

国見のことをじっと見つめた後、古田が「国見クンうるさいですぅ」と発話すると（37行目）、国見は先程と同様に「あ:,は(h)い.」と古田に応答する（39行目）。その直後、古田は「ちょっと男子ぃ!」と発話する（40行目）。

ここまでで既にグループ間の境界が揺らいでいるが、40行目の古田の発話はこの場に大きなインパクトをもたらすものとなった。すなわち、それまで国見の「♪ドヤあ〜〜〜〜!」に反応を示していなかった村上グループのメンバーたちだったが、古田の「ちょっと男子ぃ!」には反応を示すのである（41–48行目および図9、図10を参照）。

(5)「ちょっと男子ぃ!」以降の村上グループ
34–39　　((村上グループは全員無音))
40　古田: **ちょっと男子ぃ!**
41　村上: ((古田を笑顔で振り返る))
45　村上: °hh[hh° ((満面の笑みを浮かべつつ、口元を手で押さえてグループの方に向き直る))

```
47  山川:     [nhuhuh] Huhu[huh  .hh  Huhuh   ].h Huhuh .h Huhuh
48  村上:                [(め(h)っちゃ(h))( )]((口元を押さえ、笑いながら何
        か言っている))
50          (0.5)((山川、口元を押さえて笑顔。村上も笑顔。))
```

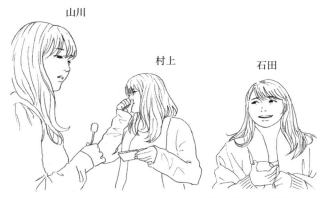

図9　村上が古田を振り返る（41行目）（図4の再掲）

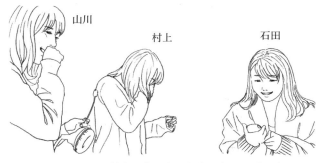

図10　山川と村上は笑いをこらえる（48–50行目）

　これらの図に示されるように、40行目の後、堰を切ったように笑いが連続して産出される。まず、村上は図9で示されるように、満面の笑みで古田の方を振り返る。その直後には、視線こそ古田へは向けないものの、山川も

口を押さえて笑っており、その後さらに石田もかすかに笑う。このタイミング（41 行目以降）で笑い始めるということは、直前の出来事である古田の発話が村上たちにとって面白かった（すなわち村上たちは古田の発話を聞いてそれに反応している）ということを公的に理解可能にしている。

その一方で、村上たちの笑い方はグループ間の境界線そのものは維持する（すなわち、自分達のグループワーク活動はあくまで保つ）ような形で組み立てられている。たとえば、村上と山川が口元を手で押さえて笑っている点に象徴されるように（石田も小さく笑うのみである）、決して堂々と笑って良い場面ではないという本人たちの規範的意識を示している。また、村上が古田の方を向く際に、上半身を捻るのみで腰から下はグループの中央を向いたままであることに象徴されるように（山川と石田も身体の向きは維持している）、笑いはグループワークからの一時的な脱線として行われている（上半身の捻りと活動の維持については Schegloff（1998）を参照）。

3.3　グループ外の笑いを引き起こした発話の特徴

では、ここまでのやりとりの中で、なぜ古田の発話が村上グループの笑いを引き起こしたのだろうか。その前の中山の発話からより詳細に検討してみたい。まず、34 行目の「国見うるせえ！」という発話は、「うるせえ」という否定的な意味の形容詞を叫ぶことで、苦情として聞くことができる。また、単に「うるせえ！」とだけ言うことも可能だったが、わざわざ「国見うるせえ！」と人名をつけている。人物指示をしてから苦情を産出するというのは、まさにグループの外から苦情を行うのに合理的なやり方である。というのも、単に「うるせえ！」とだけ言った場合はグループ全体に対して苦情を言っているものと聞かれうるのに対し、人物指示を添えることで特定の個人に対する苦情として発話を形作ることができるのである。

既に見たように、中山による苦情の発話に国見が応答した後に生じるのは、古田による発話「国見クンうるさいですぅ」（37 行目）である。この発話は、第一に、［人物指示＋「うるさい」］という、34 行目の中山の発話のフォー

マットを踏襲しているという特徴を有している。第二に、フォーマットを踏襲しつつも、人物指示に関しては「〜クン」を付与し、「うるさい」については「うるさいですぅ」と異なる形態を用いている。こうした形式上の変化は、中山の発話が粗野で「男性的」な言い方であるのに対し、古田の発話が（不自然なほどに）丁寧で「女性的」な口調であるという対比を鮮明にする（フォーマットを踏襲しているからこそ、スタイルの違いが明確になっている）。古田と国見は、クラスメイトの男子学生同士であり（2.2節を参照）、このような不自然な口調を選択することで「真剣な苦情」というよりは遊戯性を帯びた苦情としての性格を帯びることにつながっている。

　しかし、このような遊戯性を帯びた苦情の後でも、村上たちはまだ笑っていない。彼女たちが思わず笑ったのは、40行目の「ちょっと男子ぃ！」の後である。この発話の特徴は、（国語辞書に記載されるほどの一般的に定着したものではないにせよ）スラング的な慣用表現である点である。スラング辞書としての性格のあるウェブサイトには「ちょっと男子」という項が立てられており、次のような説明が与えられている。

(6)「ちょっと男子（ちょっとだんし）とは、生真面目で紋切り型の女子（中略）が、騒いだりふざけたりしている男子に対して、攻撃的にそれらの行為を咎めようとする際に発する文言である。その言はある種の正義性、正当性を持っているため、言われた男子側は苦々しくも大人しくするしかなくなることがほとんどである。」

（『ボケてキーワード』「ちょっと男子」[3] より）

　ここでの記述から伺い知ることができる通り、「ちょっと男子」という言語表現は、ステレオタイプとしての女子児童・女子生徒が言いそうな言葉であり、小学校・中学校の男子と女子の対立をカリカチュアして演出する定型表現である[4]。

　このように「ちょっと男子」は、それ自体がユーモアを帯びた表現である

が、このローカルな文脈で用いられたことで得られた効果も小さくない。「ちょっと男子」という定型表現は、通常“第一声”として言われるものであり、例えば「国見君うるさいよ、ちょっと男子！」のように別の発話の後に生起するものではない。つまり、ここで「国見クンうるさいですぅ」と言った後に「ちょっと男子ぃ！」と言うことは、「国見クンうるさいですぅ」の続きではなく、それを一旦撤回した上で改めて発話開始をやり直しているものとして意味づけることになる。

「国見クンうるさいですぅ」の（続きではなく）やり直しであるという性格は、「国見」という個人名への言及ではなく、敢えて「男子」というカテゴリを選択したという特徴をより明確にしている。個人名に言及した苦情発話は、個人に対する苦情として理解されるのに対し、この場面で「男子」全体に対するものとして産出された苦情発話は、（騒がしい）男子学生と（真面目な）女子学生というレベルで行われる苦情として理解されるべきものとして産出されている。このようにすることで、遊戯的に「女子」キャラを演じながら苦情を言うということを、「国見クンうるさいですぅ」の時よりも明確な形でやり直すことが可能になっている。

以上のように、古田による「ちょっと男子ぃ！」という発話は、その言葉自体が面白いから笑えるというだけではなく、周りの人—特に（真面目に授業活動に取り組んでいる）女子学生—を自分と同じ参与枠組みに誘い込むことができるという構造的な特徴を持った発言と言えるだろう。

3.4　笑いの抑制からグループワークへの復帰

古田の発話に思わず笑い、古田の方へと視線を向けた村上グループの3人だったが、そのまま古田とグループを形成したわけではなかった。トランスクリプトで確認してみよう。

（7）そしてグループワークへ

50　　　　（0.5）((山川、口元を押さえて笑顔。村上も笑顔。))

```
51  竹下: $.HH め[っちゃおもろい$]
52  国見:     [   (♪ど や ]あ：：：        )
53  山川:        [((国見の方を振り返る[→身体をグループに向け直す))
54  石田:                        [スタート.((ストップウォッチ画面を
    山川にぐいっと差し出しながら))
55  山川: あ(h).hあ:,ヤマカワチアキです答えま:す.((村上はまだ笑っている))
```

　まず、上述の通り、3人の笑いは古田の発話を聞いて反応したものとして産出されたが、口元を押さえるなど、正面切って笑うこと(そしてそれによって古田と同じ参与枠組みに入ること)を控える努力がなされている(50行目など)。結果として、リスナーシップを控えることを通じてこの授業におけるグループワークの秩序を維持していると言えるだろう。

　もう一つ指摘すべき点は、明らかに古田の発話への反応として笑った山川が、53行目において笑顔のまま国見の方を振り返って見ていることである(図11)。これは、一連のやりとりがそもそも国見の「♪ドヤあ〜〜〜〜！」という振る舞いを引き金として生じていたことを山川が理解していることを示している。すなわち、山川(およびおそらく他の二人)は、騒がしい国見に

図11　山川は国見を見る(53行目)

対して今まで反応してなかった(すなわちリスナーシップを抑制していた)ものの、実際には継続的に国見のことをモニターしていたということが理解できるのである。

　この後、村上グループはグループワークに戻るが、その際、単にグループワークの続きをするのではなく、復帰としてその場を構成している。例えば、54行目で石田は単に「スタート」と言うだけではなく、ストップウォッチの画面を山川に向けて押し出すような、強調された形での動作をしてみせている。また、山川は普通に発話を開始するのではなく、「あ(h).hあ:,」という音声を発することで、何かに気づいたこと(「あ」の使用)、規範からの逸脱に気づいたこと(笑い声が混じること)、慌てていること(「あ」を短く2回繰り返し、その間に素早く息を吸っていること)などを表出している。

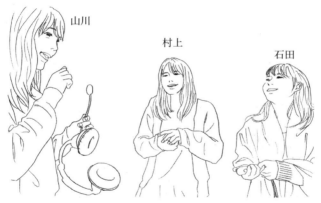

図12　石田に促され、山川は慌てて活動に戻る(55行目)

　これらにより、山川の55行目からの発話は単なる開始ではなくて、あくまで復帰、すなわちどこか外れたところから戻ることとして組み立てられており、その直前において「しかるべき活動」から逸脱していたという本人たちの理解が示されている。

4. おわりに

　本章では、大学英語授業内のグループワーク場面を収録したデータの観察を通じて、ある発話音声を聴覚器官で知覚した際の反応の仕方の調整によってその場への参与の仕方を調整し、結果としてグループの境界を当人たちの相互行為的達成として成し遂げている様を示した。

　日本における英語教育の課題の1つは、クラスサイズの大きさゆえに、産出技能の機会を学習者に十分に提供することが困難であることである。それを解決する1つの方法は、授業内の活動としてグループワークを取り入れることである（加藤 2014、cf. Long 1977、Long & Porter 1985）が、英語学習におけるグループワークの実態についてはほとんど知見が蓄積されていない（Erten & Altay 2009）。本研究は、発話音声を聞いた際の反応の仕方とそれによる参与ステータスの調整、という観点から、グループワークをグループワークたらしめる相互行為上の営みについて論じた。参与枠組みの動的な展開はゴフマンによる示唆はあるものの、経験的な研究は必ずしも体系的には展開されておらず、今後もこのようなケーススタディを蓄積していく価値があるだろう。

謝辞

本章で提示する論考の内容は、ラウンドテーブル『〈聞く・聴く・訊く〉こと―聞き手行動の再考―』に加え、国語研究所共同研究プロジェクト『会話における創発的参与構造の解明と類型化』プロジェクト会合、九州大学会話分析自主ゼミ、第129回次世代大学教育研究会、EMCA互助会にて発表され、それぞれ重要なフィードバックを得て修正を経たものである。各研究会合の参加者の皆様に心より御礼申し上げる。また、静止画の作成にあたり、ビデオ映像のトレース作業を担当いただいた古川佳穂さん（九州大学学部生）に感謝したい。

注

1　本章の議論は、音声言語の話者同士の相互行為を想定したものであり、手話言語の話者同士の相互行為に同様にあてはまるものではない。

2　ここで彼らが従事しているのは一般的なルールのジャンケンではなく、「男気ジャンケン」という特殊なタイプのジャンケンである。男気ジャンケンとは、テレビ番組『とんねるずのみなさんのおかげでした』の中で行われて若年層視聴者にも広まったもので、ジャンケンに勝つと何らかの負担を負わなければならず、なおかつそれは「男気」を示すことになるので「勝った人は決して悔しい顔をしてはならず、誇らしく振舞う」という制約が課せられたゲームである（『はてなキーワード』の「男気ジャンケン」の項を参照。<http://d.hatena.ne.jp/keyword/%C3%CB%B5%A4%A5%B8%A5%E3%A5%F3%A5%B1%A5%F3>（2017 年 8 月 30 日アクセス））。ここでは、ジャンケンに勝つと 4 回設問に回答しなくてはならない、ということになる。したがって竹下の「あ、負けた」（2 行目）という発話は喜びを表す発話であり、畑中や国見の「俺の右手がうなったか」「女、子供にはもうちょっと荷が重すぎたようだな」といった発話は、自分たちがジャンケンに勝ったことを誇らしく振る舞う一環として理解可能である。

3　<http://bokete.jp/keyword/%E3%81%A1%E3%82%87%E3%81%A3%E3%81%A8%E7%94%B7%E5%AD%90>（2017 年 8 月 30 日アクセス）

4　その意味で、役割語の一種としても捉えられるだろう。

トランスクリプト記号

本章におけるトランスクリプトは会話分析の分野における標準的な記法（Jefferson 2004）を基本としつつ、いくつか筆者独自の記法を加えて作成している。記法の凡例と意味は以下の通り。ここにリストした以外に、国見の「♪ドヤあ～～～～！」という発話では、芝居がかった韻律や言い方の大仰さを表現するため、特別に「♪」「～」などの記号を用いている。

凡例	意味
(0.2)	0.2 秒以上の無音区間。秒数を小数点第 1 位まで記す。
.h	吸気音（「引き笑い」の音声も含む）。継続時間の長さに応じて h の数を増やし、音量が大きい場合は大文字 H を用い、場合によって適宜母音も用いる。下記の呼気音の場合も同様。
H	呼気音（笑い声も含む）
は (h) い	言語音が、笑い声など呼気音まじりで産出されている場合、その音を表す文字の直後に (h) と記す。
はい	強い音や大きい音は、その区間に下線を施す。
↑は↓い	音の高さに有標な上下がある場合、矢印で記す。

°はい°	小さい音は、その区間を°で囲む。
(はい)	音声がはっきり聞き取れない区間は、聞き取りの候補を丸括弧で囲む。
( )い	音声がまったく聞き取れない区間は、空白を丸括弧で囲む。
< はい >	周囲の語より、相対的にゆっくりと産出されている区間は < > で囲む。
はい .	下降音調で韻律的な切れ目がある場合。
はい?	上昇する音調で韻律的な切れ目がある場合。
はい ,	すぐに言葉が続きそうな形で、韻律的な切れ目がある場合。
は -	産出しかけた言葉を途中で切った場合。
はい :	音が引き伸ばされる場合。
はい!	快活な音調の場合。
= はい	無音区間が一切無く発話の産出が続いた場合。
は [い]	複数の話者の声が重なった場合、[ ] でその区間を示す。
$ はい $	$ で囲まれた区間は、ニヤニヤあるいはニコニコしながら話しているような声質であることを示す。
はい	国見グループのメンバーの言動を書き起こした部分には明朝体を用いる。
はい	村上グループのメンバーの言動を書き起こした部分にはゴシック体の斜体を用いる。
はい	古田の言動を書き起こした部分にはゴシック体の立体を用いる。
はい	中山の言動を書き起こした部分には太明朝体を用いる。
((A に視線))	文脈情報や非言語的行動は、二重括弧で記す。

参考文献

Clark, Herbert H. and Edward F. Schaefer. (1992) Dealing with Overhearers. In Herbert H. Clark, *Arenas of Language Use*. pp.248–274. Chicago: University of Chicago Press.

Erten, İsmail Hakkı, and Meryem Altay. (2009) The Effects of Task-based Group Activities on Students' Collaborative Behaviors in EFL Speaking Classes. *Journal of Theory and Practice in Education* 5, 33–52.

Goffman, Erving. (1981) *Forms of Talk*. Pennsylvania: University of Pennsylvania Press.

Jefferson, Gail. (2004) Glossary of Transcript Symbols with an Introduction. In Lerner, Gene H. (ed.), *Conversation Analysis: Studies from the First Generation,* pp.13–23. Amsterdam & Philadelphia: John Benjamins.

Long, Michael H. (1977) Group Work in the Teaching and Learning of English as a Foreign Language: Problems and Potential. *English Language Teaching Journal* 31(4): pp.285–292.

Long, Michael H. and Patricia A. Porter. (1985) Group Work, Interlanguage Talk, and Second

Language Acquisition. *TESOL Quarterly* 19(2): pp.207–228.

原田康也（2003）「口頭表現力向上を目指したマルチカードによる英語応答練習」『大学英語教育学会第 42 回全国大会要綱』pp.49–50.

原田康也・楠元範明・前野譲二・鈴木正紀・鈴木陽一郎（2006）「大学英語授業でのグループ活動による自律的相互学習の効果検証を目指して」『平成 18 年度大学教育・情報戦略大会抄録』pp.244–245.

加藤由崇（2014）「協調学習を活用したスピーキング指導」小山俊輔・松永光代・田地野彰編『平成 25 年度 英語の授業実践研究―TOEFL のための効果的英語学習法―2013 年度報告書（奈良女子大学国際交流センター）』pp.40–51.

Schegloff, Emanuel A. and Harvey Sacks. (1973) Opening up Closings, *Semiotica* 8, pp.289–327.

Schegloff, Emanuel A. (1998) Body Torque. *Social Research* 65(3) pp.535–596.

横森大輔（2017）「大学英語授業でのスピーキング活動における「非話し手」の振る舞いと参加の組織化」片岡邦好・池田佳子・秦かおり編『コミュニケーションを枠づける―参与・関与の不均衡と多様性』pp.45–66. くろしお出版.

リスナーシップとラポール形成
まちづくりの話し合いのファシリテーターに着目して

村田和代

要旨 近年、地域の課題探究や政策策定のプロセスで、産官学民といったセクターを超えた話し合いが行われることが一般的となった。このようなまちづくりの話し合いの特徴として、中立的な立場で議論を進めるファシリテーターの存在があげられる。本章では、まちづくりの話し合いの冒頭場面に着目し、ファシリテーターのリスナーシップ行動を中心に考察を行った。その結果、あいづちや繰り返し、理解や同意の明示、質問、笑いといったファシリテーターによる積極的なリスナーシップ行動が際立っていることがわかる。話し合いは「オープンコミュニケーション」であり、ファシリテーターのリスナーシップ行動は直接の対話者のみならず、他の参与者（傍参与者）にも同時に作用し、それが参加者間のラポール構築やメンバーシップ構築につながっていることが明らかになった。

1.　はじめに

　近年、地域課題の解決や地域公共政策の策定から評価のプロセスで、市民が直接まちづくりに関わる話し合いに参加する機会が増えてきた。このような話し合いの特徴として、村田（2014）は次のような点をあげている。

1.　産官学民といったセクターを超えた価値観や利害の異なる人々によって行われる。
2.　当該テーマについての知識量が参加者間で不均衡である。
3.　参加者は、住む、働く、学ぶ等で共通の地域に今後も長期的に関わる可能性が高い。

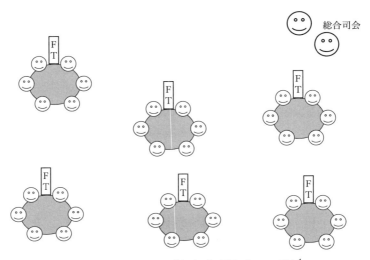

図1　ワークショップタイプの話し合いの手法[1]

4．ファシリテーターが話し合いを進める。

　まちづくりの話し合いの最も顕著な特徴は、参加者間の関係にみられる。まちづくりの話し合いの参加者の所属は、自治会、PTA、市民グループ、NPO、自治体、企業、大学とさまざまで、多くの場合、初対面同志である。参加者が持つ話し合いのテーマに関する情報量も特徴的である。たとえば、教室内で行われる話し合いでは、参加者間である程度の共有知識があると考えられるが、まちづくりの話し合いは、参加者も多様で、当該テーマについての情報量も人によってばらばらである。一方、立場や所属は異なるものの、参加者はみな、その地域と関わりつながりながら暮らしているという共通点がある。そして、話し合いの方法として特徴的なのが、ファシリテーターの存在である。ファシリテーターとは、議論に対して中立的な立場で議論を進めながら参加者から意見を引き出し、合意形成に向けて提案をまとめる進行役で、話し合いを活性化するうえで重要な役割を担うとされる（掘 2004、今川他 2005）。

　本章が対象としている話し合いは、まちづくり懇談会や市民懇談会等の

名称で開催されるような意見を集約するタイプに入り、まちづくり系ワークショップと呼ばれる方法で行われている[2]。まちづくり系ワークショップは、住民参加の話し合いの手法として注目され、課題探究・解決，合意形成の手法としてまちづくりのプロセスで広く用いられている。図1のように、5～7名程度の小グループにわかれて着席し、各テーブルでファシリテーター（FT）の進行のもと話し合いを進める。一方、全体の進行は総合司会が進めるといったもので、話し合いの長さも半日程度から数日間にわたるものまでさまざまである。一般的に、休けいをはさみながら話し合いのセッションをくりかえし、大きい流れとしては、「アイスブレーク（主として参加者の自己紹介）→展開部（意見の発散・集約）→終結部（まとめ）」という流れで各グループの話し合いが進められる。そして最後に各グループで話し合った内容について全体で共有する。

　本章では、まちづくりの話し合いで重要な役割を担うとされるファシリテーターの言語的ふるまいを、聞き手という観点から考察する。

2.　聞き手としてのファシリテーター

　近年、会話は話し手と聞き手の相互行為（interaction）でダイナミックな協働構築であるという立場にたち、従来の受動的な聞き手のあり方とは異なり、会話への聞き手の積極的な関与や聞き手の創造的で活動的な側面が指摘されるようになってきた（Goffman 1981, Tannen 1989, Gardner 2001）。とりわけ日本語会話における聞き手行動は顕著で、リスナートーク（Yamada 1997）ととらえられたり、話し手と聞き手双方が会話を一緒に紡いでいく「共話」的側面が大きいと指摘されたりしている（水谷 1988）。また、聞き手の役割の捉え方として、難波（本書）は、「相互的な関わりの中で会話参与者同士の協働行為がもたらす聞き手の基礎的な貢献」として「リスナーシップ（listenership）」という概念を提案している（p.2）。

　本章で考察対象とするファシリテーターは、単なる司会とは異なり、話し

合いを円滑に進める進行役として、近年多様な分野での研究が進められている。多くは、経営学、組織論、公共政策学からのアプローチで、アンケートやインタビュー、事例をベースにしている（Schwartz 2002, 今川他 2005, Rixon et al. 2006 等）。このような研究の中で、ファシリテーターのコミュニケーションスキルについて、さまざまなストラテジーがあげられている。言語学的な研究としては、Lazzaro-Salazar et al.（2015）があり、実際の話し合い談話の分析を通して、ファシリテーターは中立的立場ではあるものの、議論を進める中で影響力が大きいと指摘している。何れもファシリテーターを議論の進行役としてとらえた研究である。一方、村田（2013）や村田他（2016）は、談話分析や参与観察を通して、ファシリテーターには、議論の進行役として話し合いのメタ的情報を明示的に提示するという特徴に加えて、聞き手として積極的に働きかけるという特徴もあり、何れも円滑な話し合いを進めるうえで重要な役割を担うということを明らかにした。

　本章では、難波（本書）のリスナーシップという概念を用いて、ファシリテーターのリスナーシップ行動がどのように表れ、そしてそれらが話し合い参加者や話し合いの場にどのような変化をもたらしているかについて考察する。

3.　調査概要

　データとして、自治体職員・地縁組織のメンバー・NPO やボランティア団体のメンバーといった、セクターを超えた人々によるまちづくりをめぐる地域の課題についての意見集約の話し合い（参加者 6 名とファシリテーターの計 7 名、ビデオ録画、話し合いテーマは「地域の子どもについて」）の参加者同士が初めて顔を合わす最初の約 90 分間を分析対象とする。

　筆者は 2006 年度より継続してまちづくりの話し合いのフィールドワークや収録を行っている[3]。多くのデータの中で本話し合いを選定したのは、ファシリテーターのリスナーシップ行動が顕著にみられたからである。そして、

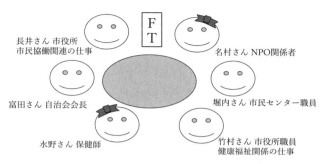

図2　本章で考察する話し合いの参加者[4]

話し合いの冒頭を考察するのにも理由がある。話し合い現場を観察していると、最初は、ファシリテーターが一方的に話し参加者が黙って聞いているが、だんだんと緊張が溶けて場が和んで参加者も話し始めるという展開に遭遇する。このような展開が顕著に表れているのも本話し合いであった。

談話分析には、相互行為的社会言語学（interactional sociolinguistics）（Holmes 2008）の手法を用い定性的に考察する。考察にあたっては、筆者が継続して行ってきたまちづくりの話し合いの参与観察や、実施関係者や参加者から得た情報も用いる。

本章のリサーチクエスチョンは以下の2つである。
1．まちづくりの話し合いの冒頭の場面で、ファシリテーターによってどのようなリスナーシップ行動が行われているのか。
2．それらが、話し合い参加者や話し合いの場にどのような変化を及ぼすか。

考察においては、ファシリテーターのふるまいをより顕在化するために、参加者のリスナーシップ行動についても言及する。

4．考察

考察結果を紹介する前に、まずは話し合いの開始部分をとりあげることと

140　第Ⅱ部　制度的役割からの考察

する。話し合いの最初で、進行役のファシリテーターが、当該話し合いの目
的や進め方について説明した後、自己紹介について詳しく説明する。

(1)[5]

FT：…はい、それでしたら、あのー、まあ、早速ですけれども、(1.0)えー、自
　　己紹介の方をさせていただきたいと思います。で、えーとですね、ちょっと
　　配りますね(1.0)これ、まわしていただければ(3.0)えー、(4.0)まわして
　　ください。はい。そして、あ、で、ああ、もう切らなくて結構です。このま
　　とまりで、はい、これで結構です。4枚あると思うんですけれども、ちょっ
　　とですね、普通にあの、自己紹介しても、あの、面白くないといいますが、
　　ちょっと分かりづらいですので、えー、こういった形でやりたいと思います。
　　まず、1枚ずつ使うと思うんですけれども、一枚目にお名前とですね、皆さん、
　　所属というよりはむしろどういったことをされているのか、普段ですね、そ
　　ういったことを、あのー、書いていただける、お話しいただくために、こう、
　　1枚目はこういったこと、お名前と所属。まあ、お仕事はどういったことをさ
　　れているか、ということです。で、次の2枚目になんですけれども、仕事の話
　　じゃなくてですね、こう、まあ、3日間を一緒に過ごす仲間ですので、最近気
　　になっていることとか、特に関心のあることがございましたら、特に何でも
　　結構です。お話しください。…

　まちづくりの話し合いにおいては、時間をかけて自己紹介を行うのが一般
的である。自己紹介では、名前と所属といった必要最低限の情報だけでな
く、メンバー間で共有できるトピックで自己開示をうながしたり、話し合い
のテーマにつながるようなトピックで難しく感じないようなものを出すこと
が多い(村田 2016)。(1)の指示にもあるように、自己紹介の情報を紙に書い
て見せることでメンバー間で共有しやすくするというのもよく用いられる手
法である。ここでは、1枚目に名前と所属、2枚目に最近気になっているこ
とや関心のあること、3枚目に協働についての感想(話し合いの前に行われ
た講演会の感想)、4枚目に子どもについて感じていることを記載するよう
指示があるが、(1)のあと、ファシリテーターから提案した方法で自己紹介

リスナーシップとラポール形成　141

をする。

　ファシリテーターの自己紹介の間、多少うなずく動作はあるものの参加者
たちは、黙って聞いている。この段階では、話し合い参加者たちは会話への
関与に積極的な「聞き手（受け手）」ではなく傍参与者（Goffman 1981）と言
えよう。これもまちづくりの話し合いでよく見られる光景である。

　自分自身の紹介を終えたファシリテーターは、自身の隣に座っていた名村
氏から自己紹介をしてもらうようにうながす。

(2)
FT：…ぜひこう、掘り下げた話もしていきたい。そのときに、まあ少しでいいで
　　　すので、皆さんのことをお話聞きたいなというふうに感じてるところです。
　　　まあ、だいたいそんな感じで、3分ぐらいにまとめていただければと思って
　　　ますので。はい、あの、別に厳密にそんな計ったりしませんので、えー、自
　　　分の言葉でですね、お話しいただければと思います。じゃあ、えーと、どう
　　　しましょう、名村さんから、じゃあお先に。

　そして、メンバーの一人一人が自己紹介をするという場面へと移行する。
ここから、ファシリテーターのリスナーシップ行動が頻繁に見受けられるよ
うになる。

4.1　ファシリテーターのリスナーシップ行動の特徴

　それぞれの参加者が自己紹介を進めるフェーズで、頻繁にみられるリス
ナーシップ行動の1つめが、あいづちである。

(3)
1　水野：水野です。はい、水野です。えーと、職員厚生課の所属なんですが、あ
　　　　　の、私は保健師でして/+\あの、地下の、本庁の地下に衛生管理ってい
　　　　　うのがあり、あるんですけど、そこにいつもおります。(1.0)で、職員
　　　　　の健康管理の方が(2.0)えー、担当です。

2 **FT:** 　**/ああ**

3 FT:　はい(2.0)

4 水野：えーと、あんまりこれはあれなんですけど、/さらっと+\　次男が大学
　　　　受験の真っただ中なのでね[笑]

5 FT:　/最近気になったこと。はい\

6 FT:　[笑]　一番気になるところですね。

7 水野：はい。それで、すみません[笑]協働について何ですけれど、あのお、言
　　　　葉としてはとても好きです。響きもいいなと思うんです1/けれども\1、
　　　　具体的にどうって言われると2/+\2　私も分からないところをあってで
　　　　すね、(1.0)先生も(　)ですから、昼からきょう、研修でしょう。3/
　　　　(　)\3行かんといかんなって思ったんですけど[笑]、結構4/おもしろ
　　　　くて\4　スムーズに入っ5/きて\5　だから今がこうなんだっていうの
　　　　も分かって6/良かった\6と思いました。それからですね、(1.0)ええ
　　　　とですね、私はあの、熊本市役所に勤めていますけれども、あの、住ま
　　　　いがXX市なんですね。田舎の方なんです。

8 **FT:** 　**1/うーん\1**

9 **FT:** 　**2/うん\2**

10 **FT:** 　**3/はい\3**

11 **FT:** 　**4/はい\4**

12 **FT:** 　**5/ああ\5**

13 **FT:** 　**6/ふーん\6**

14 FT:　ああ、XX市。

　（3）は水野氏の自己紹介の冒頭の部分である。ファシリテーターは頻
繁に参加者の話にあいづちで応答している。その大部分は、参加者の発
話の最中であって、ターンが移行する可能性のない箇所（non-transition
relevance place）でおこっているが、このようなあいづちは、相手にサポート
していることを示したり、思いやりを示したりする交感的言語使用（phatic
communion）として機能していると考えられる（Kita and Ide 2007）。ファシ
リテーターは、参加者に聞いているという信号を送ることで聞き手であるこ
とを顕在化し、さらには積極的に親しみや理解を表し、メンバーとしての連
帯感を築こうとして言える。

あいづち同様、同意・理解の明示的提示も頻繁にみられた。

(4)
1　長井：…朝からはみんなこう、町内、何ちゅうかな、学年、連れ添って、
　　　　がーって登校しよるなるんですけど、帰りがですね、バラバラなもん
　　　　ですね、
2　**FT：**　うん。
3　長井：1人で帰ってきたりすっとですよ。
4　**FT：**　うん。
5　長井：非常にその辺がですね、心配です。で、最後に、熊本っ子って聞かれて、
　　　　その、よその子どもさんのこと、よく分からんけんですね、何とも比較
　　　　ができないんですけど、
6　**FT：**　そうですよね。
7　長井：まあ、テレビとかで見る、その、都会の子どもさんとかに比べるなら
　　　　もっと子どもらしい子どもが熊本は多いのかなというのが実感です。
8　**FT：**　なるほど。

　発話6や8にみられるように、「そうですね」「そうですよね」「なるほど」
「なるほどね」といった同意や理解を示す表現も頻繁に用いられていた。
　(5)でみられるような繰り返しも用いられることが多かった。

(5)
1　富田：私、あの、富田悟と申します。
2　**FT：**　悟さん、はい、富田さんですね。
3　富田：えーと、最近気になること。
4　**FT：**　気になること、はい。
5　富田：なんですがね、(2.0)、あの、さっきもちょっとお話がありましたが、
　　　　自分たちが育てた時分からするとね、もう(1.0)、予想もしなかった
　　　　ことが出ているわけですね。
6　**FT：**　ふうん。

144　第Ⅱ部　制度的役割からの考察

　発話 2 では直前で発言された名前(悟)を、発話 4 では、直前発話の「気に
なること」を繰り返している。興味深いのは、自己紹介の場面で、参加者が
名前を言った時にそれを繰り返している例は、富田氏の事例 (5) を含めると
6 名中 3 名の自己紹介でみられた。

　繰り返しは、対話中に複数の話者によってなされる発話間の類似系の活性
化である響鳴（resonance）（Du Bois 2014）の一例で、これらは話し手に理解
を提示するためのストラテジーである（岡本 2015）。岡本（2015）は、まちづ
くりの話合い談話を考察し、こういった繰り返しが熟練したファシリテー
ターにみられる特徴であり、当該発話を発言した先行発話者に対する理解だ
けではなく、同じ話し合いの場にいる参加者への理解を促すストラテジーで
あることを指摘している。(5) でみられるように、参加者の自己紹介で、当
該参加者の氏名を繰り返すファシリテーターのリスナーシップ行動は、ファ
シリテーター自身の理解と同時に、他の参加者にも理解を共有するよう働き
かけていると言えよう。

　続いて、話し手との共同構築の例もみられた。

(6)
1 名村：こう、でも、富田さんみたいな方がいらっしゃると、とても何か地域の
　　　　お母さんは、あの、安心ですよね。(　) そういう何か遊びとか、私たち
　　　　のキーワードは遊びなんですよ。大人も遊びがどうしてもなくって、人
　　　　間関係も遊びがないとすぐぶつかるので、まあ、人間関係も遊びって車
　　　　のハンドルの遊びとかいいますよね。
2 **FT：**　うん。
3 名村：**やっぱりその遊びも必要だろうし、それってやっぱり、あの、**
4 **FT：**　**まあ、余裕みたいなもんなんでしょうか。少しの、はいはい。**
5 名村：そういうことで、少しずつ地域で、(2.0) あの、楽しい、あの、楽し
　　　　いっていうことがなければ

　(6) では、ファシリテーターが、発話 3 で発言者が言いかけた発言を発話
4 で補完している。このような「完結」は典型的な共話の例で、聞き手とし

リスナーシップとラポール形成　145

て会話への積極的な関与を示し、参加者に親しみや連帯感を示している。

　様々なリスナーシップ行動は、単独で用いられるのではなく、下記のように多様なふるまいがダイナミックに展開している。

(7)
1　竹村：はい、はい。竹村雅治と言います。えー、健康福祉政策課というところにおりまして、健康づくりの企画等をやっております。(2.0) それと、(1.0) まあ個人的なことで、クラッシックギターの練習が好きです。
2　**FT**：　**ああ、練習が好き [笑]**
3　名村：練習が [笑]
4　竹村：練習というか、全然弾けませんので、今練習してるところです。
5　**FT**：　**ああ。じゃあ、最近、始められた？**
6　竹村：ええ、4年ぐらい前ですかね、始めまして、ええ。
7　**FT**：　**得意な曲とかあるんですか？**
8　竹村：ないです。練習曲ぐらい。
9　**FT**：　**ああ、練習曲 [笑]**
10　竹村：練習曲が (　　) えー、それとですね、(2.0) 協働について思うのがですね、…

　参加者竹村氏の自己紹介の冒頭部分である。発話2、5、9であいづち詞「ああ」が使用され、発話2と9で、「練習が好き」「練習曲」と、それぞれ直前の発話を繰り返している。発話5「最近、始められた？」および発話7「得意な曲とかあるんですか？」は相手の話をさらに詳しく聞くためのclarification question で、相手への関心を示している (村田 2004)。また、発話2や9の最後に笑いが付加されている。これは Murata (2009) の言う、緊張緩和の笑い (laughter for defusing tension) である。初対面でお互い緊張している場面で、ファシリテーターが積極的に笑いかけることで、参加者の緊張を解きほぐそうとしているのである。

　ファシリテーターは、あいづち、繰り返し、理解や同意の明示的な提示、完結といった聞き手として参加者の発言を積極的に聞いているということを

表すふるまい、つまり、積極的な会話への参与を示すリスナーシップ行動を多用している。これらは、話の進行を助け、積極的に相手が話を進められる方向へと導く機能（松田 1998、水谷 1988）や、参加者に親しみを表し、話し合いメンバーとしての連帯感の構築を促す働きもある。参加者と一緒になって会話を進行しようとするリスナーシップ行動によって、参加者が積極的に話し合いに参加できるように、より発言しやすい場を生み出そうとしているのである。

4.2　参加者の反応や場の変化

　4.1 で考察したファシリテーターの積極的なリスナーシップ行動によって、参加者たちにどのような変化が起こっているのだろうか。

(8)
1　名村：だから、まあ、本当に大事なものっていうのは、あの、人づたいに、人と人とがかかわってきて、というふうかなと思うんですけども、あの、(1.0) そういうとこがとても、発揮できていて、あの、熊本の子どものいいところって、でも、熊本ってこう、あの (2.0)、熊本弁、弁がね、あのー、みんな使ったりとかして、今、テレビでも結構ね、熊本弁って、あのー、(2.0) 何かしゃべられてて-
2　FT：はい。
3　名村：「とっとっと」とかね。
4　FT：［笑］とっとっとってどういう意味ですか。
5　名村：「とっとっと」、この、「とっとっとっ」っていうかね、/何か\とてもおもしろい言葉があるんで、
6　FT：/ああ、なるほど\
7　FT：はい。
8　名村：子どもたちも、あの、いっぱい使ってるんで、えー、それはっていうことかなと思っています。はい。
9　FT：はい。ありがとうございました。(3.0)「とっとっと」ですか。
10　名村：はい。

リスナーシップとラポール形成　147

11 FT： はい。［笑］ありがとうございました。

(9)
1 竹村： それと、えー、熊本っ子の話がありましたけども、昔、転校生の方から
　　　　ですね、やはり京都から来られて−
2 FT： あ、京都から［笑］
3 竹村： 熊本弁は非常に怖いと。
4 FT： ［笑］
5 竹村： ちょっと何かけんかするとですね、「ヌシャ撃ち殺すけんね」って言う
　　　　んですけども−
6 FT： ［笑］
7 竹村： 撃ち殺すんですよ［笑］
8 FT： ［笑］
9 竹村： 撃ち殺すって普通ピストルと思わるらしいんですよ。
10 FT： 思いますね［笑］
11 竹村： でも、でもですね、簡単な、あの、気持ちでですね、撃ち殺すというよ
　　　　うな言葉をですね、まあ、そういう、ちょっとなれ合いみたいな感じで−
12 FT： ああ。
13 竹村： 「撃ち殺すけんね」みたいに簡単な言葉で使ってしまうところがあるん
　　　　ですね。
14 FT： ああ。
15 竹村： そういうふうに、まあ、根は優しいんですよと。あの、言葉はいろいろ
　　　　［笑］
16 FT： ［笑］
17 竹村： そういうところはありますけども、そういう子どもじゃないかと（　）。
18 FT： はい。ありがとうございます。

　(8)および(9)は、参加者（名村氏、竹村氏）の自己紹介の最後の部分であ
る。自己紹介は、他の参加者にむけて行われることになっているのだが、話
が進むうちに、参加者の視線はファシリテーターの方に向けられ、最後には
ファシリテーターに語りかけている。(8)では、名村氏の住んでいる地域の
方言を使って（発話3「とっとっと」＝取っているの意味）ファシリテーター

に視線を向けてユーモラスに語りかけている。（9）では、参加者はファシリテーターの出身地に関する話題をもちかけ、さらにその話題でおもしろおかしくエピソードを語っている。ユーモアは親しさや連帯感を示すストラテジーであるが（Holmes 2000）、ファシリテーターが積極的に対人関係を築こうとしているのを汲み取り、参加者もそれに応えようとしていると考えられる。

　そして、このようなユーモアに対して、ファシリテーターは笑いで応えている。特に（9）では、双方がともに笑いあい、その笑いが断続的に続いている。これは Glenn（2003）の言う「共有された笑い」（laughing with）、Hayakawa（2003）の言う「仲間作りの笑い」（joyful laughter for identifying with the in-group）である。これらの笑いは、同じグループであることや連帯感を示し、対人関係上プラスの方向に働く笑いである。

　笑いやユーモアは、会話の参加者間にラポール（共感を伴う心理的つながり）が生まれたという顕著な表れであり（FitzGerald 2002）、参加者とファシリテーターとの間にこのようなつながりが生じたと考えることができる。つまり、ファシリテーターの多様なリスナーシップ行動は聞き手である参加者に肯定的に受け取られ、それがプラスに働いたことがわかる。

　ラポールはファシリテーターと各参加者との間にのみ構築されたのであろうか。次の2つの例は、何れも全員の自己紹介が終わり、ファシリテーターから「子ども」について話題提供をしてほしいと投げかけた後の談話からの抜粋で、話し合いの最初のセッションも終盤をむかえている。

（10）
1　FT：　ああ、イベントは遊びじゃなかったんだ［笑］
2　名村：何かね、例えばその、コマ回しをやろうって言って、やって、で、やって、ご存じでやっているんだけど、「お母さん、遊んでいい？」っていう言葉がやっぱり発せられるって。それって子どもって本当に遊んでないじゃないっていうところからの発信があるんですよ。だからそこら辺

では本当に　/（　　）\

3　富田：/そうだね\　そういうとこはありますよ。というのはね、お母さんたち
　　　が全然楽しくない。

4　名村：そうでしょう。そう、そのキー/ワード\

5　富田：/それが原因\なんや。

6　名村：で、お母さんたちがいかに楽しめるかっていう1/ところで\1その町を
　　　遊ぶ時間のプログラムの中に2/+\2子どもたちが実際、その町を遊ぶと
　　　いうプログラムの前に、親が3/+\3まず遊ぶんです。お母さんたちが一
　　　番遊んでないから。

7　竹村：**1/ふーん\1**

8　竹村：**2/ふーん\2**

9　FT：　3/ああ\3

10 FT：　うーん。

　ここで着目したいのは、竹村氏のあいづちである。話し合いの最初の
フェーズでは、ファシリテーターのあいづちの音量が大きく頻度も多いため
際立っているが、他の参加者は黙って聞いているか小さくうなづく程度であ
る。しかし自己紹介が終わったころから、他の参加者のあいづちも音声とし
て入ってくるようになってくる。これは、傍参与者から、会話への関与のレ
ベルの高い聞き手へと移行したと言えるが、このようなリスナーシップ行動
だけではなく、参加者同士の会話が生じたり、会話が盛り上がり、全員で一
緒に笑うというシーンもみられるようになる。(11) では、参加者（名村）と
ファシリテーターの会話が続いていたところに、他の参加者（富田）が加わり
（発話3）、そこから参加者同士の会話へとつながっている。

(11)

1　名村：何か楽しさとか安心感が持てるっていうことを体感できる、これは何か
　　　すごくいいなというふうに思っているので//+\ぜひ、あの、ヤマヒガシ
　　　（地域の名称）で、あの、そういう「町を遊ぶ」をされると、またお母
　　　さんたちが

2 FT： ／ああ＼
3 富田：あのー
4 名村：はい。
5 富田：ぜひ来てください。
6 全員：［笑］
7 FT： ひとつ、協働で。
8 全員：［笑］

　そして、(12)でみられるように、話し合いの最初のセッションの終了をむかえる。

(12)
1 FT：　最後は皆さんから、こう、聞いてばっかりなので、あの、一言ずつお聞きして終わりたいなと思ってます。感じられたことについて、いかが。
2 長井：感じたこと（　）やっぱりね、最初いろいろおっしゃって、まあ、名村さんがやっぱり楽しいですね、やっぱり楽しい、やってる本人が楽しくないと、これはまずいなと思って。
3 名村：だからミニバレー、もしかしたら楽しくないんじゃないかなって。
4 長井：いや、苦痛ですね。
5 全員：［笑］

　(11)では、富田と名村の会話に、参加者全員も笑うことで参加している。また、ファシリテーターによってのみ使われていたあいづちが、参加者によっても積極的に使われるようになってきたことが(10)から(12)でも明らかである。話し合いのテーブルを囲む全員で協力して作り出す「共話」が始まったのである。
　まちづくりの話し合いを観察していると、上記と同じような変化が起こっていることに気付く。自己紹介が始まってしばらくは、ファシリテーターと各参加者とのやりとりが大部分を占めている。しかし、話し合いが進むうちに、ファシリテーターを介さないで参加者同士のやりとりも生じるように

なってくる。それはグループによって自己紹介の段階からである場合もあるし、本題に入ってからの場合もあるのだが、だんだんと参加者同士のやりとりの場面が多くみられるようになる。そうなると、冗談や笑いを伴った会話の盛り上がりもみられるようになったり、一人の参加者の発言中に、他の参加者たちが同時にうなずいたりするといった様子が見受けられる。

　これまでのフィールドワークで観察してきた何れの話し合いにおいても、ファシリテーターの積極的なリスナーシップ行動は共通してみられ、これがラポール構築に重要な役割を担ったと言えるだろうが、ここで、「話し合い」というコミュニケーションの場についても考えたい。二者間の対話によって第三者である視聴者に情報伝達を行うコミュニケーション様式を、岡本他

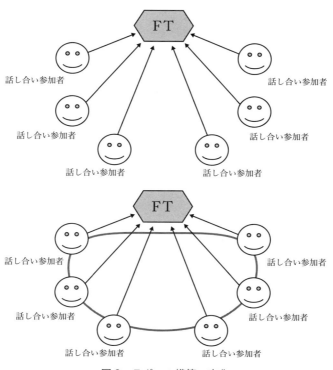

図3　ラポール構築の変化

(2008)は「オープンコミュニケーション（Open Communication; 以下 OC）」と名付けているが、話し合いもこれにあたると考えられる。ファシリテーターの発話は、直接の対話者のみならず傍参与者を含めた話し合いの場全体へと指向した「外部指向的」（岡本他 2008）なもので、積極的なリスナーシップ行動は、話し手（特定の参加者）のみならず、他の参加者（傍参与者）にも同時に作用すると考えられる。つまり、ファシリテーターのリスナーシップ行動は、自身の会話への積極的な関与を示すと同時に、話し合い参加者にも会話への関与を促す積極的な働きかけとして働く。そして同時にファシリテーターから話し合い参加者へ親しみを示すストラテジーとしても働く。ファシリテーターは中立的な立場とは言え、その言動は話し合いの場に影響を及ぼすため、その働きかけにこたえて、参加者は次第に会話への関与が強まっていくと考えられる。さらに、各参加者とファシリーターとの間に構築されたラポールが、次第に参加者間にも広がっていくと考えられる（図3）。このように、ファシリテーターの積極的なふるまいによってラポールが形成した場では、参加者同士のやりとりも多く、活発な意見交換につながっていると言えるだろう。

5. まとめ

本章では、議論の進行役とされるファシリテーターを、聞き手という観点から考察した。話し合いの最初の参加者の自己紹介のフェーズで、ファシリテーターは、積極的な会話への関与（積極的に聞いているという）を明示するさまざまなリスナーシップ行動をダイナミックに展開し、それらが話し手とのラポール構築へとつながっていった。 聞き手としての積極的な会話への関与を通して、次第に話し手と聞き手が相互に会話を構築し、それが活発な話し合いへとつながっていくと考えられる。

注

1　図中、会話例中の FT はファシリテーターを指す。

2　ワークショップは、もともとは「仕事場」「工房」「作業場」など、共同で何かを作る場所を意味していた。しかし最近は問題解決やトレーニングの手法、学びと創造の手法としてこの言葉が使われる事が多く、多彩な分野で活用されている。近年活発になってきた住民参加型まちづくりにおいては、主としてファシリテーターを伴う地域についての話し合いをワークショップと呼び、課題探究・解決、合意形成の手法として用いられている（中野 2001）。

3　筆者は 2006 年度より龍谷大学地域公共人材・政策開発リサーチセンター（LORC）のメンバーとしてまちづくりをめぐるコミュニケーションについて研究を進めている。LORC は、国際的な共同研究体制で研究者・実務家双方が研究プロジェクトを担い、地域の課題解決に還元できる実践的研究を行っている（http://lorc.ryukoku.ac.jp/about/）。

4　図中名前はすべて仮名である。

5　会話例中の FT はファシリテーターを指し、氏名はすべて仮名である。

トランスクリプト記号

…／…＼...	重なりを表す
［ 文字 ］	パラ言語的特徴
（ 文字 ）	会話を理解するのに必要な説明・コメント
（　　）	聞き取り不可能な箇所
(x.0)／＋	x 秒の沈黙／1 秒未満の沈黙
？	上昇調のイントネーション

参考文献

Du Bois, John. W. (2014) Towards a Dialogic Syntax. *Cognitive Linguistics* 25(3): pp.359–410.

FitzGerald, Helen. (2002) *How Different Are We? : Spoken Discourse in Intercultural Communication*. Clevedon: Multilingual Matters.

Gardner, Rod. (2001) *When Listeners Talk: Response Tokens and Listener Stance*. Amsterdam: John Benjamins.

Goffman, Erving. (1981) *Forms of Talk*. Philadelphia: University of Pennsylvania Press.

Glenn, Phillip. (2003) *Laughter in Interaction*. Cambridge: Cambridge University Press.

Hayakawa, Haruko. (2003) "The Meaningless Laughter": Laughter in Japanese Communication, Unpublished PhD Thesis, University of Sydney, Australia.

Holmes, Janet. (2000) Politeness, Power and Provocation: How Humour Functions in the Workplace. *Discourse Studies* 2 (2): pp.159–185.

Holmes, Janet. (2008) *An Introduction to Sociolinguistics*. 3rd ed. London: Longman.

堀公俊（2004）『ファシリテーション入門』日経文庫

堀口順子（1991）「あいづち研究の現段階と課題」『日本語学』10(10): pp.31–41.

今川晃・山口道昭・新川達郎編（2005）『地域力を高めるこれからの協働—ファシリテータ育成テキスト』第一法規

木下勇（2007）『ワークショップ—住民主体のまちづくりへの方法論』学芸出版社

Kita, Sotaro and Sachiko Ide. (2007). Nodding, *Aizuchi*, and Final Particles in Japanese Conversation: How Conversation Reflects the Ideology of Communication and Social Relationships. *Journal of Pragmatics* 39: pp.1242–1254.

Lazzaro-Salazar , Mariana Virginia, Meredith Marra, Janet Holmes, and Bernadette Vine. (2015) Doing power and negotiating through disagreement in public meetings. *Pragmatics and Society*, 6(3): pp.444 –464.

松田陽子（1988）「対話の日本語教育学—あいづちに関連して」『日本語学』7(13): pp.59–66. 明治書院

水谷信子（1988）「あいづち論」『日本語学』7(13): pp.4–11. 明治書院

村田和代（2004）「第2言語語用能力習得に与える影響と効果—ポジティブポライトネス指導を通して」『語用論研究』6: pp.57–70.

Murata, Kazuyo. (2009) Laughter for Defusing Tension: Examples from Business Meetings in Japanese and in English. In Hattori et al. (eds.), *New Frontiers in Artificial Intelligence*. Heidelberg: Springer.

村田和代（2013）「まちづくり系ワークショップ・ファシリテーターに見られる言語的ふるまいの特徴とその効果—ビジネスミーティング司会者との比較を通して」『社会言語科学』16(1): pp.49–64.

村田和代（2014）「まちづくりへの市民参加と話し合い」『日本語学』33(11): pp.32–43. 明治書院

村田和代（2016）「まちづくりの話し合いを支える雑談」村田和代・井出里咲子編『雑談の美学—言語研究からの再考』pp.51–70. ひつじ書房

村田和代・井関崇博・岡本雅史・増田将伸・森篤嗣（2016）「第36回研究大会　まちづくりの話し合い学—言語学・社会学からのアプローチ」『社会言語科学』18(2): pp.94-99.

中野民夫（2001）『ワークショップ—新しい学びと創造の場』岩波書店

難波彩子（2017）「日本語会話における聞き手のフッティングと積極的な関与」片岡邦好・池田佳子・秦かおり編『コミュニケーションを枠づける—参与・関与の不均衡と多様性』くろしお出版

岡本雅史（2015）「ファシリテーションにおける響鳴—個人内の理解から集団内の共有

化へ―」社会言語科学会第 36 回研究大会ワークショップ「まちづくりの話し合い学―言語学・社会学からのアプローチ―」pp.206–207.

岡本雅史・大庭真人・榎本美香・飯田仁（2008）「対話型教示エージェントモデル構築に向けた漫才対話のマルチモーダル分析」『知能と情報』20(4): pp.526–539.

Rixon, Andrew, Viv McWaters and Sascha Rixon. (2006) Exploring the language of facilitation. Group Facilitation: *A Research and Applications Journal* 7: pp.21–30.

Schwartz, Roger. (2002) *The Skilled Facilitator: A Comprehensive Resource for Consultants, Facilitators, Managers, Trainers, and Coaches.* San Francisco: Jossey-Bass.

Sollitt-Morris, Lynnette. (1996) Language, gender and power relationships: The enactment of repressive discourse in staff meetings of two subject departments in a New Zealand secondary school. Doctoral Dissertation, School of Linguistics and Applied Language Studies, Victoria University of Wellington, New Zealand.

Tannen, Deborah. (1989) *Talking Voices: Repetition, Dialogue, and Imagery in Conversational Discourse.* Cambridge: Cambridge University Press.

Yamada, Haru. (1997) *Different Games, and Different Players.* Oxford: Oxford University Press.

「聞き手」のふるまいから
裁判員裁判の評議を考える

森本郁代

要旨 従来、制度的場面の相互行為分析は、制度的アイデンティティが参与者の言語的・非言語的ふるまいにどのように有意味であるかに関心を持ちつつも、話し手のふるまいの分析が中心であった。本章は、裁判員裁判における評議において、裁判官と裁判員の制度的アイデンティティが、それぞれの「聞き手」としての言語的・非言語的ふるまいにどのように表れるのかを分析を通して、評議という活動における自他の参与のあり方をどのように理解しているのかを検討した。その結果、裁判員は、常に裁判長のふるまいに注意を向け、裁判長から十分な反応が得ることに志向しているのに対し、裁判長は常に「中心的な受け手」としてふるまっていることを示し、教室型コミュニケーションが、両者の非対称な参与のあり方によって達成されていることが明らかになった。

1. はじめに

　2009年に開始された裁判員制度は、国民から無作為に選ばれた裁判員が、裁判官とともに刑事裁判に参加し、公判廷での審理から評議、評決までのすべての過程に関与する制度である。当然のことながら、裁判官と裁判員の間には、知識や経験において圧倒的な差があるため、裁判をより分かりやすくするための工夫が様々に行われている。他方、裁判官と裁判員が、事件の事実認定と量刑について話し合って結論を出す「評議」については、両者の知識や経験等の違いが議論の進行や合意形成に重大な影響を与えるであろうことは予想に難くないものの、それが議論の過程でどのような問題となって表

158　第Ⅱ部　制度的役割からの考察

れるのかについては、まだ未解明な部分が多いのが現状である。

　法廷場面や評議などは、一般的に「制度的場面」と呼ばれる範疇に入るが、こうした制度的場面の相互行為分析においては、制度的アイデンティティが参与者の言語的・非言語的ふるまいにどのように有意味であるかに関心がある（Drew and Heritage 1992）。本章は、裁判員裁判の評議において、裁判官と裁判員の制度的アイデンティティが、それぞれの「聞き手」としての言語的・非言語的ふるまいにどのように表れるのかを分析し、評議という活動における自他の参与のあり方を、裁判官と裁判員がそれぞれどのように理解しているのかを検討する。

2.　分析の枠組みと観点

　従来、コミュニケーションの研究では、主に話し手の発話やふるまいに焦点が当てられていたが、近年は、コミュニケーションを話し手と聞き手の協同という観点から捉えるようになってきており、聞き手の行動についての研究も増えてきている。その中でも、堀口（1997）は、国内における聞き手行動に関する先駆的かつ代表的な研究と言えるだろう。堀口は、会話における聞き手の言動に着目し、聞き手によるあいづちや先取り的応答などが、話し手による発話の進行に大きく貢献していることを指摘している。

　本章が分析の枠組みとして採用する会話分析の分野では、早くから聞き手のふるまいに注目した分析が行われてきた。例えば、この分野における先駆的な研究である Goodwin（1984）は、会話の参与者の一人が、自分ともう一人の参与者が共に経験した出来事をストーリーとして語る場面を緻密に分析し、ストーリーの登場人物でもある聞き手の視線や手の動き、顔の表情といった非言語的ふるまいが、そのストーリーを直接体験している者としてのアイデンティティを表示しているさまを記述している。この Goodwin の研究が示すように、発話だけでなく、視線や体の向き、ジェスチャーなどの身体的ふるまいも、聞き手行動を構成する重要な要素である。近年では、参

与者の発話と身体的ふるまいを総体的に捉えるマルチモーダル分析が盛んになってきており、発話と身体的ふるまいを同時に体系的に記述するためのさまざまなトランスクリプトの手法も開発されている（Mondada 2012 など）。

　ただし、会話分析では、話し手と聞き手のふるまいをそれぞれ独立のものとして切り離して捉えるわけではない。「話し手であること」、「聞き手であること」は、参与者の一人が発話をすることによって自動的に決まるのではなく、相互行為において参与者が互いをモニターし自身のふるまいを調整することによって達成されるのである。したがって、本章でも、聞き手行動のみを抽出して論じるのではなく、その場の参与者の相互行為への多様な参与のあり方を捉える際の着眼点の１つとして、聞き手のふるまいに焦点を当てる。具体的には、1)裁判員裁判における評議において、裁判官と裁判員の制度的アイデンティティが、それぞれの「聞き手」としての言語的・非言語的ふるまいにどのように表れるか、2)裁判官と裁判員が、評議という活動における自他の参与のあり方をどのように理解しているのかを分析する。

3.　裁判員裁判の概要と課題

3.1　裁判員裁判の概要

　裁判員裁判は、殺人、傷害、強盗致傷、放火、覚醒剤取締法違反等、強盗社会的関心の高い重大な刑事事件に適用される。裁判員裁判の対象となる事件は年間 1300 から 1500 件程度だが、殺人と強盗致傷が最も多く、全体の４割以上を占める（最高裁判所 2015）。

　裁判員裁判では、裁判官３名と裁判員６名の９名で裁判体が構成される。裁判員の役割は、①公判に参加する、②評議及び評決を行う、③判決宣告に立ち会う、の３つで、公判では、裁判員から証人や被告人に質問をすることも認められている。犯罪の成立要件に関する法律の解釈や訴訟の手続きに関する判断は裁判官が行うが、事実の認定、刑の内容の決定は、裁判官と裁判員が評議の中で行うことになっており、意見の全員一致が得られなかったと

き、意思決定は多数決によって決まる。評決に当たって、両者は等しく1票を持っているが、裁判員だけによる意見では、被告人に不利な判断をすることはできず、裁判官一人以上が多数意見に賛成していることが必要と定められている。

3.2 裁判員裁判の課題

　1節で述べたように、裁判官と裁判員の間には、当然のことながら、刑事裁判についての知識や経験において圧倒的な差がある。そして、裁判員裁判における評議とは、私たちが家庭や職場などで行っている日常的な話し合いとは違う、極めて特殊な性格を持つ話し合いの形態である。高木(2007)は、裁判員制度の制度設計から、評議において、以下のような要因に基づく困難が発生する可能性を指摘している。

a　9名という合議体のサイズは、共同的意思決定を行う集団としては大きいため、一部の熱心な参加者の主張にのみ焦点化することなく、参加者全員の考えを公平に議論に反映させることが難しい。

b　法律の専門家である裁判官と、多様な背景を持つ一般市民である裁判員からなるメンバーの「成員異質性」は、「異なる発想によって刺激しあえる」といった利点もある一方、「一人あたりの発話が減少しやすい」「派閥化が促進されて疎外される人間が出やすい」「会話が打ち解けず形式的になる」「成員間の誤解や葛藤が増大する」といった欠点が顕在化する可能性がある。

c　刑事裁判における被告人、被害者、目撃者などの行為とそれらの相互関係に関する情報はきわめて複雑であり、これらの情報を的確に把握し、適切な理解を構築することは困難である。情報の複雑性が増すと、裁判員は裁判官の判断(特に有罪心証)に影響されやすくなることがすでに報告されている(杉森・門池・大村 2005)

d　裁判員は基本的には1回限り、数日間のみ裁判に参加するため、刑事裁判という課題にまったく不慣れな者が多数を占め、裁判官を除いて初

対面の関係にある集団が、即座に高度な議論に取り組まなければならない。このような集団で、合理的な議論をすぐに展開することは困難であることが予想される。

実際に行われた模擬評議の分析を行った森本（2007a, b、2015a）は、裁判官がやりとりを主導する「教室型コミュニケーション」が展開されることが多いことを指摘している。また、小宮（2012）は、裁判長による意見の求めが、特定の誰かを指名することなしに全員に向けてなされた場合、裁判員は自分の答えが「しろうと」としてのものであることに敏感であらざるを得ず、それゆえに意見があっても自発的に意見を開始することは少なく沈黙が生じやすいと述べている。そして、こうした沈黙に対処し、かつ裁判員の負担を軽減するために、裁判長はしばしば答えやすい質問に言い換えたり、特定の裁判員を指名したりすることを指摘している。裁判長のこうしたふるまいは、教室型コミュニケーションが生じる原因となっており、森本や小宮の研究は、評議の相互行為において、裁判官と裁判員の間の知識と経験、立場の非対称性がどのように顕在化するかの一端を表している。

裁判員制度の検討を行ってきた司法制度改革推進本部の裁判員制度・刑事検討会（第28回）議事録（平成15年10月28日）によると、井上正仁座長は、裁判員制度の理念を「『裁判官と裁判員との相互の』、つまり一方向ではなく、双方向のコミュニケーション、『知識・経験の共有』（中略）裁判官と裁判員のどちらか一方が中心あるいは主役というのではなく、裁判官と裁判員のいずれもが主役であり、それぞれ異なるバックグランドを持ちながらも、対等な立場で、かつ相互にコミュニケーションを取ることにより、それぞれの異なった知識・経験を有効に組み合わせて共有しながら、協働して裁判を行うという制度」[1]と述べている。この理念を実現し、裁判員が実質的かつ十全に関与できるような評議の運営が担保するには、緻密なコミュニケーションの組み立てと調整、すなわち「コミュニケーションデザイン」が必要である。そして評議のコミュニケーションデザインを行うためには、評議におけるコミュニケーションの実態の解明と問題点の究明が不可欠である。

162　第Ⅱ部　制度的役割からの考察

4.　模擬評議の分析

4.1　分析データ

　本章が分析するデータは、「スナック・ハーバーライト事件」と呼ばれる模擬裁判を対象とした模擬評議である。裁判の内容は、被告人西村が、スナック・ハーバーライトで酒を飲んでいる時に、被害者松岡と口論になり、被害者から暴行を受けて帰宅した後、刺身包丁を持ち出して店に戻り、被害者の腹や膝、肩などを刺してけがを負わせたとして殺人未遂罪で起訴されたというものである。

　裁判官役は4人の裁判官経験者と2人の刑事訴訟法の専門家に依頼し、2つの裁判体を作った。裁判員役は、年齢や職業、性別ができるだけ多様になるよう人材派遣会社に依頼して参加者を募集した。公判審理は、過去に裁判所が作成したこの事件の模擬裁判が収められた DVD を各裁判体で視聴してもらうという形をとったが、裁判長による裁判員への説明、DVD 視聴、評議と評決に至るすべての進行は、裁判長及び裁判官役に任せた。

4.2　聞き手としての裁判員のふるまい

　聞き手が、そのつど何に注意を向けているのかは、彼らの視線の向きに表れている（Markaki and Mondada 2012）。裁判体のメンバーの一人が話している場合、他のメンバーは、その話し手に目を向けるか、手元の書類に目を向けていることがほとんどであった。ところが、今の話し手の順番が終わりにさしかかると、裁判員は、書類に目を向ける（もしくは向け続ける）か、もしくは、話し手から裁判長に視線を移していた。以下の断片1では、裁判員Bが、弁護側の言い分と被害者である松岡の言い分のどちらが信用できるかについて意見を述べており、その発言が終わると同時に裁判員DとFが裁判長に視線を向けている。なお、視線の向きを表す記号等については、章末のトランスクリプト記号を参照されたい。

断片1(0601_3)

```
01 B: 感じなかったら,あの,弁護人の,被告人の言い方がなんか,
02    ちょっと,つじつまが合わないって言うか:(.)なんなんです
03    かね,松岡さん側に,ぼくは,その,*かん-(.)+♯方向に向いて
   d  >>下--------------------*B--->
   f  >>下----------------------------+B--->
                                  ♯図1
```

図1 裁判員Bの発話中の裁判員DとFの視線

```
04    しまいますね.*+♯
   d  ---------->*CJ--->
   f  ---------->+CJ--->
         ♯図2
```

図2 裁判員Bの発話終了直後の裁判員DとFの視線

```
05        (0.8)
06 裁判長: *°う:+:んと,°.h今Bさんがおっしゃりたいのは,あの::
   d      *下--->>
   f        ---->+下--->>
07       被害者の松岡さんがドアから,
```

08 B： はい.
09 裁判長：出ていくときの,その,え:と,(.)ん?声量っていうふうに
10 　　　　おっしゃった?

　裁判員Bの発言が終わって、まだ裁判長が発言を開始する前に、裁判員DとFの視線が、裁判員Bから裁判長に移動したのは、次に裁判長が発言をするという彼らの期待を示している。この期待は、裁判員Bが発言の間中、時々手元の資料に視線を落とした以外は、ほぼずっと裁判長に視線を向けていたことから生じたのかもしれない。つまり、裁判員Bが裁判長を中心的な受け手としていたために、裁判長が次の話し手となる可能性が高いことが、裁判員Bの発話の最中からすでに予測可能であったということである。

　一方、話し手の発話の最中にも、聞き手の裁判員が話し手から裁判長に視線を移すというふるまいが見られる。以下の断片2では、裁判員Aの発言の途中で裁判員CとDが視線をAから裁判長に移動させている。

断片2(0601_3)

01 裁判長：こっちのほうにいくだろうと,いう::,だから,この,ドアの
02 　　　　回転のすぐここに落ちて,血があったということが具体的に
03 　　　　認定できるとすると,松岡さんのほうの,証言,が,信用できて,
04 　　　　被告人のそのもみ合いになったあと刺さったという,
05 　　　　証言に疑問が生じるということなのかな,この,問題は.
06 右陪席：hた(h)だh,huhもみ合いの仕方(h)に:hh [よるん(h)で
07 裁判長：　　　　　　　　　　　　　　　　　　 [°うんうん°
08 右陪席：そ(h)れ(h)はhuhuh, [その場から(　　　)　　　　　]＝
07 裁判長：　　　　　　　　　　[うん,その場でもみ合ったっていう,]
09 右陪席：＝変わらず[<動かずにもみ合ったり:,.hhあるいは＝
10 裁判長：　　　　　[こともあるのかな:
11 右陪席：＝もみ合って:移動してまた:h,もみ合っ(h)て
12 　　　　戻って[くることもあると言うか.]

```
13 A:        [§でも, *押した %っ     ] て §言ってるん #で,
   a              §前-------------------->§CJ--->
   c                    *A--->
   d                           %A--->
                                                          #図3
```

図3 裁判員Aの発言中の裁判員CとDの視線

```
14          松岡さんが?そうなると, §そこに§*あるってことは, #
   a                        -->§前-->§CJ--->
   c                              --->*CJ--->
                                                          #図4
```

図4 14行目の発話の完了時点の裁判員CとDの視線

```
15 裁判長: あ:,%そうだね:.あの:=
   a      CJ--->>
   c      CJ--->>
   d      A-->%CJ--->>
16 A:     =そこでバッとやられたって考えるほうが自然な気が #する
                                                          #図5
```

166　第Ⅱ部　制度的役割からの考察

図5　16行目の裁判員CとDの視線

17　　　　　んですけど．
18 裁判長：うん．ただね,血痕がここにあるっていうのが認定できないん
19　　　　　ですよね．

　13行目で裁判員Aが発言を開始すると、裁判員CとDはAに視線を向ける（図3）が、14行目でAが「そこに」と言いながら、自分の席の反対側にあるホワイトボードを指さすと、それと同時にCは裁判長の方に視線を移す。このホワイトボードには、この断片の直前に裁判長が現場の図を描いており、Aの指さしと「そこ」は、その図を指していると理解できる。Cの視線の移動は、このAの指さしの動作によって引き起こされたと考えられるが、15行目で裁判長が発言を開始すると、DもAから裁判長に視線を移し、裁判長の発言の途中の16行目で再びAが発言を始めても、両者の視線は裁判長に向けられたままである。14行目までの段階では、Aの意見の要点がまだ述べられておらず[2]、この後に述べられことが予測可能であるにもかかわらず、CもDも、再び話し手となったAに視線を向けることはない。これは、両者が、話し手であるAではなく、Aの発言に対する裁判長の反応に注目していることを示していると言えるだろう。

　次の断片3も、現在の話し手の発話の途中で、裁判員が裁判長に視線を移し、その反応に注意を向けている様子が見られる。この断片では、被告人が1回目のけんかで被害者になぐられたりけられたりした際に、「ぶっ殺してやる」と捨て台詞を吐いたことが、被告人の殺意の証拠となるかどうかにつ

いて議論しており、1行目からの右陪席裁判官の発言は、その「ぶっ殺してやる」という発言が尾を引くかどうかについての見解を述べている。

断片 3 (0601_3)
```
01 右陪席：だからそれが:,尾を引くということも,
02 裁判長：うん.
03 右陪席：その:もちろん,ほんとにそう思ってる人は尾を引くと思うん
04     ですけど,
05 裁判長：うん.
06 右陪席：ただけんかして腹立って「ぶっ殺してやる」って言ったんだと
07     すると, ♯
   f    >>下--->
              ♯図6
```

図6 右陪席裁判官発言中の裁判員Fの視線

```
08 裁判長：うん.
09 右陪席：mm-尾を引かなくても,そ-+まったく+ ♯不自然ではない,
   f                  --->+RJ--->+CJ-->>
                                        ♯図7
```

168　第Ⅱ部　制度的役割からの考察

図7　9行目での裁判員Fの視線

10　　　　　　っ(h)ていう(h)ような(h)感じに思っているんですが．
11　裁判長：うんうん．

　7行目の時点で、裁判員Fは下を向いているが、9行目の「まったく」の時点で視線を上げて右陪席裁判官を見たあと、すぐに裁判長に視線を向け、そのままこの断片の最後まで視線の方向を維持している。この視線の移動と維持から、裁判員Fが、話し手である右陪席裁判官から、聞き手である裁判長の反応に注意を移していることが見てとれる。

　ここまでの分析をまとめると、断片1では、現行の話し手の順番の完了時点で、聞き手である裁判員が裁判長に視線を移しており、この視線移動は、次の順番が裁判長に移るという裁判員の期待を示している。ここまでの分析だけでは、この視線の移動が、裁判長の「裁判長」という制度的アイデンティティ——裁判における知識や経験を持つ者——に対する志向を示しているとまでは言えないが、裁判長が中心的な受け手であるということに対する志向であるということは言えるだろう。一方、断片2および3では、裁判員や陪席裁判員の発言の途中で、裁判員は裁判長に視線を移動させている。この視線の移動からは、裁判員が、今話されている発言に対する裁判長の反応へと注意を向けていることが見てとれる。つまり、発言に対して裁判長がどのように反応するかが他の聞き手の関心事であることが示されているのである。

4.3　聞き手としての裁判官のふるまい

　4.2 節では、視線の向きや動きに注目して、裁判員が聞き手として何に注意を向けているかを記述したが、本節では、裁判官が聞き手である時に何に注意を向けているのかを記述する。

　全体的な傾向として、評議中の裁判長の視線は、話し手に向けられているか、もしくは手元の資料やメモに向けられていた。他方、陪席裁判官の視線には、裁判長とは異なる興味深いふるまいが見られた。以下の断片 4 では、1 〜 8 行目で裁判長が全体に向けて意見の求めを行うが、参与者の誰からもすぐに応答がなされず、10 行目で 6.0 秒の沈黙が生じている。左陪席裁判官は断片が始まる前から手元の書類に目を向けていたが、10 行目の沈黙の最中に視線を上げて裁判長を一瞬見たあと、すぐに自分の左側と正面に座っている裁判員に視線を向けている。

断片 4（0601_3）
```
01 裁判長：　あ@の：
   lj   >>下->@...CJ--->
02          (2.5)
03 裁判長：わたし：は,さっき,@あの：「ぶっ殺してやる」っていうふうに
   lj               --->@下--->
04        言った一番最初のね？(0.6)言葉をず：っと,<私は尾を引いて
05        るんじゃないかと思うので：,.hh(0.6)その：(.)延長で,
06          (1.0)
07 裁判長：その,「謝れ」というふうに,言うという言葉が,出るかなっと
08        いう,(1.0)#疑問があるんですけど,どうですかね¿
                  #図8
```

図8　8行目の時点での左陪席裁判官の視線

```
09 右陪席: ºう:んº
10         (0.8)@　(0.6)@#(3.1)@(1.5)
   lj    ---..@CJ,,,...@左---->@前--->
                 #図9
```

図9　沈黙の途中の左陪席裁判官の視線

```
11 裁判長: その:これはあくまでも,@想像になるんだけど,少なくとも,
   lj                         --->@下-->>
```

　8行目で裁判長が参加者に意見を求め,9行目で右陪席裁判官が小声で反応した後,6秒間の沈黙後に再び裁判長が発言を開始するまで,左陪席裁判官は,左側や正面の裁判員を見渡すように視線を向け続けている。この視線は,裁判長の意見の求めに対して裁判員が反応することを期待し待っているように見える。左陪席裁判官のこうしたふるまいは,裁判長が意見を求めた聞き手の中に自分が含まれていないこと,つまり,自分が裁判長と同じ立場

であるという理解を示していると言える。

4.4　裁判長の言語的反応に対する裁判員の志向

　裁判長が聞き手となっている場合、その言語的反応が、刻一刻と展開する話し手の発話の組み立てに関与している場面が繰り返し見られた。次の断片5は、被告人に殺意があったかどうかを議論している場面である。裁判員Aは、ドアを開けた時点で、被告人に殺意があれば、被害者はそこで刺されているのではないかという意見を述べている。

断片5（0608_3）
01 A：　　どれだけの：,店かわからないんですけど：,
02 裁判長：うん.
03 A：　　戸が開いたときに[風がふっ(.)[て,
04 裁判長：　　　　　　　　[うん.　　　[うん.
05 A：　　で,あの：(.)流れたんで,見たら,いたって,　その時点で,
06 　　　　もしかしたら殺意があれば,刺されてるんじゃ゜ないかと.゜
07 　　　　(3.0)
08 A：　　殺意があれば.
09 裁判長：あの,入ってきてね？

　6行目の「刺されてるんじゃないかと.」という発話は、語尾の音調が下がっていることからも、ここでAの順番が完了するように聞こえる。そのため、続く3.0秒の沈黙は、誰も次の順番を取らなかったために起きたと理解できる。8行目のAの「殺意があれば」という発話は、6行目の「殺意があれば」の繰り返しであり、何も新しいことは付け加えられていない。このことから、8行目の発話が、6行目でいったん完了した順番を再度完了させるために産出されたことが分かる。このAのふるまいを動機づけたのが、Aの発言に対する反応の不在であり、8行目の発話はAの順番を再度完了させると同時に、他の参与者から反応を引き出す手段となっている。この時、A

の視線は裁判長に向けられており、裁判長もまた裁判員Aに視線を向けている (図10) ことから、裁判長の反応の不在が、8行目のAの再完了を引き出したことが見てとれる。

図10　7行目での裁判員Aと裁判長の視線の向き

以下の断片6も、断片5と同じような特徴が見られる。この断片でも、話し手のFは裁判長に視線を向けながら発言している。

断片6 (0608-3)

```
01 F:      ぼくはでも,さっきの話だと,ま:至近距離であってま:,相手
02         が,酔ってたと.やっぱりそれだけの至近距離で酔っていたと
03         いう,中で松岡さんがその,ま:よけようっていう,その,よけ
04         られない,ま:位置でもある(っていうのはま:)事実だと思う
05         んですけど:,ま:その強く,当たってきたっていう(思い),を
06         話を聞いていると,そこまでの確かに距離ではないし,たまた
07         ま,やっぱりそのもみ合った末で,あの:なったんじゃないか
08         なと考えられたんですね.その,そういう,殺意を持ってやる
09         んであれば,.hhもうちょっとやっぱり違ったかたち:に
10         なってたんじゃないかな(.)と, 思っていますね¿=
11 裁判長: =うん.
12         (1.2)((両者、うんうんとうなずく))
13 F:      その刺され方といい:,.hまその-,>もうちょっと最後まで
```

```
14          言っちゃいますけど,<まほんとに:,そこまで頭にきてやる
15          んであればもうちょっと:
```

　10行目でＦの順番は完了しうる時点に達し、その直後は裁判長がＦの発言に対する受け取りや、何らかの評価を行うことが期待される位置である。ところが、裁判長は「うん」という最小限の反応しか産出しない。1.2秒の沈黙のあと、裁判員Ｆが「その刺され方といい」と、10行目までの発言の続きとして聞こえるように発話を再開する。この発話の再開は、裁判長による十分な反応を引き出すために行われていると理解でき、断片5と同様に、裁判長の反応が裁判員の発話の組み立てに関与していることが見てとれる。

　次の断片7でも、裁判長の最小限の反応の後、裁判員のＥが自分の順番を再完了させている。

断片7（0608_3）
```
01 E：     で,あの::刺身包丁ってやっぱりいて,とても鋭い.
02 裁判長：うん.
03 E：     物,うん,で,殺傷力がと言うかもう,見る限り,
04 裁判長：うん.
05 E：     もう,感覚でわかるものだと思うんですよね.
06 裁判長：うん.
07 E：     それを,一旦家に帰って,普通でしたらちょっと気が静まる
08          ところを,
09 裁判長： うん.
10 E：     もち-(.)え:と:,また戻ってくる.(　　　)それも静まってない
11          と.っていうので,刃物っていうのはやっぱりこう,刺すもの
12          だ,っていうので,脅しに使うものではそうそうないんでは
13          ないかと.
14 裁判長：うん.
15 E：     思ってます.
16 裁判長：うんうん.
```

17 E:　　　はい.
18 裁判長：うんうん, うん. その, 刺され方はどうだったんでしょうかね?

　15行目で裁判員Eは順番を完了させており, その直後の16行目は, それに対する受け取りや応答が期待される位置だが, 裁判長は「うんうん」と最小限の反応しか行っていない. 続く17行目の「はい」は, 15行目の順番を再度完了させるものとして産出されており, ここでも断片5や6と同様, 裁判長の反応が裁判員の発話の組み立てに関与している.

　ここまでの分析をまとめると, 断片4では, 陪席裁判官が, 裁判長の意見の求めの後, 裁判員を見渡すように視線を向けていた. これは, 裁判長の行為が裁判員に宛てられたものであるという理解を示すと同時に, 裁判長と同じ「チーム」のメンバーとしてふるまっていることを示すものである. 他方, 断片5・6・7では, 裁判員である話し手の順番が完了可能点に達した後, 裁判長による反応の不在や「うん」という最小限の反応のみが行われた場合, 話し手は自分の順番を再度完了し直している. つまり, 裁判員にとって自分の発話の受け手は裁判長であり, 受け手である裁判長に自分の発言を十分に受け止めてもらう, もしくは受け止めていることを示す反応を得ることに志向しているといえる. 話し手による順番の再完了は, 日常会話にも見られるが, 重要なのは, 評議においては, 裁判員が裁判長から反応を引き出すのに繰り返しこの方法を使っているということである. そして, その帰結として, 裁判長と裁判員の間の一対一のやりとりが続いているのである.

5.　おわりに

　裁判員, 裁判官それぞれの聞き手としてのふるまいから明らかになったことは, 4点にまとめられる. 1点目は, 裁判員は, 今の話し手の次の順番を裁判長が取ることに志向しているということである. 2点目は, 裁判員は, 話し手だけでなく, その発言に対する裁判長の反応にも注意を向けているこ

とである。3点目は、裁判員が、裁判長を中心的な受け手として自己の発話と発話順番を組み立てているということである。そして4点目として、陪席裁判官も、評議の一参与者としてというよりは、裁判長と同じ「裁判官チーム」してふるまうことがあるということが挙げられる。

この4点は、裁判長と裁判員の異なる参与のあり方を反映している。裁判長は、順番の配分や、裁判員の発言が十分なものであるかを決定する立場としてふるまい、また裁判員もそうした裁判長の立場に志向して自らのふるまいを調整している。陪席裁判官は裁判長と同じ権限を持たないものの、裁判官と同じチームとしてふるまうことがあり、そのような場面では、裁判長と同様、裁判員とは異なる立場として評議に参与しているということができるだろう。

以下の分析から、森本（2007a, b、2015a,b）が指摘した、評議における「教室型コミュニケーション」は、話し手と聞き手の双方によって志向されたものと言える。Markaki and Mondada（2012）は、グローバル企業における各国の担当者による会議の分析から、参与者の「国の代表者」としてのアイデンティティと専門知識に対する志向が、彼らの言語的・身体的ふるまいを通して理解可能となっていることを分析しているが、本章で扱った裁判員裁判の評議においても、裁判官と裁判員の制度的アイデンティティは、彼らの言語的・身体的ふるまいに表れていた。聞き手である裁判員が、話し手ではなく、同じく聞き手である裁判長の反応に注意を向けているのは、彼らにとって、裁判長がその発言をどのように受け止め、評価するのかが関心事であるということである。また、陪席裁判官が、裁判員が裁判長による意見の求めに応えて発言を開始するのを待つというふるまいは、裁判長と同じチームのメンバーとしての立場に志向していることの表れである。ここに、裁判の専門家である「裁判官」と、素人である「裁判員」という制度的アイデンティティに対する参与者の志向が見てとれる。

本章では、「聞き手行動」の観点から、評議の相互行為を分析したが、この分析から明らかなように、評議のコミュニケーションデザインを考える上

で、話し手だけでなく、聞き手のふるまいという側面からも、コミュニケーションのあり方を検討することが今後必要である。

注

1　http://www.kantei.go.jp/jp/singi/sihou/kentoukai/saibanin/dai28/28gijiroku.html

2　14行目の裁判員Aの発話は「そうなると、そこにあるってことは」という組み立てになっており、この後に、「そうなると」によって導かれる何らかの帰結、すなわち発言の要点が産出されることが予測可能である。

トランスクリプト記号

断片中の参与者の視線の向きは以下の記号で表している。なお、視線を発する参与者は、大文字ではなく小文字で表している。

**　　参与者者の視線の向きの開始時点と終了時点(参与者別の記号は下表参照)

*--->参与者の視線が後続の行まで継続している

*-->>参与者の視線が断片の最後もしくはその後も継続している

>>--　参与者の視線の開始時点が断片の開始時点よりも前

...　　参与者の視線が対象に向かって移動中

,,,　　参与者の視線が対象から逸れていく

a　　上記の記号で表される視線の移動を行う参与者(各参与者の略称は下表参照)

♯　　各図が表れた時点

断片中の各参与者の略称と視線を表す記号 (記述があるもののみ)

略称	裁判長 CJ	右陪席 RJ	左陪席 LJ	裁判員 A	裁判員 B	裁判員 C	裁判員 D	裁判員 E	裁判員 F
記号			@	§		‰	★		+

参考文献

Drew, Paul and John Heritage (1992) *Talk at Work: Interaction in Institutional Settings*, Cambridge University Press.

Goodwin, Charles (1981) *Conversational Organization: Interaction Between Speakers and Hearers.* New York: Academic Press.

Goodwin, Charles (1984) Notes on Story Structure and the Organization of Participation. In Atkinson, M. and Heritage, J. (eds.) *Structures of Social Action,* pp.225–46. Cambridge: Cambridge University Press.

Goodwin, Charles (1986) Audience Diversity, Participation and Interpretation. *Text* 6(3): pp.283–316.

堀口純子(1997)『日本語教育と会話分析』くろしお出版

小宮友根(2012)「評議における裁判員の意見表明—順番交替上の『位置』に着目して」『法社会学』77: pp.167–196.

Markaki, Vassiliki. and Lorenza Mondada (2012) Embodied orientations towards co-participants in multinational meetings. *Discourse Studies* 14(1): pp.31–52.

Mondada, Lorenza (2012) The conversation analytic approach to data collection. In Jack Sidnell and Tanya Stivers (eds.) *The Handbook of Conversation Analysis,* pp.32–56. Blackwell-Wiley.

井上正仁：考えられる裁判員制度の概要についての説明，司法制度改革推進本部の裁判員制度・刑事検討会（第 28 回）議事録（平成 15 年 10 月 28 日）http://www.kantei.go.jp/jp/singi/sihou/kentoukai/saibanin/dai28/28gijiroku.html〈2016 年 7 月 10 日アクセス〉

杉森伸吉・門池宏之・大村彰道(2005)「裁判員に与える情報が複雑なほど裁判官への同調が強まるか？：裁判員への認知的負荷が裁判官から受ける正当性勢力に及ぼす効果」『法と心理』4(1): pp.60–70.

高木光太郎(2007)「裁判員裁判における評議のコミュニケーション・デザインの必要性」『法律時報』79(1): pp.110–112.

森本郁代(2007a)「裁判員をいかに議論に引き込むか—評議進行の技法の検討」『法律時報』79(1): pp.117–122.

森本郁代(2007b)「コミュニケーションの観点から見た裁判員制度における評議—「市民と専門家との協働の場」としての評議を目指して—」『刑法雑誌』47(1): pp.153–164.

森本郁代(2009)「評議設計はなぜ必要なのか—評議の課題と設計の方法」『判例時報』2050: pp.4–6.

森本郁代(2015a)「デザインなき評議の問題点—教室型コミュニケーションと素朴交渉及び評議の進行過程に表れる問題点」三島聡編『裁判員裁判の評議デザイン—市民の知が活きる裁判をめざして』pp.50–77. 日本評論社

森本郁代(2015b)「裁判員裁判の評議コミュニケーションの特徴と課題—模擬評議の分析から」村田和代編『共生の言語学—持続可能な社会をめざして』pp.67–92. ひつじ書房

Morimoto, Ikuyo (2015) "On the Asymmetry between Professional and Lay Judges: Self-Repair Practices in Courtroom Deliberation," Paper presented in 14th International Pragmatics Conference, Antwerp, Belgium.

被疑者取調べにおいて
「きく」（訊く／聞く）ということ
人称とモダリティに注目して[1]

片岡邦好

要旨　本章の目的は、談話研究の立場から被疑者取調べにおける問題点を指摘し、その改善に向けた試案を提示することにある。多くの先進国においては「法言語学」が画期的な成果を上げ、日本においてもその気運は高まっているものの、データの特殊性と利用可能性ゆえにその分析事例は限定的である。本章では、著者が参画した冤罪防止のための言語学／語用論研究の一端として、現行の被疑者取調べと供述調書作成の問題点に焦点を当てる。そして、「代用監獄」における威圧によって自白を迫る旧来の手法に代わり、世界的な潮流に沿った、ラポール形成による尋問手法と公平な調書作成に向けた提言を行う。

1.　はじめに

　本章では、談話分析の手法を用いて法的証拠となりうる言語分析の可能性を探ることを目的とする。欧米において法と言語の接点は幅広く探求されてきており（Shuy 1996, O'Barr 1982, Conley and O'Barr 1998, Philips 1998）、日本における認知度も急速に高まってきた（大河原 1998、首藤 2005、堀田 2010、橋内・堀田 2012）。従来は、言語学的な知見に基づく陳述や報告を法廷に提出するなどして（Labov 1988, Shuy 1996）、補助的な証拠として裁判や訴訟に貢献する一方で、実質的な証拠となりうる心理言語学的分析の比重も高まっており（Loftus and Palmer 1974, Loftus 1979, 堀田・日置 2016）[2]、法的

実務へのさらなる貢献が見込まれている。

　本章の考察は前者の流れに沿いつつ、現行の取調べ制度改善の一端(例えば可視化などの冤罪防止策の策定や取調べ方法の改善)として行われたものである(詳細は指宿 2011, 2016)。具体的には、従来の日本の警察・検察によって行われる「被疑者取調べ」の際の、(時に人権に関わる)圧倒的な不均衡解消への提言を目指している。日本の刑事裁判では、被告人や証人から法廷で直接話を聞くことが原則とはなっているものの、調書等の書面で代えることも認められている[3]。日本の裁判が警察官、検事、弁護士らの作成する供述調書に大きく依存することに鑑みると、被疑者の取調べ方法や供述調書の作成方法が判決に及ぼす影響は看過できない。従来、供述調書は被疑者の言葉(とくに自白内容)を正確に反映するものとして、無色透明で、公平かつ公正な証拠書類として取り扱われてきた。本章ではその素朴な想定を一旦留保し、どのような経緯を経て被疑者の不利となる調書が作成されるに至ったのかを、実際の裁判(高野山事件)で用いられた供述調書をもとに分析する。

　日本における取調べは通常警察署内で行われる。2016 年 5 月に取調べの可視化法案(刑事司法改革関連法案の一部)が成立したことで、その過程は公開対象となりつつあるが、それをもってさえ取調べの全容はつかみきれない。全過程の録音・録画が義務付けられているわけではないため、被疑者が自白した部分のみを公判等で紹介して「冤罪の疑いはない」と印象づけられる可能性もあり、部分公開は一層危険とも言える(指宿 2016)。警察署での取調べは、逮捕と拘留延長を経ると最大 23 日間に及び、例えばアメリカの(通常)48 時間と比べて非常に長期にわたる可能性がある。また、複数の取調官から 1 日 8 時間(あるいはそれ以上)の尋問が行われることもあり、被疑者になった時点で多大な苦悩を強いられる。当然その間は欠勤・欠席せざるを得ず、近隣への風評も広まり、汚名が晴れたとしても社会的被害は甚大である。そのような現状から、その環境がしばしば「代用監獄」と呼ばれるのも頷ける。

　本章では、そのような物理的環境によらない、言葉による不透明な権力の

過剰行使の一形態として、「尋問」（対被疑者）及び「供述調書」（対裁判官・裁判員）に焦点を当て、そこにおける呼称・人称／モダリティ使用が生む暗黙の誘導を指摘する。つまり、「代用監獄」を支える不平等維持装置としての「ことば」による搾取を明らかにし、聞き手になるべき参与者（刑事）が同時に訊き手になるという、「きく」ことの双方向性と自他不可分性がその根底にあることを指摘する。

2. 従来の研究

2.1 法的証拠となることば

　近年の応用法学における証明の方法には、大別して「理性・演繹的アプローチ」と「経験・帰納的アプローチ」の2つの潮流が認められる。理性・演繹的アプローチは、例えば法心理学的な考察に基づき、「人間ならこう行動／思考するはず」という理性的側面から自白調書の瑕疵や非論理性を糾弾したり（浜田 2006、森 2001）、実験的手法を用いて統計的な有意差に基づく反証を行うといった方法を採る（Loftus 1979, O'Barr 1982, 堀田・日置 2016）。加えて、理性主義にもとづく形式的コミュニケーション論と法理論を結ぶ提言（例えば Habermas 1986）もこの流れを汲むと言えよう。

　一方、経験・帰納的アプローチでは、民族／文化的要因にもとづく言語現象が取調べや供述の信憑性に影響することを述べて、言語的不均衡の是正に貢献してきた（Labov 1988, Berk-Seligson 1990, Gass and Varonis 1991）。また、会話分析／批判的談話分析の手法を用いて特定のスタンスやイデオロギーを前提とした供述の誘導や嘘を暴いたり（Coulthard 1994, Coulthard and Johnson 2010）、裁判員裁判による審理への望ましい相互行為的参与をデザインする（森本 2007、堀田 2013）という成果を上げてきた。

　その一方で、日本では取り調べや裁判資料へのアクセスが極端に制限されている。さらに、日本の刑事裁判の有罪率は 99.9％と報じられる通り（小田中 1993）、警察・検察が作成した調書を被疑者が認めて裁判となった場合、

ほぼ有罪が確定する。「調書裁判」と称されるゆえんである。調書の作成過程はブラックボックスであり、その信憑性はすべて調書作成者の「作文」に委ねられ、係争にならない限り検証の術はない。ただし希有な反例として、心理学的供述分析の第一人者、浜田（2006）が行った冤罪（が主張された）事件（袴田事件）の分析がある。これは証拠とされた自白の中に潜む矛盾点から誤判を証明した貴重な事例であり、調書の「嘘」を暴き、被疑者の関与を否定する「無知の暴露」によって警察・検察による誘導可能性を指摘して、「自白が無実を証明する」ことを示した点で画期的であった。

　近年では、心理学的知見（おもにディスコース心理学）をもとに、冤罪回避に向けた取調べ技術の提案もなされるようになってきた。例えば佐藤（2011）は、「足利事件」の考察から、(1)被疑者と取調官の「ラポール」を形成する、(2)取調官の確信を排す、(3)自由再生を促す「オープン質問」を用いる[4]、(4)同じ質問の「繰り返し」はそれ自体が強い誘導となることを肝に銘じる（「自覚されない誘導」の危険性）、(5)供述の真偽の判定においては「初期供述」を重視する、(6)犯行現場の指示説明と犯行再現における危険性（例えば「賢いハンス効果」[5]）と重要性（「無知の暴露」[6]）を認識する、といった点を強調している。しかし、これらがあえて提案されることの真意は、実際にはこのような被疑者保護のための配慮が履行されていないことを逆説的に示している。

　被疑者取調べは高度に制度的環境においてなされ、「訊く」ことで「聞く」ことが期待される。言い換えれば、「訊く」という行為は「答える」という行為の完結を強く強いる社会実践（つまり隣接ペア（Sacks, Schegloff and Jefferson 1974））を構成し、それに抗うことは暗黙の「社会的契約」に反する行為となる。取調べの場合、それは「黙秘」として法的に認められる権利ではあるものの、直接／間接的に何十回、何百回と類似の質問を「繰り返」されれば、百戦錬磨の容疑者・犯罪者でもない限り自責の念に耐えることは困難であろう。それが冤罪の場合はなおさらである。真摯な返答も取調官の期待（つまり「見立て」）に添うまで「答え」ではないと責められ、長期間の拘

留の末に自暴自棄となって自白するケースが後を絶たない。しかしその経過は供述調書ということばの産物により隠蔽される。

2.2　取調べと調書作成の技術

　冤罪を防ぐための、不当な自白の強要を規制する法律はもちろん存在する。憲法第38条第2項には、「強制、拷問若しくは脅迫による自白又は不当に長く拘留若しくは拘禁された後の自白は、これを証拠とすることができない。」と規定されている。刑事訴訟法第319条1項はその範囲をさらに広げ、「その他に任意にされたものでない疑」のある自白についても証拠能力を認めないと明文化している。この「任意になされたものでない」自白には、真実を語っても受け入れられないが故に語ることを諦め、誘導された供述を容認してしまった例も含まれる。しかし、その過程は供述調書作成者の「書き方次第」で隠匿され、抹消されるという運命を辿る。

　もちろん従来から公正な調書作成への配慮がなかったわけではない。一般的な「取調べマニュアル」においても、その録取に当たっては、「できる限り本人の話し言葉を生かして、その人の年齢、知能程度、地位、職業等に応じた自然な表現による供述を録取すべきである。」（小黒ほか 2003: 5）とし、一定の配慮を見せている。また、いかに自白の信用性を担保するかについて、水野谷・城（2011: 46）は次のように述べる（1）；

(1)　①供述内容が合理的かつ自然で一貫し、理路整然としている。
　　　②たとえ供述に変遷があっても、基本的には首尾一貫している。
　　　③客観的事実や他の証拠と整合している。
　　　④その内容に、体験したものでなければ語り得ない秘密の暴露がある。
　　　⑤反省悔悟に出た（原文ママ）真情あふれる供述内容である。

　その半面、上記要件（1）を満たすための供述調書が作為的に「作文」される可能性がたびたび指摘されてきた[7]。事実、取調べや実地検証の際には①

〜⑤を担保するための事実確認と「辻褄合わせ」が繰り返し行われる。

　また、日本語使用における慣行上の制約も見逃せない。調書を書く際は、「主語をきちんと書き、述語をそれにきちんと対応するように録取することである（勿論、毎回、必ず主語を書くようにといっているわけではない。…）。」（水野谷・城 2011: 68）としながらも、不可欠でない限り主語を明示しない日本語の特性から、責任の所在は曖昧になりがちである。（ただし供述調書の作成者間で揺れが見られる。）さらに、極力主語を明記すれば責任の所在が明確になるかといえば、それもナイーブな想定といわざるを得ない。後述するように、供述調書という公文書内では、被疑者の発言には慣例的に「私」が用いられてきた。しかし、日本語の「自称／他称詞」は欧米言語の「代名詞」とは異なり、それぞれに独特の「色」（つまり異なる「指標的」意味）が付いている（Silverstein 1976）。あるものは私的な場面で、他のものは公的な場面で、あるいは特定の地位・職務に就く話者によって用いられる点で、「レジスター」と深く結びついているのである（Agha 2007）。事実、調書内で被疑者が異なる自称詞（「俺」「僕」「私」）で描写された場合、裁判員となりうる一般人の量刑判断や被害の大きさの評価が異なることも指摘されており（藤田・日置・若林 2016）、「その人（…）に応じた自然な表現」（小黒ほか 2003）の重要性は見落とされがちである。この点で、調書内で慣例的に「私」を用いることの是非も問われる必要がある。

　しかし現状では、「呼称／人称詞」の操作は一般にそのような「誘導」の一種とは考えられていない。欧米においても、呼称／人称詞の使用が権力差を示すことや、人間関係の調整に用いられることは以前から指摘されてきたが（Brown and Gilman 1960）、「代名詞」としての文法機能が優勢であり、取調べ場面で特に問題になっているように見えない（cf. Grebler 2010）。また、日本語会話における自称／他称詞の評価的使用についての研究は散見されるが（例えば Ono and Thompson 2003）、取調べ時の音声データに基づく分析は管見の限り見当たらない。その点で、本分析が日本の法言語学の射程を拡張する契機となることを期するものである

3. データと分析方法

　本章において分析対象となっているのは、取調官の尋問に対する被疑者の自白／否認のやり取り（音声データと書き起こし〔反訳とも〕）、そしてそれに基づき取調官が作成した供述調書の写しである。この手続きは一回性のものではなく、逮捕〜（拘留〜）送検〜拘留〜起訴に至る間に繰り返し行われ、膨大な量の資料や調書が作成されるのが常である。被疑者取調べから裁判に至る流れを概観してみると、図1のようになる。この過程の全ての尋問に対して、複数の取調官によって供述調書が作成されるため、裁判時に提出される資料は膨大かつ複雑な「伝言ゲーム」の様相を呈す。

　以下の考察では、図1中の四角破線部分に焦点を当て、取調官による尋問から調書作成における言語実践を通じて、被疑者の主体性（agency）が剥奪さ

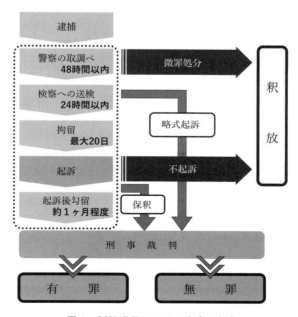

図1　訴訟過程における本章の対象

186　第Ⅱ部　制度的役割からの考察

れる過程を検討する。

3.1　高野山放火事件

　本分析のデータは、1987 年 12 月〜 1988 年 7 月に高野山の寺院などで発
生した約 10 件に及ぶ連続放火事件（高野山放火事件）の取調べをもとにして
おり、具体的には以下 4 点の資料からなる：(1) 120 分カセットテープ約 50
本に及ぶ取調べ時の録音（デジタル化された資料）[8]、(2) 担当刑事および検事
作成による供述調書、(3) 被疑者の自筆メモ、および (4) 弁護士による裁判
とデータの対応表 [9]。事件当時は取調べの音声録音は義務付けられてはいな
かったものの、被疑者は自白後に一部否認に転じたため、検察側から警察に
対して言質を取るために録音の指示がなされたという経緯がある。音声デー
タ、供述調書とも膨大な量であることから、全体を均等に万遍なく抽出・提
示することは不可能であるため、以下の分析では取調べ過程における顕著な
分岐点に焦点を絞ることで供述の変遷を概観したい。

　被疑者取調べの際に、体制側が自らの権威と権力をことさら誇示する機会
はいつであろうか。恐らくそれは、自明と見なす権威が脅かされた時――例
えば、「落とした」（自白させた）と思っていた被疑者が突然否認に転じた瞬
間――がそれにあたるだろう。その時、否認を覆すための説得や懐柔、ある
いは恫喝がなされる可能性が高い。よって時間軸上の以下の 4 時点（2a 〜 d）
を選び、その間の取調べと供述に注目した。

(2) 分析対象となった供述と調書
　　(a) 自白後の一部否認に対する、刑事による最初の尋問
　　(b) 検事に否認する直前の刑事による尋問
　　(c) 検察官に否認した直後の刑事による尋問
　　(d) 自白〜否認〜黙秘〜自白〜否認時の刑事による尋問

　(a) の時点では、被疑者は自白の一部を否認したものの刑事からの執拗な

説得に遭い、反論を試みながらも押し切られる形で取調べが終了している。(b)は(a)の2日後午前であり、被疑者はいまだ納得した様子はなく、肝心な質問には明確に答えようとしない。(c)は(b)と同日の夜、被疑者が検事に対して刑事から恫喝・脅しが自白の理由であると述べた後、警察署に送還された際の取調べである。刑事は明らかに事態に戸惑い、苛立ちを隠せない様子が明瞭に聞き取れる。最後の(d)は、(c)から1ヶ月近くが経過した後の取調べである。この時点までに被疑者は否認、黙秘、自白を繰り返し、双方の口調にも諦観と疲労がにじむ。なお、(b)、(c)において被疑者に対して供述調書の内容確認が行われるが、(d)ではその時間配分が多く、刑事は時にルーチン的に供述調書を読み上げ、記載内容の確認を行っている。

3.2　分析対象

　本分析の対象として、取調べの参与者間の指示表現と言表態度を取り上げる。具体的には、「呼称／人称詞」(話し手、聞き手、それ以外の人・物を区別する表現手段)と分類される指示表現のうち、「呼格的用法」と「代名詞的用法」(鈴木 1973)に着目する[10]。とりわけ、逮捕後に自白と否認を繰り返す供述の変遷の中で、刑事・検事と被疑者が互いをどのように呼び合い、被疑者が調書の中でどのように指示されるのかを時系列的に検討する。

　また、取調べ時の権力差は「モダリティ」(Modality)——「文の内容に対する話し手の判断、発話状況やほかの文との関係、聞き手に対する伝え方といった文の述べ方(日本語記述文法研究会 2003)」——の端々に現れる。本分析では、その「文の述べ方」に関わる主観的な意味内容を表す要素として、特に「終助詞・間投助詞・感動詞」の「ネ／ヨ／ナ」を取り上げる。これらは日常会話における使用頻度が高いのみならず、本データ中の「刑事による尋問」の際に最も多用された助詞である。表1、2には上記項目の一般的な用法と意味をまとめてある。

　ここで確認しておきたいのは、表2中の「同等(同輩)あるいは目下に対して用いる」ことが示唆する内容である。例えば話者間で相互に「オマエ」と

188 第Ⅱ部　制度的役割からの考察

表1　対象となった助詞と感動詞（日本語記述文法研究会 2003、宮崎ほか 2002）

終助詞／間投助詞	「—ね。」「〜ね、」	（確認・詠嘆）：1.　話し手の認識を聞き手に示す；2.　聞き手に確認を求める；3.　聞き手を意識していることを示す。
	「—な。」「〜な、」	（確認・詠嘆）：＊非対話的な「な」は話し手の新たな認識を示す。対話的な「な」は聞き手に対するくだけた確認を示す（主に男性）。
	「—よ。」「〜よ、」	（伝達）：聞き手が知っているべき情報として示し、注意を促す。また、知るべきことを知らない聞き手に対する非難や皮肉を表する文などにつく
感動詞	「ねえ」	聞き手を意識しながら話しているということを示し、詠嘆的なニュアンスが加わる
	「なあ」	ある事態を認識したことから引き起こされる感情の高まりを詠嘆的に示す。理解できない、感心やあきれ、といった心的状態を表す文につく。

＊本分析では、非対話的な「な」（自問の「〜かな」）や自己認識の「な」（「〜なと（思って）」）は対象外とした。

表2　対象となった自称詞と他称詞（日本国語大辞典、広辞苑）

自称詞（一人称）	「ボク」	男性が同等あるいは目下の人に対して用いる。
	「オレ」	現代では主として男が同輩以下のものに対して用いる、荒っぽい言い方。
	「ワシ」	現在では目下に対して、（尊大感を伴って）年配の男性が用いる。
	「ワタシ」	現在では自分をさす、もっとも普通のことば。
	「ジブン」	多く男性が改まった時に用いる。
対称詞（二人称）	「オマエ」	もとは目上を、今は主に男性が同等あるいは目下を指す。
	「刑事さん」	役職に基づく呼称。
	固有名	両性とも同等あるいは目下を指す。

＊三人称対称詞は分析から除外した。

呼び合うのであれば、そこに（体面上の）権力差は存在しないであろう。しかし一方的な使用／不使用には権威・権力面での不均衡が想定される。つまり互恵的使用か否かが権力的不均衡を判断する際のカギとなる。熟達した取調官は、特定の態度やスタンスを埋め込むために修辞を弄することも多い。取調官に限った話ではないが、対話的な助詞／感動詞の使用は、共感／ラポール形成の成否に多大な影響を及ぼすことは間違いないであろう。

　以上を元に、以下ではどのように「呼称・人称詞」および「終助詞・間投助詞・感動詞」に権力の不均衡が埋め込まれ、行使され、維持されるのかを

被疑者取調べにおいて「きく」（訊く／聞く）ということ　189

実証的に検討し、ある種の言語的操作が「代用監獄」を支える不平等維持装
置として作用することを例証する。

4.　分析――「ことば」の働きに注目する

　本分析では、「代用監獄」という物理的制度に加え、権威・権力の不均衡
を二次的に指標し、それを下支えする「自覚されない誘導」の方略として
の「ことば」の働きに着目する。具体的には、4.1 節においてモダリティ用
法としての助詞と感動詞の中から、従来指摘される「情緒的共通基盤（Cook
1992）」としての「ネ」とは異なり、ラポール形成に逆行する「抵抗」の指
標としての「ネ」の用法を観察する。さらに、心理的圧力の行使となる「権
力指標」としての「ヨ」と「ナ」の用法を検討し、供述内容に即してそれら
がどのように権力者に搾取されたかを検証する。続く 4.2 節では、取調べ中
に刑事・検察官と被疑者の間で用いられた人称詞がどのように変異し、それ
らが供述調書の中でどのように改変されたのかを比較・検討することで、そ
の改変の指向性が被疑者の人格を特定の「フレーム」において解釈させるた
めの方略として用いられた可能性を指摘する。

　これらの分析の前に、被疑者と刑事の間で交わされた発話のターン数を比
較しておきたい。質疑応答を前提とする対等な二者間の会話であれば、双方
のターン取得数はほぼ同一となるはずである。しかし被疑者取調べにおいて
は、黙秘権を行使したり、あらぬ嫌疑に対して純粋に回答を持ち合わせない
場合も含め、ターン数の不均衡が生じると考えられる。実際にそのような事
実を表 3 および図 2 より見て取ることができる。表 3（a～d）は、（2）に示し
た取調べ過程の時間的変遷を指す。特に（b）と（c）（検察での否認前後）にお
いて、取得ターン比率の不均衡と被疑者の沈黙数（「第 2 隣接ペア部分」の欠
如）の増加が著しい[11]。（実際の取調べの反訳は「補遺」を参照されたい。）

　以上の結果より、通常会話で期待される「回答」部分が、特定の場面にお
いて遂行されていないことが明らかである。これが（c）（検察での否認直後）

表3 取得ターン数と沈黙ターン数

		(a)	(b)	(c)	(d)
ターン数	被疑者	847(7)	280(34)	463(67)	467(1)
	刑事	876(0)	331(0)	606(0)	485(1)
総数	被疑者	854	314	530	468
	刑事	876	331	606	486
被疑者と刑事の差		22	17	76	18

＊カッコ内の数値は沈黙ターン数

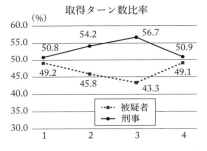
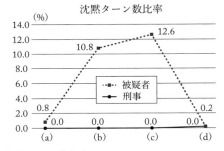

図2　取得ターン数と沈黙ターン数（％）

で最大となっている事実は、否認を表明した被疑者に対して、取調官が懸命に説得や懐柔（あるいは恫喝）を試みながらも、被疑者が黙秘という形で否認を貫いていることを想像させる。また、すでに(b)の時点（(c)と同日の午前中かつ検察での否認直前）でかなりの黙秘が観察される事実は、すでにこの時点で否認を決意していたことが伺われる。さらに、ターン取得数と沈黙数を合計しても、刑事側の取得数が常に多いという事実は（表3「総数」）、刑事が積極的にターンの自己選択を行って被疑者の発話を促していることを示す[12]。以下では、その際の言語的方略を1つずつ確認する。

4.1　助詞／感動詞「ね」「よ」「な」の分布

　各助詞・感動詞の分析の前に、データ中で対象となる詞（句）の生起頻度を見ておきたい。表4には各時点（a～d）における被疑者と刑事の助詞／感動

詞の生起数とターン数、そしてその生起頻度(ターン数毎の生起比率(%))をカッコ内に示してある。図3は後者の変遷を図示したものである。なお、表4中の「ターン総数(再掲)」を、以下の分析におけるパーセンテージ(%)の産出に用いている。

表4　各取調べ時点(a～d)における助詞・感動詞生起数とターン数

各相生起数(%)		(a)	(b)	(c)	(d)
ネ	被疑者	27(3.2)	3(1.0)	6(1.1)	19(4.1)
	刑事	37(4.2)	40(12.1)	91(15.0)	73(15.0)
ヨ	被疑者	12(1.4)	8(2.5)	7(1.3)	14(3.0)
	刑事	38(4.3)	29(8.8)	150(24.8)	54(11.1)
ナ	被疑者	1(0.1)	0(0.0)	0(0.0)	0(0.0)
	刑事	94(10.7)	67(20.2)	165(27.2)	116(23.9)
ターン数総計(再掲)		(a)	(b)	(c)	(d)
計	被疑者	854	314	530	468
	刑事	876	331	606	486

＊カッコ内の数字は(生起数／ターン総数)を示す百分率(%)

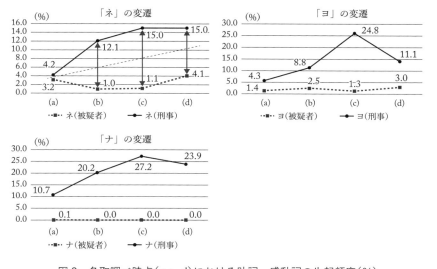

図3　各取調べ時点(a～d)における助詞・感動詞の生起頻度(%)

図3（a～c）より、「ネ／ヨ／ナ」いずれの場合も、特徴的な非対称性を呈することがわかる。上述の通り、「ネ／ヨ／ナ」の相互使用は会話者間の親しみやラポール形成を示す指標と考えられるが、ここに見られる明瞭な不均衡から、少なくともラポール形成には失敗していることが読み取れる。特に「ネ」の相互使用は感情的な一体感や共通基盤の表れとされるが（Cook 1992, 宮崎ほか2002）、刑事の説得／威圧が高まる（b）から（c）相にかけて、刑事側の「ネ」の使用頻度の高まりに反して被疑者の使用頻度が低下し、（a）でわずかに観察された両者の共感が明らかに逆方向に乖離しつつあることが見て取れる。この点で、被疑者にとっての漸減的な「ネ」の使用は抵抗（あるいは否認）の指標として、「分岐」（divergence: Giles et al. 1991）を示していると考えられる。

また、図3（b～c）における「ヨ」と「ナ」の圧倒的な不均衡から、これらの助詞／感動詞が取調官の権威・権力の指標として機能していると推測される。（ただし非対話的な「ナ」（自問の「～かな」）や引用時の「～なと（思って／言って）」）は分析から除外してある。）従来の談話／会話分析においては、その場その場のアドホックな相互行為をミクロに観察するあまり、時系列的な変遷を射程に収めることに積極的ではない。本データにおいても、仮に（a）相に特化して分析した場合は、上述の変化は観察できなかったであろう。

もちろん、そのような時間的経過に伴う情緒／感情の機微の変遷を見る研究もないわけではない。例えばFerrara（1991）による精神療法場面の分析においては、（異なる英語変種を用いる）患者と療法士の文法的特徴が、治療の推移に伴って「収束」（convergence：Giles et al. 1991）を示すことが観察されており、共感的コミュニケーションの達成にはさまざまな文法的特徴が協調的に推移することが明らかとなっている。被疑者取調べにおいても、ラポール形成の指標として互恵的な助詞の使用が期待される。しかし図3にはこのような特徴が一切観察されない点で、単に共感の欠如にとどまらず、モダリティ表現に投影された権力差を如実に示す結果となっている。

被疑者取調べにおいて「きく」(訊く/聞く)ということ　193

4.2　人称詞の分布

　本節で考察するのは、尋問における「呼称/自・対称詞」としての「ボク」「ワタシ」「オレ」「ジブン」(一人称)および「オマエ」「〜さん」「〈固有名の呼び捨て〉」(二人称)と、供述調書における自称詞(一人称)の用法の変異である。冒頭でも指摘したとおり、取調べにおける近年の世界的潮流は、取調官と被疑者間のラポール形成を重視する点で意見の一致を見るものの、本データに見られる方向性は明らかにラポール形成に逆行し、権力の不均衡は強化・恒常化されている。それを制度化する社会的インフラと呼べるものがことばである。以下の分析では、非対称的な「お前」と「固有名」(特に〈呼び捨て〉)の多用によりその制度が幇助されていることを示す。

4.2.1　自称詞の改変

　従来、供述調書では取調官による被疑者の尋問過程が、被疑者の1人称による主体的な語りとして「作文」されることが問題視されてきた。ただし、創作それ自体が問題にはなっても、具体的にどの部分が問題なのかという点について深い議論はなされていないように見える。本分析では、その中から人称詞の選択と改変の問題を取り上げてみたい。それが「問題」である理由は、上述の通り人称詞が話者の人格を投影する指標的装置となるからである。

　まず、対象データ中の被疑者と取調官が用いた自称詞の分布を確認しておきたい(表5、図4)。その後、それらが供述調書においてどのように改変されたのか、その動機付けとともに考察する。

　まず図4(a)より、被疑者が自らに言及する際には基本的に「ボク」と「ジブン」しか用いておらず、「ワタシ」「「オレ」「ワシ」は用いないことがわかる(ただし、取調べ中に友人との会話を再現した際に「オレ」を数例用いている)。ここで興味深い点は、被疑者にとってより強い反論が必要となった(c)相において、「ボク」が激減して「ジブン」による主張を展開したことだろう。被疑者にとって自己防衛的な議論が求められる(c)相において、真面目だが青臭さの残る「ボク」よりも、より公的で丁寧度が高い「ジブン」(荻

表5　自称詞の使用頻度(%)

		(a)	(b)	(c)	(d)	計
被疑者	ボク	10(1.2)	13(4.1)	3(1.0)	1(0.2)	27
	ワタシ	1(0.1)	0(0.0)	0(0.0)	0(0.0)	1
	オレ	0(0.0)	2(0.6)	0(0.0)	0(0.0)	2
	ワシ	0(0.0)	0(0.0)	0(0.0)	0(0.0)	0
	ジブン	7(0.8)	12(3.8)	16(5.1)	8(1.7)	43
取調官	ボク	0(0.0)	0(0.0)	0(0.0)	0(0.0)	0
	ワタシ	0(0.0)	0(0.0)	1(0.3)	0(0.0)	1
	オレ	2(0.2)	0(0.0)	3(0.9)	0(0.0)	5
	ワシ	3(0.3)	10(3.0)	63(19.0)	34(7.0)	110
	ジブン	0(0.0)	0(0.0)	0(0.0)	2(0.4)	2
総計						191

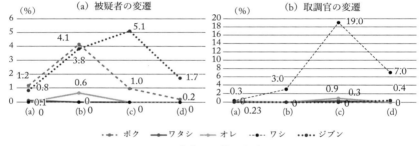

図4　自称詞の使用頻度

野2007)が選択されたことは偶然ではあるまい。ここにおける使用頻度5.1%とは、ほぼ20ターンに1回の割合に相当するが、取調官（ここでは警察官）は被疑者の約4倍の頻度（19.0%；ほぼ5ターンに1回）で「ワシ」を用いて説得、懐柔（あるいは恫喝）を行っており（図4b）、その較差と「ワシ」に付随する尊大感から明瞭な権力差が感知される。

　ここで実際の供述調書に目を向けてみたい（ただし、データの性質上テクスト化してある）。まず(4)は刑事の手による供述調書である。以下の事例に限らず、被疑者の自白部分は、「ボク」ではなく終始一貫して「ワタシ」または「ジブン」に置換されている。（改行、語句間のスペースは極力原文を

被疑者取調べにおいて「きく」（訊く／聞く）ということ　195

反映させた。原文においても独白部分は改行により区別されている。）

(4)　刑事による供述調書：「ワタシ」と「ジブン」

開けると　私　の目の前の
地蔵院の　倉庫や本堂あたり
が　ものすごい　勢いで　燃え上ってい
ることが判りました。　私　のところから三、四メートル
位のところでしたが　あんまり
火の勢い　が強いので
すごいなあ、
こりゃ、えらいことになった
と思いました。
この時　自分　では
消さなあかん
という気はあったのですが
自分　が思っていたよりすごい
火が燃え上がっていたので
消火器では消せない
どうにもならん
と庫裡の方に戻ってきまし
た。

　上述の通り、記載方法は取調官ごとに一貫してはいるものの、取調官間ではかなりの揺れが見られる。検察官の手による以下の(5)では、被疑者の発言通り「ボク」と「ジブン」により自白内容が描写されている。

(5)　検察官による供述調書：「ボク」と「ジブン」

この時　僕　も消火作業の
手伝いに出ています。
梅田モータースの火が消
えたのち、　僕　は赤松院の
自分　の部屋に戻って寝
ました。

《19行省略》

食事後、　自分　の部屋に戻った
ことは間違いありませんが
何時ごろかは、はっきりしま
せん。夜一〇時位に部屋
に戻ったのではないだろう
かと思っているのですが
時間の点は確かではありません。
なお、　僕　は赤松院に火をつけたこ
とを認めながら
清浄心院に火をつけたこ
とを否認していた時期…

実際に被疑者は、「自筆メモ」(6)においても書き言葉的な「ワタシ」を用いることなく、一貫して(平仮名の)「ボク」を用いていることから、「ワタシ」が被疑者の自己像とは相容れぬ自称詞であることは明らかである。さらに文面からも、ひらがなの多用、句読点の不使用、文節意識の欠如、不自然な文法の使用といった、成人の標準的な言語規範を満たさない特徴が多々観察され、「ボク」と自称することが不自然でない精神的な未熟さが目立つ[13]。

(6) 被疑者の自筆メモ:「ボク」と「ジブン」

…今考えてみると世の中には ぼく の何十倍も親もいなくすきなこともできずにいても一緒けんめいせえいっぱい生きている人のことを考えると ぼく は親もいてすきなことをしている生活をしていて 自分 がわるくてしかられているのを逆に腹を立てて火をつけて 自分 の家をやけたことを思うと 自分 のなさけなさや 自分 の弱さ 自分 の欲のことばかりで人のことを考えなく 自分 で物事をやっていたことがこの人達のなりたくて苦しんでいるわけでない両親においていかれたり…

ここで疑問に感ずるのは、刑事はなぜ供述調書で被疑者のことばとして「ワタシ」を用いたのかという点である。それを単なる慣行と言ってしまえばそれまでかもしれない。しかし上述の通り、日本語の自称詞には特有の指標的意味が付随しており、どの自称詞を用いるか(あるいは用いないか)は話者の人となりを伝える重要な手段の一部となる。「できる限り本人の話し言葉を生かして、その人の年齢、知能程度、地位、職業等に応じた自然な表現による供述を録取すべきである。」(小黒ほか 2003: 5)という規範に則るのであれば、「色」の付いた異なる自称詞に変換されることで、異なる印象を裁判官に伝えてしまう可能性がある。そして本件の場合、一貫して「ボク」

と自称した被疑者が「ワタシ」という自称詞を付与されることで、「責任能力のある大人」の発言として演出されてしまった印象を受ける[14]。実験的にも、調書で用いられる自称詞の差によって量刑判断や被害の大きさの評価が異なることも指摘されている（藤田・日置・若林 2016）。

　実際のところ、被疑者は逮捕時には未成年（19歳）であり、被疑者の自筆メモ（6）からもわかるとおり、文体／文面は知的に未熟で過剰な情緒性を多分に宿している。しかし、供述調書ではそういった個人的特性は抹消され、理性的判断を持つ大人の犯行として公文書化される。つまり、「代名詞の透明性」という言語イデオロギーの前に「本人の話し言葉」は隠蔽されてしまったのである。

4.2.2　対称詞の改変

　本項では自称詞に代わり、尋問と供述調書における対称詞の改変について考えてみたい。表6および図5から明らかな通り、取調官（刑事）は一貫して「オマエ」か「〈（下の）名前の呼び捨て〉」を用い、やはり（c）相において「オマエ」という呼称／主語が激増している。この他称詞の一方的な使用は、上述の助詞「ヨ／ナ」の急激な増加と軌を一にしており、権力差を端的に指標するこれらの語句の累加的使用が、「代用監獄」を維持する見えないインフラとして機能することを示唆している。

　一方、取調官（刑事）による供述調書の中で被疑者を「オマエ」と称することは一切ない。二人称は常に「ゼロ形」または主体的な「ジブン」に変換され、取調べにおいて顕在化していた権力差は抹消され、非可視化される。

表6　対称詞の使用頻度（%）

	対称詞	(a)	(b)	(c)	(d)
被疑者	ケイジサン	0(0.0)	9(2.9)	12(2.3)	8(1.7)
取調官	（呼び捨て）	0(0.0)	14(4.2)	57(9.4)	36(7.4)
	オマエ	47(5.4)	58(17.5)	206(34.0)	101(20.8)
	オマハン	5(0.6)	0(0.0)	0(0.0)	0(0.0)

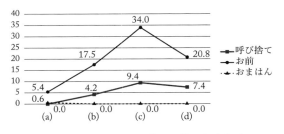

図5　取調官による対称詞の使用頻度（％）

　ただし、ここにおいても取調官間で揺れが見られる。時に供述調書は、臨場感を担保するために Q-A 形式で作成されることがある。検事による以下の供述調書では、恐らく検事が用いたであろう2人称「キミ」が、調書においても正確に再現された例が散見される(7)。（なお、取調べ時の録音資料は刑事によるものだけで、検事によるものは存在しないが、本件の供述調書で「キミ」が用いられるのは検事によるものだけである）。また被疑者は、取調官を「刑事さん」「検事さん」のように常に「さん」付けで呼び、そのように記載される。

(7)　人称詞の改変：対称詞

問：地蔵院に火をつけていないと云ったことも本当ですか。
答：黙して語らず
問：取調べの刑事さんらが怖いというのは本当ですか。
答：はい
問：なぜですか。
答：|刑事さん|の云っていることと違うことを云うと、|刑事さん|が怖ろしい顔をしていろいろ云ってくるからです。
問：それは、|君|が地蔵院の放火を認めないと刑事さんが怒ってくるということですか。
答：そうです。

　以上の分析・考察から大きく2つの論点が明らかとなる。まず、現行の「代用監獄」における取調べにおいて、単に物理的環境による抑圧のみならず、

取調べを支える言語資源そのものによる抑圧が容認されており、ラポール形成を阻んで冤罪を助長する制度的環境が維持されている点である。ここでの呼称／人称詞やモダリティ表現の使用に他意はないとしても、権力差を明らかに指標する語句の反復的、重層的使用が当事者や関係者に及ぼす影響は計り知れない。そのような恫喝や巧みな誘導を監視するためにも、やはり取調べ過程の可視化が大前提であろう。ただし、部分的可視化の危険性（つまり「編集」による操作や捏造）や被疑者の意思に反する音声／映像録取の可能性（特定の印象や心証の定着）に鑑みれば、全過程可視化を前提としつつも、その程度や場面を選択する権限を被疑者に与えることも視野に入れるべきではないか。

　さらに、取調べに基づく供述調書作成の際には、従来想定される通り、「その人の年齢、知能程度、地位、職業等に応じた自然な表現」（水野谷・城2011）による録取を徹底すべきであろう。現行の調書作成においては、法文書レジスターへの依存度が高く、被疑者の「声」を正確かつ適切に伝える作成方法とはなっていない。その背景にあるのは「命題神話」と呼ぶにふさわしい言語イデオロギーである。つまり、「明示的意味」こそがことばの機能であり、「非明示的（付随的）意味」は無視できるという前提であり、「どう書く（言う）か」は「何を書く（言う）か」には影響しないという僻見である。このような発想はもちろん、様々な言語分析（Silverstein 1976）や心理実験（Loftus 1979）により反証が提示されて久しい。

　「人」が裁く以上、命題的意味のみが対象となるわけではない。実際のところ、ある種の印象操作や詭弁は検察官や弁護士の職能の一部として裁判においても多用されている。しかし、原告／被告となる以前に、被疑者側が一方的にその権限を奪われ、裁判資料となる調書作成において搾取される状況は改められるべきである。それは特殊な状況ではなく、2017年6月、「共謀罪（テロ等準備罪）」が国会で議決された現在、誰にでも訪れる可能性があると考えるべきであろう。

5. おわりに

　本章では、被疑者取調べと供述調書における助詞／感動詞の使用法を語用論的談話研究の観点から考察し、そこにおける不均衡／不平等が公的なレジスターである書き言葉のもとに等閑視され、「代用監獄」を維持するインフラとして利用される現状を指摘した。多くの先進国においては、法学者のみならず言語学者、心理学者、社会学者らがより公正かつ民主的な取調べ過程の構築に貢献する一方で、日本における取り組みはいまだ限定的で端緒に着いたばかりの感がある。本章では、近年著者が参画した冤罪防止プロジェクトの一端として、現行の被疑者取調べと供述調書作成に焦点を当て、威圧や恫喝によって自白を強要する取調べ手法に代わり、公正でラポール形成に寄与する尋問手法と調書作成法を提案した。

　被疑者取調べにおいて「きく」という行為には、「尋ねる」ことの帰結である「(答えを)聞く」ことの提喩として「訊く」という行為が成立するという双方向性が前提にある。つまり「訊く」という行為によって「聞く」ことを成就するという、「きく」ことの自他不可分かつ間主観的認識の達成を前提としている。我々は常々、答えとして「聞く」という帰結を自明のものとして受け入れているが、それが自明でない(「答えられない」)状況に思いを馳せることは少ない。しかし、我々がいつ被疑者として「訊かれる」立場になり、正当に「聞いて」もらえない状況が訪れないとも限らない。それを他人事として等閑視できない時代が眼前に忍び寄っていることは間違いない。

補遺：取調官と被疑者間の言語的不均衡（(c)相における尋問反訳）

取調官　　わし から言わしたら ね 、ここで「やってる」と言うても よ 、検事さ
　　　　　んの前で、みんなの検事さんの前、公の前になってきて、よう言わんと
　　　　　言うたら、「やってない」と言うのと一緒やしょ？

被疑者　　はあ。

取調官　　そやろ？ な 。

被疑者　　（無言）

〈中略〉

取調官　　せやから、この前うちから、 お前 しんどいないかって何回も聞いてるが。

被疑者　　はい。

取調官　　な 。なんでそれするん よ 。はよせい、 わし 時間ないん よ 、 わし 。
　　　　　きょう帰るんや、家へ。ちゃんとしていけ。 な 。ちゃんと話してくれ。

被疑者　　（無言）

取調官　　正直なとこ。 な 。

被疑者　　（無言）

取調官　　そこを言わなんだら、 ○○○<呼び捨て> 、正直になれんぞ。 なあ 。検
　　　　　事さんにギャーギャー言われるさかいに言わなんだて、そんな話じゃ、
　　　　　お前 、そんなことじゃあかん。 お前 がちゃんと話しせんさかい、正直
　　　　　に話をせんさかい、検事さんがギャーギャー言うのや。せやろ？

被疑者　　（無言）

取調官　　正念入れて話せい。

被疑者　　はあ。

注

1　　本章は、科学研究費基盤研究（B）「取調過程の言語使用の実証的・学際的分析によ
り言語研究の社会的寄与を目指す研究」（課題番号 15H03209：代表者　堀田秀吾）の助
成を受けている。なお本章の執筆に際して、堀田秀吾氏、首藤佐智子氏、指宿信氏よ
り貴重な意見とコメントをいただいた。記して謝意を表したい。

2　　Loftus and Palmer（1974）の有名な研究に記憶の改変に関する実験がある。彼ら
は、被験者に交通事故場面の映像を見せたあと、異なる動詞（crash, collide, hit など）を
用いて「車が（激突した／ぶつかった／当たった）時、どのくらいのスピードで走って

いましたか」と問うと、「激突した」と聞かれた被験者の方が「当たった」などと聞かれた被験者よりも、よりスピードが出ていたと答えたのである。さらに1週間後、同じ被験者に「ガラスが割れるのを見ましたか」と問うと、実際にガラスは割れなかったにもかかわらず、「激突したとき」と質問された被験者は、他の被験者よりも「見た」と答える被験者が有意に多かったという結果が得られた。つまり、後の外部情報が記憶を書き換える可能性を示したのである。

3　刑事訴訟法 320 条 1 項および同 321 条〜 328 条を参照。

4　例えば、「否定疑問文」には肯定的極性への偏りが前提としてあり、否定的回答は有標な(つまり「期待されない」)反応となる。同様に、「質問の繰り返し」は(訊き手の聴取能力の問題でなければ)回答内容への不信・抗議を含意する行為として受け取られる。つまりいずれも被疑者の有罪を前提とした談話方略として用いられるという意味で、取調官による「誘導」に当たると解釈される。それゆえ現在では、特定の想定に偏らない「オープン質問」の採用が勧められている(上述の佐藤 2011)。その反面、オープン質問は取調官にとって答えの予測がつかない尋問技術として危険視されている(山室 2006: 9 を参照)。

5　「計算ができる馬」として有名となったハンスは、答えを知っている観客の顔色を見て正解に到達したことから、犯行再現において「答えを知っている」捜査官の暗黙の誘導により被疑者が迫真性のある犯行を再現してしまう可能性を指す。

6　同時に、犯行再現においては、調書からでは察知できない齟齬が被疑者の「無知の暴露」という形で現れ、自白の虚偽を暴く絶好の機会となることを指す。

7　このようなマニュアルの販売により、取調官の間で心証形成のための調書作成の技法は共有されていることがわかる。例えば、「調書にあえて都合の悪いことを含める」ことで内容への信頼を高める、といったテクニックも紹介されている。

8　本章で用いる書き起こし資料は、弁護士が作成した反訳をもとにしている。談話／会話分析用の書き起こし方法に改めなかった理由として、内部文書として本資料をもとに審議がなされたこと、法務の専門家が解釈した相互行為の機微を反映していること、さらに 50 時間以上に及ぶ音声データを談話・会話分析のシステムで再構築することが物理的に不可能であったことによる。

9　この資料をもとに、すでにいくつかの研究がなされている。例えば後藤(1996, 2011)は、誘導、脅迫、暴力、利益誘導に依拠する取り調べ方法を暴き、自白の正当性に疑義を呈している。その後、筆者の所属する研究グループは 2015 年、2016 年の「法と心理学会」における発表で、起訴に至った不当行為を心理学、語用論的観点から考察している。

10　他称詞(三人称)は本分析から除外した。

11　「沈黙数」は反訳中の「無言」「黙して語らず」などの記載に基づいている。

12 被疑者の「沈黙ターン」と判断される事例が見落とされた可能性も残るが、ここでは反訳資料に従った。また、供述内容の確認のために刑事が調書を読み上げている場合は、その部分がどれほど長くても1ターンと見なした。通常読み上げの最後に、確認の質問や意見聴取を行うため、妥当な扱いと考える。

13 転写されたテクストからは確認できないが、筆跡も児童のそれと見誤るほどの稚拙さを宿す。

14 事実、アメリカにおける O'Barr (1982) の研究でも、「性別の典型」から外れた弱々しい (powerless) 男性の証言ほど信頼度が低くなるという結果が出ている。本件では逆に、未熟さを指標する「ボク」が公的な場で用いる自称詞「ワタシ」へと改変されたことで、曖昧な（つまり powerless な）供述の信頼を高める結果となった可能性がある。

参考文献

Agha, Asif. (2007) *Language and Social Relations.* Cambridge: Cambridge University Press.

Berk-Seligson, Susan. (1990) *The Bilingual Courtroom: Court Interpreters in the Judicial Process.* Chicago: The University of Chicago Press.

Brown, Roger and Gilman, Albert. (1960) The Pronouns of Power and Solidarity. In Giglioli, Pier (ed.), *Language and Social Context*, pp.252–282. Penguin Books.

Conley, John and O'Barr, William M. (1998) *Just Words: Law, Language and Power.* Chicago: The University of Chicago Press.

Cook, Haruko M. (1992) Meanings of non-referential indexes: A case of the Japanese sentence-final particle *ne. Text* 12 (4): pp.507–539.

Coulthard, Malcolm. (1994) Powerful evidence for the defense: An exercise in forensic discourse analysis. In J. Gibbons (ed.), *Language and the Law*, pp.414–427. London and NY: Longman.

Coulthard, Malcolm and Johnson, Alison (eds.) (2010) *The Routledge Handbook of Forensic Linguistics.* London and New York: Routledge.

Ferrara, Kathleen (1991) Accommodation in therapy. In Giles, Howard, Coupland, Justine, and Coupland, Nikolas (eds.), *Contexts of Accommodation,* pp.187-222. Cambridge: Cambrige University Press.

藤田政博・日置孝一・若林宏輔 (2016)「『私』か『俺』か、あるいは『僕』か―供述調書における一人称が被疑者の評価に与える影響」『法と心理学会第17回大会発表抄録』

Gass, Susan M. and Evangeline M. Varonis. (1991) Miscommunication in Nonnative Speaker Discourse. In Coupland, Nicolas, et al. (eds.) *Miscommunication and Problematic Talk*, pp. 121–145. California: Sage Publication.

Giles, Howard, Coupland, Nikolas, and Coupland, Justine. (1991) *Contexts of Accommodation: Developments in Applied Sociolinguistics*. England: Cambridge University Press.

後藤貞人 (1996)「自白調書と公判弁護―取調べのテープ録音と自白の任意性」渡辺修編『刑事手続の最前線』pp.22-57. 三省堂

後藤貞人 (2011)「高野山放火事件―暴かれた偽証」指宿信編『取調べの可視化へ！』pp. 108-128. 日本評論社

Grebler, Gillian. (2010) A jihadi heart and mind? : Strategic repackaging of a possibly false confession in an anti-terrorism trial in California. In Coulthard, Malcolm and Johnson, Alison (eds.), *The Routledge Handbook of Forensic Linguistics*, pp.315-332. London and New York: Routledge.

Habermas, Jürgen. (1986) *Law and Morality* (The Tanner Lectures on Human Value, Delivered at Harvard University, October 1 and 2, 1986)⊠http://tannerlectures.utah.edu/_documents/a-to-z/h/habermas88.pdf

浜田寿美男 (2006)『自白が無実を証明する―袴田事件、その自白の心理学的供述分析』北大路書房

橋内武・堀田秀吾 (2012)『法と言語―法言語学へのいざない』くろしお出版

堀田秀吾 (2010)『法コンテキストの言語理論』ひつじ書房

堀田秀吾 (2013)「司法コンテクストにおけるコミュニケーション能力」片岡邦好・池田佳子編『コミュニケーション能力の諸相―変移・共創・身体化』pp. 289-307. ひつじ書房

堀田秀吾・日置孝一 (2016)「商標の希釈化に関する心理言語学的考察」『明治大学教養論集』515: pp. 1-12

指宿信 (2011)『取調べの可視化へ―新たな刑事司法の展開』日本評論社

指宿信 (2016)『被疑者取調べ録画制度の最前線―可視化をめぐる法と諸科学』法律文化社

Labov, William. (1988) The judicial testing of linguistic theory. In Tannen, Deborah (ed.), *Language in Context.: Connecting Observation and Understanding*, pp.159-182. Norwood: Ablex.

Loftus, Elizabeth F. (1979) *Eyewitness Testimony*. Cambridge, MA: Harvard University Press.

Loftus, Elizabeth F., and Palmer, John C. (1974) Reconstruction of automobile destruction: An example of the interaction between language and memory. *Journal of verbal learning and verbal behavior* 13(5): pp.585-589.

宮崎和人・安達太郎・野田春美・高梨信乃 (2002)『新日本語文法選書 4―モダリティ』くろしお出版

水野谷幸夫・城祐一郎 (2011)『実例 取調べの実際』立花書房

森直久（2001）「ある刑事事件の供述資料における作成者同一性の心理学的検討」『札幌学院大学人文学会紀要』第 69 号：pp.13–36.

森本郁代（2007）「裁判員をいかに議論に引き込むか」『法律時報』79(1)：117–122.

日本語記述文法研究会（2003）『現代日本語文法 4　第 8 部 モダリティ』くろしお出版.

O'Barr, William M. (1982). *Linguistic Evidence: Language, Power, and Strategy in the Courtroom*. San Diego, CA: Academic Press.

小田中聰樹（1993）『冤罪はこうして作られる』講談社

大河原眞美（1998）「法言語学の胎動」『法社会学の新地平』（日本法社会学編）pp.226–236. 有斐閣

荻野綱男（2007）「ノート―最近の東京近辺の学生の自称詞の傾向」『計量国語学』25(8): pp.371–374.

小黒和明・高瀬一嘉・佐藤光代・佐藤美由紀（2003）『供述調書作成の実務 刑法犯』実務法規

Ono, Tsuyoshi and Thompson, Sandra. (2003) Japanese *(w)atashi/ore/boku* 'I': They're not just pronouns. *Cognitive Linguistics*, 14(4): pp.321–347.

Philips, Susan. (1998) *Ideology in the language of judges: How judges practice law, politics, and courtroom control*. Oxford and New York: Oxford University Press.

佐藤博史（2011）「足利事件の取調べテープが教える取調べの技術」『日本法学』76(4)：pp.1129–1262.

新村出（編著）（2008）『広辞苑（第 6 版）』岩波書店

小学館国語辞典編集部編『日本国語大辞典（精選版）』（2005）小学館

首藤佐智子（2005）「商標の普通名詞化問題における言語学的論点―ウォークマン事件を題材に」『社会言語科学』7(2): pp.14–24.

Sacks, Harvey, Schegloff, Emanuel A., and Jefferson, Gail. (1974) A simplest systematics for the organization of turn-taking for conversation. *Language* 50 (4): pp.696–735.

Shuy, Roger W. (1996) *Language Crimes: The Use and Abuse of Language Evidence in the Courtroom*. Cambridge, MA: Blackwell.

Silverstein, Michael. (1976) Shifters, Linguistic Categories and Cultural Description. In Basso, Keith H. and Selby, Henry A. (eds.), *Meaning in Anthropology*, pp.11–55. Albuquerque: University of New Mexico Press.

捜査実務研究会（編著）（2005）『取調べと供述調書の書き方』立花書房

鈴木孝夫（1978）『ことばと文化』岩波書店

山室惠（編著）（2006）『刑事尋問技術』（改訂版）ぎょうせい

第III部
社会・文化からの考察

男女の会話の共創
リスナーシップとアイデンティティ

難波彩子

要旨 本章の目的は、日本人男女の会話の共創に向けた「リスナーシップ」行動に着目しながら、「会話のコンテクスト化の合図」（Gumperz 1982）などの枠組みに基づき、男女の聞き手の役割とアイデンティティとの関係性を探ることである。分析では複数の参与者から共感や協調がみられたり、会話の盛り上がりがみられる場面に焦点をおきながら、男女のリスナーシップ行動の特徴を抽出し、会話の流れと共に推移する聞き手の役割の柔軟性について提示した。女性同士の会話では主に相手への共感や理解、興味が観察された。男性同士の会話ではからかいが特徴的で、仲間との結束や連携を示していることが分かった。男女混合会話では主に男女間の連携や配慮がみられた。相手への共感や配慮、仲間との結束と協働にみられるリスナーシップ行動の特徴は男女のアイデンティティ表示に反映されていると考察される。

1. はじめに

　近年「女子トーク」「女子会」「男子トーク」「男子会」という言葉をよく耳にするが、それらから連想される会話の場は一般的に情報交換というよりも、お互いにリラックスしたり、親睦を深める楽しい時間で、会話も盛り上がりが大いにみられる場として捉えられるだろう。そこには女性同士、または男性同士だからこそ共有できるような何か特徴があるのだろうか。また、盛り上がりがみられたり、親睦を深めていく過程では話し手だけではなく聞き手による貢献が不可欠であるが、具体的にどのような貢献が実際のやりとりの中で機能しているのだろうか。

210　第Ⅲ部　社会・文化からの考察

　本章では「ジェンダー」という社会要素を通して、日本人の男女の会話での聞き手行動「リスナーシップ」(Namba 2011)に着目しながら、会話の共創に向けた男女間における聞き手の役割について検討する。会話の流れと共に流動する会話参与者の役割の柔軟性や変化を考慮し、特に、複数の参与者から共感や積極的な反応がみられる場面や話の盛り上がりがみられる過程に焦点をおくことによって、リスナーシップ行動と男女のアイデンティティとの関係性を探る。

2.　研究の背景

　本節では男女のコミュニケーションに関わる先行研究について、まずその一般的な特徴を述べ、それらを踏まえた上で日本語会話における男女のコミュニケーションの特徴を取り上げる。日本語会話にみられる男女のコミュニケーションでは、特に聞き手行動との関わりについて触れた先行研究を検討することで、本章で取り組む研究のねらいを明示する。

2.1　男女のコミュニケーション

　男女とコミュニケーションの相関性については、従来の研究より幅広く指摘されている。その主な特徴として、女性は気遣いができ、丁寧で協力的である一方、男性は独立精神が高く、自己主張が強く、競争的であることなどが挙げられる(Wood 2011, Tannen 1987, Holmes 1995)。このような一般的な男女のコミュニケーションの違いと関連して、両者の会話スタイルにもそれぞれの違いがみられる。Tannen (1984/2005) によれば、男性の会話スタイルは情報中心のリポートトークであり、女性の会話スタイルは情緒や共感中心のラポールトークであるという。さらに、男女の違いは例えばジョークにも明確に違いがみられる。Wood (2011) では男性がジョークを発する場合は攻撃的で性的な描写をする傾向にあるが、女性はそのような傾向は特にみられず、代わりにことば遊びなどを主体にしたジョークが用いられる傾向にある

ことが報告されている。上記で示した男女のコミュニケーションの一般的な特徴は、特に英語会話でみられるが、他の言語、例えば日本語ではどのような特徴がみられるのだろうか。

2.2 日本語会話における男女の特徴

　日本語会話の顕著な特徴として、聞き手によるあいづちの頻繁な使用が多くの研究者によって指摘されている（Maynard 1986, 1987, Kita and Ide 2007, 水谷 1993, 辻本 2007, Kogure 2003 他）。それでは、あいづちの使用は果たして男女間で違いがみられるのだろうか。このような問いに対して、辻本（2007）ではテレビ番組での男性司会者と女性司会者のあいづちの使用状況を比較し、女性の方が男性よりもあいづちの使用が 1.7 倍多いことが報告されている。また、男女の違いとしては、女性の場合は聞いて理解していることを示す共感的なあいづちが用いられる傾向にあるが、男性の場合は否定や感情の表出を示すようなあいづちや、情報伝達の目的で打つようなあいづちの使用がみられることが指摘されている。一方、Kogure（2003）は男性同士と女性同士の会話におけるあいづちとうなずきの使用状況についての分析を行い、あいづちの使用頻度は男女間でほとんど差はみられないが、男性よりも女性の方がうなずきを用いる傾向があることを報告している。

　以上の先行研究より、男女の違いがそれぞれのコミュニケーションの在り方に大きな影響を与えていることは明白である。そして、それは日本語の場合にも同様である。日本語は「聞き手責任」（Hinds 1987）、「リスナートーク」（Yamada 1997）、「共話」（水谷 1993）、「融合的談話」（植野 2017）、そして「リスナーシップ」（Namba 2011）と呼ばれるように、聞き手が話し手と一緒になって積極的に会話に関わる傾向にある。日本語コミュニケーションでは、このように聞き手行動の在り方が会話の要となるため、聞き手行動に関わる研究は本書の序章でも示されている通り、積極的に行われてきている。そのような流れの中、聞き手行動と男女のコミュニケーションの関係性につ

いては上述のあいづちやうなずきなどの使用について研究が徐々に進められてきている。しかしながら、より幅広い聞き手行動を扱った研究はまだ開拓の余地がある。また、聞き手行動と男女の関係性を会話の流れやプロセスと共に詳細にみていく必要がある。このような動機から、本章では、多人数会話の中でも特に複数の参与者から共感や協調がみられたり、積極的な反応が示される場面に焦点をおき、会話の流れやプロセスをたどりながらリスナーシップ行動と男女の関係性を明らかにすることを研究のねらいとする。

3. 方法論

　本節では、上述の研究のねらいに取り組むための方法論を述べる。はじめに分析に用いるデータについて触れ、次に分析で用いる枠組みを説明する。

3.1　データ

　分析には男女（日本語母語話者）の自然会話からなるビデオデータを用いる。データの詳細は以下の通りである。

(1)女性4名の会話3セット（2時間）
(2)男性4名の会話3セット（2時間）
(3)男性2名と女性2名の会話2セット（2時間10分）

　データ収集は2014年8月に行った。会話参加者は西日本の大学生18歳〜21歳（1年生と2年生）で、関西、中国、四国、九州地方の出身者である。各会話は4名の会話参加者からなり、互いに親しい者同士からなるウチの関係で（三宅1994）、互いにクラスメートであるか、同じ部活に所属する者同士かのいずれかである。

3.2　分析の枠組み

上述の会話で盛り上がりがみられる場面や複数の反応や共感が観察される場面での聞き手行動を検証するために、データ分析では聞き手の「参与枠組み」(Goffman 1981)、「会話のコンテクスト化の合図」(Gumperz 1982)、「あそびのフレーム」(Bateson 1972)などの枠組みを用いる。

3.2.1　聞き手の参与枠組み

多人数会話では目の前で行われる会話に対して複数の聞き手が様々な参与形態を示す。Goffman（1981）は聞き手の参与について次のように区分している（図1参照）。

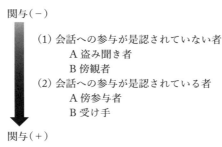

図1　聞き手の参与形態と会話への関与の度合い(Goffman 1981)

Goffmanによれば、聞き手は会話への参与が是認されていない者(1)と是認されている者(2)の2種類に区分される。さらに、前者の是認されていない者については「盗み聞き者」と「傍観者」が含まれ、後者の是認されている者については「傍参与者」と「受け手」が含まれる。それぞれの参与者にみられる会話への関与の度合いは是認されない者よりも是認されている者の方が高くなる。従って関与の度合いが1番高い者から低い者の配列は、受け手(2B)が1番高く、2番目に高いのは傍参与者(2A)、3番目は傍観者(1B)、そして1番関与の度合いが低いのは盗み聞き者(1A)である。本章の多人数会話で扱う聞き手は主に会話への参与が是認されている傍参与者と受け手が

分析の対象者となる。この 2 種類の聞き手は参与が予め是認されているものの、役割や参与形態が常に一定しているものではなく、その場の話の流れや参与者同士の関係性などによって柔軟に、そして複雑に変化していくものと考えられる。その点を踏まえた上でどのように会話の中で聞き手として、会話参与者として役割が果たされているのかについて特定されることが求められるだろう。

3.2.2　会話のコンテクスト化の合図

　「会話のコンテクスト化の合図」（Gumperz 1982）とは話し手が何らかのメッセージを示した際に、聞き手がそのメッセージを解釈するための手段となるものである。このような合図は特に意識されるものではないため、会話参与者によって習慣的に用いられ、知覚されるものである。この合図は会話のプロセスやコンテクストの中で生じるために、コンテクスト化の前提となるものとして機能する（Gumperz 1982: 131）。また、コンテクスト化の合図は様々な言語形式に含まれ、コードスウィッチや韻律、会話の始まりや終わり、会話の構造などを通じて示される。本章で注目するのは複数の参与者から共感や反応が示されたり、会話が盛り上がる場面であるが、まさにこれらの場面はコンテクスト化が活性化される場である。そのような場の中で顕著に用いられるリスナーシップ行動がコンテクストの合図として機能すると考えられる。リスナーシップ行動を詳細にみていくことで、会話に対する聞き手の関わり方が浮き彫りにされるのである。

3.2.3　あそびのフレーム

　会話が盛り上がる場面や複数の参与者から反応がみられる場面では参与者は会話のやりとりやその場の雰囲気を肯定的に享受していると考えられる。参与者は互いに冗談を言い合ったり、からかったり、言葉遊びでふざけあったりすることが起こり得るだろう。このような会話場面について、「あそびのフレーム」（Bateson 1972）から解釈することが可能である。Bateson（1972）

によって提唱された「フレーム」の概念を、Goffman (1974)は「経験の体系化」として捉え、より詳細に発展させた。フレームの中でも、Bateson (1972)はあそびのフレームを提唱している。あそびであることが示されると、そこにはメッセージの逆説性とメタメッセージが介在する。例えば、あそびのフレームに敵意が込められたフレーズには、参与者間のお互いの「信頼」や「親密さ」が示される (Straehle 1993)。上記の会話が盛り上がる場面や複数の参与者から共感や反応がみられる場面に着目する場合、あそびのフレームを特定することによって場面の抽出が可能となりやすくなる。また、私たちはそのフレーム内で聞き手の言語及び非言語を通じて参与者間で共有されるメッセージを読み取ることになるだろう。

　以上の分析の枠組みを通じて、分析では上述の会話の盛り上がりがみられる場面や複数の参与者からの共感や反応がみられる場面を抽出し、その中でリスナーシップ行動を特定していく。

4.　男女の会話における聞き手行動の分析

　分析では複数の参与者からの応答反応がみられる会話場面に着目する。具体的に以下のような場面が含まれる。

(1)　円滑な会話の協働構築がみられる場面
(2)　親睦や共感を深めていく場面
(3)　会話の盛り上がりがみられる場面

　上記の会話場面で、分析する聞き手行動は以下の言語及び非言語の両方を含む。

(1)　言語的特徴：「リアクティブ・トークン」(Clancy et al. 1996)[1]、コメント、問いかけ

216　第Ⅲ部　社会・文化からの考察

（2）その他の特徴：パラ言語、笑い、笑顔、ジェスチャー、姿勢、うなずき

　（1）の「リアクティブ・トークン」には、あいづち、くり返し、協力的な完結、ターンのはじめのあいづち、反応表現が含まれる。これら以外にもコメントや問いかけが分析対象となる。（2）のパラ言語は、声の強調や大きな声質、韻律などを含み、その他は主に上記に挙げられる非言語行動を分析対象とする。上記（1）（2）に焦点をおくことによって、男女のリスナーシップ行動の特徴を抽出し、それらの特徴から会話の流れと共に推移する参与者の役割について検討する。

　以下の分析では、まずデータに示されたリスナーシップ行動のヴァリエーションを具体的に特定する。次に、実際の会話の流れの中でどのようにリスナーシップ行動が示され、変化していくのかについて、上述の分析の枠組みを手掛かりにしながら、女性同士の会話、男性同士の会話、そして男女混合の会話の順に検討し、それぞれの特徴を明らかにする。

4.1　リスナーシップ行動のヴァリエーション
　上記の会話場面を分析した結果、言語及び非言語行動が観察された。以下では、言語行動（4.1.1）、そして非言語行動（4.1.2）の順に詳細を述べていく。

4.1.1　言語行動
　あいづち、反応表現、ターンのはじめのあいづち、コメント、問いかけ、協力的な完結、くり返し、パラ言語そして非言語行動がみられた。あいづち、反応表現、ターン始めのあいづち、コメント、問いかけの例は以下の通りである。

（1）あいづち
「うん」「あ：」「ふ：ん」「へ：」「ほ：」「は：」「は：ん」「うんうん」「あ：

あ：」「ふ：んふ：ん」「お：」

(2)反応表現

「そう」「そうそう」「ほんとう」「まじで」「まじか」「すごい」「すご」「すげ」「やばい」「やべ：やん」「ずるい」「やだ：」「そうなんや」「余裕やん」「え：やん」「いいじゃん」「うそやん」「まあまあ」

(3)ターンのはじめのあいづち

「えっ」「え：」「はっ」「あっ」

(4)コメント

「ちょっと盛っとんちゃうん」「何言うとん違うわ」「何やねん」「お前3つってどんだけ」「言わんやろ：絶対」「それはもう知っとんたんや：」「何や盛り上がったらええやん」

(5)問いかけ

「中学校一緒なん？」「どこ行ったん？」「ひらのちゃん知っとる？」「女子かな？」「化生かな？」

次に、協力的な完結の例は以下の通りである。

(6)協力的な完結

1R：何かリスみたいにぽりぽりぽりぽりぽりぽりぽり

　　ぽりたべる [から：

2M：　　　　　[くるから：ぼろぼろぼろぼろぼろぼろなって：

3R：一発でぽこってなhahahaha

話し手Rの発話を(1行目)、聞き手Mが継続してつなげている(2行目)。さらに、RもMに続いて発話をつなげ(3行目)、発話を完了している。2人の参与者が協働しながら1つの会話を構築していく様子が分かる。また、Rの擬音語「ぽりぽりぽりぽりぽりぽりぽり」のくり返し(1行目)に引き続いて、Mも擬態語のくり返し(「ぼろぼろぼろぼろぼろぼろ」)を用いながら協調し、発話を継続していることも特筆すべき点である(2行目)。

218　第Ⅲ部　社会・文化からの考察

　上記の通り、聞き手のくり返しも参与者同士の協働作業を促す、重要なリスナーシップ行動として考えられる。

(7)くり返し
1M:チャリチャリしたいわ
2R:チャリチャリしたい？
3Y:hahaha
4K:huhu
5M:町をチャリチャリしたい
6R:町をチャリチャリ
7M:[uhahaha
8R:[huhuhu
9Y:[hahaha
((Kは笑顔))

　話し手Mの発話(1行目「チャリチャリしたいわ」)に対して、聞き手RもMの発話をくり返しながら反応している。さらに、MとRのくり返しが継続することで(5〜6行目)最終的には複数の笑いが起こっている(7〜9行目)。この笑いからも、聞き手のくり返し、そしてさらに話し手と聞き手双方のくり返しが会話の「あそび」(Bateson 1972)として機能し、肯定的な会話の流れを生み出していることが分かる。Mの「チャリチャリしたいわ」(1行目)から、現実から離れた仮想場面が展開され、その場面に聞き手がくり返しを通じて共に参与することであそびのフレームが構築されていることが分かる。参与者のあそびのやりとりを通じて参与者同士の親密な関係性や肯定的であたたかい会話場面を読みとることができる。

4.1.2　非言語行動
　上記のさまざまな言語行動に加えて、聞き手の非言語行動も豊富に観察された。観察された主な非言語行動は、同時笑い、ジェスチャー、うなずき、声の強調などが挙げられる。同時笑いは、会話例(7)でもみられた。MとR

のくり返しに対して、MやR、そして聞き手のYが同時に笑っている（7〜9行目）。そのような状況の中でさらに、複数の参与者による同時笑いが起こることで肯定的な会話の雰囲気が広がっている。

　ジェスチャーもリスナーシップ行動の重要な役割を果たしている。特に、参与者同士による同じまたは類似したジェスチャーは、参与者の協調を促し、会話の盛り上がりにもつながる。

(8)ジェスチャー
1A：　桃もらっとったわ:友達=
3B：　=まじで:？
4C：　うん
5D：　<u>ええ</u>
6A：　xxxxx((うなずく))
7C：　こう((手で桃の形を2回作る))
8B：　な(h)にこれhh((手で桃の形を2回作る))桃？
9：　　[huhuhuhu HAHAHAHAHAHAHA
10C：　[桃haha((手で桃の形を2回作る))桃haha((手で桃の形を2回作る))1個
　　　HAHA
　　　1個HAHA xxxxxxx
11D：　[HAHAHAHAHAHAHAHAHAHAHAHAHAHAHA
12D：　たのしそう

　Cによる桃のジェスチャー(7行目)をBも真似(8行目)、そしてCもまたくり返し桃のジェスチャーをすることで、B、C、Dが同時笑いで大笑いする。聞き手が話し手Cに対して大きく反応し、会話の協調的な流れを生み出している。

　日本人の主要な聞き手行動のうちの1つとして位置づけられるうなずきも、参与者同士の共感の示しとなる。

220　第Ⅲ部　社会・文化からの考察

(9)うなずき

1A：やからもう，中学受験やん

　　(.)

2C：うんうんうんうんうん((BとDはうなずく))

　　話し手Aの発話に対して、聞き手Cはあいづちをくり返しながら反応する(2行目)。このCの反応と共に、聞き手BとDは一緒にうなずきながら、Aへのリスナーシップを示していることが分かる(2行目)。

　　これらの言語及び非言語行動と共に、声の強調も主要なリスナーシップ行動の1つとして考えられる。

(10)声の強調

1A：分(h)かる(.)も(h)と(h)彼

　　[huhuhuhhuhuhuhuhuhuhuhuhuhuhuhuhuhuhuhuhuhu

2C：[わ：　HAHAHAHAHAHAHA((パンパン))HAHAHA

3B：[え：HAHAHAHAHAHAHA((パン))まじで：((D：ほほ笑み))

　　上記の会話例では、Aの発言(1行目)に対するBとCの反応として、2人の同時笑いや手叩きが挙げられる。それらに加えてターン始めのあいづち(「わ：」,「え：」)、そして笑い(HAHA)で声の強調がみられる。また、2人の笑い(HAHAHAHA)は通常の笑い(hhhhh)よりも大きな声質であるため、聞き手2人が大きな反応を話し手に向けて示していることが分かる。

　　以上、会話の中で盛り上がりがみられる場面や複数の参与者からの反応や共感がみられる場面に焦点をおき、その中でみられる具体的な聞き手行動のヴァリエーションを言語及び非言語行動から明らかにした。次に、女性同士の会話(4.2)、男性同士の会話(4.3)、そして男女混合の会話(4.4)の中でどのように上記のリスナーシップ行動が実際の会話の流れの中で用いられるのか、その特徴を見出しながらリスナーシップ行動と男女のアイデンティティとの関連性を検討する。

4.2 女性同士の会話

　次の会話例では、参与者 A、B、C、D の海外在住経験についての話題で話が進められている。その会話の流れの中で、参与者 A が通っていた高校の修学旅行先について話題が移っていき、さらに A の元彼氏の話題に至る。そのため、会話は A の主導で進められ、話し手は A、聞き手は B、C、D と配置される。

（11–1）女性同士の会話

1A： うち白陵やから,

2D： あ:　　　　　　　　　← D：あいづち

3A： 岡山白陵[(.) [で:

4C： 　　　　　　[あ:あ:あ:あ:　← C：あいづち

5A： やからもう、中学受験やん
　　 (.)

6C： うんうんうんうんうん((BとDはうなずく)) ← C：あいづち B&D：うなずき

7A： するんよ:

8A： やから小6とかの時点で,　((Bうなずく))　← A：あいづち B：うなずき

9A： イギリス行くためにいく((握りこぶし)),みたいな
　　 [か(h)んじ

10B： [それはもう知っ[とったんや:((Aうなずく))　← B：コメント　A：うなずき

11A： 　　　　　　[みんな知っとる、[白陵行ったらイギリス [いけるから:

12D： 　　　　　　　　　　[えっxxx　　　　　　[えっ
　　 ← D：ターンのはじめのあいづち

13D： [XXXひらのちゃん知っとる？ ← D：問いかけ

14C： [xxxxx

15A： 知っとる！　　　　　← A：Dの問いかけへの応答

16D： えっ　どこ行ったん　　　← D：ターンはじめのあいづち/問いかけ

　話し手による高校についての説明（1 〜 9行目）で、聞き手B、C、Dははじめは主にあいづちとうなずきを通じて A の説明に耳を傾けている様子が分かる（2, 4, 6, 8行目）。会話の主要な話題が「海外経験」についてのため、

222 第Ⅲ部 社会・文化からの考察

Aが「イギリス」について言及した時点で（9〜11行目）、聞き手の反応はそれまでのあいづちから、コメント（10行目）、ターンのはじめのあいづち（12行目）そして問いかけ（13行目）など、より豊富で積極的な反応を示し始めている。特に、聞き手Dの問いかけに対するAの応答は強調され（「知っとる！」）、さらにその応答に対するDの問いかけ（16行目）によって会話の流れがAとDの共通の人物に焦点がおかれ始め、話が盛り上がり始めていることが分かる。

　リスナーシップ行動ははじめの頻繁なあいづちやうなずきから始まり、徐々にターンのはじめのあいづち、そしてコメントや問いかけなどが加わり始めることで、より積極的なリスナーシップが提示されている。会話当初に配置された話し手（A）と聞き手（C, D）の関係性も、AとDの重なるやりとりに応じて崩れ、ダイナミックに変化が生じている。

(11–2)
((AとDの共通の知人数人についての話が続いた後の会話))
32C：えっ　M 分かる？((Aをみる))　← C：問いかけ
33A：分(h)か(.)も(h)と(h)彼　　　← A：応答/笑い
　　　[huhuhuhhuhuhuhuhuhuhuhuhuhuhuhuhuhuhuhuhu
34C：[わ：HAHAHAHAHAHA　((パンパン))HAHAHA
35B：[え：HAHAHAHAHAHA((パン))まじで：((D：ほほ笑み))
← BC：ターン始めあいづち・反応表現・笑い・ジェスチャー・声の強調・大きな声質
← D：ほほ笑み
36B：すごい　　　　　　← B：反応表現
37D：う：ん　huh　　　← D：あいづち/笑い
38B：ここも
39C：東京予備校だっけ：　← C：問いかけ
40B：[東京予備校　　　　← B：応答
41A：[xxxxxxxxxxx　　　← A：応答
42D：すごい　　　　　　← D：反応表現
43B：中学校一緒なん？　← B：問いかけ

44C：中学校一緒　　　　　　　← C:応答

　上述の会話例（11–1）以降、AとDの間で問いかけと応答による積極的な
やりとりが何度もくり返され、参与者同士のやりとりの活性化はますます加
速する。このやりとりを受けて、聞き手のCがAに向けて共通の知人につ
いての問いかけを新たに投じる（32行目）。Aによる笑いを伴った肯定的な
応答（33行目）を受けて、A、B、Cの間で大きな声の同時笑い（HAHAHA）
が起こる（33 〜 35行目）。そしてBは反応表現（「まじで：」）、Dは微笑み
で反応し、さらにBとCは一緒にターン始めのあいづち（「わ：」,「え：」）
と声の強調、そして手叩きで反応している。この時点で、既存の話し手と聞
き手の関係性は取り払われ、参与者全員が一緒になって積極的に反応を示し
あっていることがよく分かる。このような参与者全員の積極的な会話への参
与の在り方から、参与者らがこの会話状況を極めて肯定的に受け入れ、そし
て会話が非常に盛り上がっていることが窺われる。引き続く会話（11–3）で
も、衝撃的なAの元彼氏についての告白（33行目）についての反応がくり広
げられ、会話はますます盛り上がる。

（11–3）
45B：は：!?　　　　　　　　　　← B:反応表現
46A：びっくり(h)するわ：hhh　← A:反応表現/笑い
47C：すげ：　　　　　　　　　　← C:反応表現
48B：めっちゃすげ：hahaha((Aを指す))　← B:反応表現/笑い/指差し
49D：[huhuhuhuhuhuhu　　　　← D:笑い
50C：[hahahahahahahaha　　　← C:笑い
51B：やば　　　　　　　　　　　← B:反応表現
52C：すご　　　　　　　　　　　← C:反応表現
53A：世間ってせまいな：[huhuhuhu((Dうなずきき3回))← A:コメント
54C：　　　　　　　　　[hahahahahaha((Bうなずき))
　　　　　　　　　　← A&C:笑い　B&D:うなずき

```
55A： びっくりしたわ：          ← A：反応表現
56B： それな                  ← B：コメント
57A： びっくりした：            ← A：反応表現
58B： すご                    ← B：反応表現
59C： わ：                    ← C：反応表現
60A： びっくりした：            ← A：反応表現
61C： びっ(h)くりした(h)こっちもや：huhahahaha
                            ← C：反応表現/笑い/コメント
62D： [huhuhuhuhu            ← D：笑い
63A： [xxxxxxxxxxxx
64B： いつつきあったんすか？
```

　会話の3段階目（11-3）では、Aの告白（AとCの共通の知人が実はAの元彼氏であるということ）に対して参与者全員が驚きの反応に終始徹する展開となる。また、参与者全員の声高で笑いが継続的に起こっていることから会話が非常に盛り上がっていることがよく分かる。リスナーシップ行動としては、反応表現が多用され、その次に同時笑いやうなずきが多用されている。反応表現については、「びっくり」（46行目）や「すげ：」（47行目）などの表現が多用され、くり返し用いられている（「びっくり」（55, 57 60, 61 行目）、「すげ：」「めっちゃすげ：」「すご」（47, 48, 52, 58 行目））。同時笑いも頻発している（49, 50, 53, 54 行目）。特に、同時笑いとうなずきの共起（53, 54 行目）は、参与者全員が同時に反応を示している場面で、参与者同士の共感の共有が観察される。

　以上、女性同士の会話の一端を3段階に分けて検討してきた。1段階目では、あいづちやうなずきなど話し手へ耳を傾けるようなリスナーシップから始まり、徐々に問いかけと応答のやりとりが始まることで会話に動きがではじめる。問いかけと応答が頻繁にくり返された後の2段階目の会話では、さらなる問いかけとAの衝撃的な応答と告白によって最高潮に盛り上がる。その示しとして、同時笑いや手叩きとの共起、反応表現、ターンのはじめのあいづちや声の強調、そして大きな声質がみられ、積極的で肯定的なリス

ナーシップがみられる。2段階目は1段階目と違って、豊富なリスナーシップ行動が多用され、そして共起することで話し手と聞き手の区別は消滅され始め、参与者全員が会話へ積極的な参与を示している。参与者らの積極的な反応を通じて、会話の盛り上がりも確立される。そのような流れを受けて、3段階目の会話では反応表現の多用とくり返し、そして同時笑いとうなずきの共起がみられ、盛り上がりは継続されながら、参与者同士による共感の共有が相互確認される様子が垣間見られる。

上記のリスナーシップ行動は会話の流れ、そしてコンテクスト化と連動している。

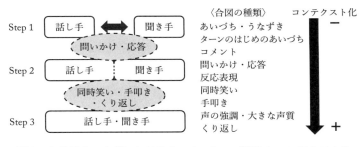

図2　女性同士の会話におけるリスナーシップ行動とコンテクスト化

会話の第1段階では話し手は語り、聞き手は反応を示す、いわば1対1のやりとりで会話が開始されるが、第1段階の終盤では聞き手からの積極的な問いかけそして話し手の応答がくり返されるようになり、徐々に話し手と聞き手の関係性は取り払われていく（図2：Step 1参照）。ここでは問いかけと応答が会話の流れを加速させる目印、つまりコンテクスト化の合図となる。参与者同士の積極的なやりとりがくり広げられることで、参与者間の関係性も密接になってくる。このような流れを通じて第2段階目ではAの衝撃的な告白を受けて会話は大盛り上がりとなる。この盛り上がりを援護するリスナーシップ行動としては、手叩きと共起した同時笑いや声の強調、ターンのはじめのあいづち、そして反応表現やそのくり返し、頻繁な問いかけと

応答などが挙げられ、豊富なリスナーシップ行動がさらなるコンテクスト化の合図として機能している。参与者同士の関係性では話し手と聞き手の関係は取り払われ始め、参与者全員が一緒になって会話を協働構築していく様子が垣間見られる（図2：Step 2参照）。最後の3段階目では上記のリスナーシップ行動があふれ、笑いは終始継続し、反応表現のくり返しが頻繁に示されることで参与者同士の共感や協調が共有されていることが分かる（図2：Step 3参照）。この段階ではもはや話し手と聞き手は一体化し、協働参与者として会話の盛り上がりを協働構築しているといえよう。

4.3　男性同士の会話

　次に、男性同士4名の会話でみられる聞き手行動の特徴を検討する。以下の会話では、同じ部活動に所属する男子学生A、B、C、Dの4名が会話をしている。話し手Cが、Bがクッキーを全部食べようとしていることに気づき、Bに突っ込み、からかう場面である。Cはからかいの為手となり、Bは受け手となる。他の参与者であるAとDは聞き手でありながらも、Cと同様にBを突っ込みからかう。

（12–1）男性同士の会話
1C：ちょっと待ってバタークッキー全部食ってるやん（（微笑み））
　　　　　　　　　　　　　　　　　　　　← C:突っ込み/微笑み
2D：[ほんまや　　　　　　　　　　　　← D:反応表現
3A：[uhaha [haha　　　　　　　　　　　← A:笑い
4B：　　　　[huhu （（微笑む））　　　← B:笑い/微笑み
5D：　　　　[huhu　お前3つってどんだけ ← D:笑い/突っ込みコメント
6C：[お前　　　　　　　　　　　　　　← C:突っ込みコメント
7A：[え、え:hehe!　　　← A:ターンのはじめのあいづち/声の強調/笑い

　Cの突っ込み（1行目）に対して、参与者D（2行目）とA（3行目）も同時に肯定的な反応を示している（Dは反応表現，Aは笑い）。そしてDは笑いな

がら突っ込みながらコメントを入れる「突っ込みコメント」を提示し、Bをからかっている（5行目）。Dの突っ込みコメント（5行目）は笑いを伴うことで、クッキーを全部食べようとしているBに対する批判の深刻さは軽減され、Bへのからかいとして解釈される。Dのからかいを受けて、CはDの発言の一部（お前）をくり返し、Dに同調している（6行目）。さらに、A（7行目）もターンのはじめのあいづちを通じてBの行為に驚いた反応を示し、笑いながらCとDのからかいに参入している。これら複数の参与者によるからかい、「連携からかいプレー」に対して、受け手のBも微笑みながら笑って応じていることから（4行目）、会話の流れは肯定的に加速し始めていることが観察される。このようにしてからかいのフレームが徐々に構築され始めていく。

(12–2)

8C: 考えられへんやろ（（Aは引き続き微笑む））
　　　　　　　　　　← C:突っ込みコメント　A:微笑み

9C: 4個ということは1人1人1人1人1個やん＝　← C:突っ込みコメント
　　（（Bを指差す））

10A: ＝huhahaha　　　　← A:笑い

11C: 1個ずつ ［やん（（Bへ微笑む））　← C:突っ込みコメント/微笑み
　　（（Aはひざを叩きながら声を出さず大笑いをする））

12B: 　　　　［飯食ってるxx（（微笑みながらつぶやく））
　　　　　　　　　　← A:ひざ叩き/笑い　B: 微笑み

13D: ばか(h)やろ(h)お前hhh　← D:突っ込みコメント/笑い

　Cは引き続きDに向けて突っ込みコメントを投げかける（8, 9, 11行目）。この突っ込みに対してAは笑って反応する（10, 11行目）。ひざ叩きを共起させながら、声は出ていないものの大笑いをし、Cに同調している（11行目）。Cが「1人1個ずつ」とくり返しながらからかいを強める中、BはCやDを見ながら微笑み、つぶやく（12行目）。それに対してDもAやCと共に、笑いながら突っ込みコメントを発し、Bをからかっている（13行目）。この

228　第Ⅲ部　社会・文化からの考察

ようにB以外の参与者全員が突っ込みコメント、微笑み、笑いなどを重ね、
受け手のBも微笑みながら応じていくことがコンテクストの合図として機
能し、会話の流れは加速していく。Bへのからかいはさらに助長し、会話は
盛り上がっていく。

（12-3）
14C：え、お前なんか1人3個食うタイプ(h)？((Cは微笑み、Aの笑いは続く))
　　　　　　　　← C:ターンのはじめのあいづち/問いかけ/微笑み　A:笑い
15B：ごめんって：
((Bは微笑み、Aは体を傾けながら声を出さず笑う))← B:応答/微笑み　A:笑い
16C：なんで逆(h)切れしてん(h)ねん[はらたつわ　お前((微笑み))
　　　　　　　　　　　　　　　　← C:突っ込み/微笑み/笑い
17A：　　　　　　　　　　　[HUHA[HAHAHA　← A:笑い
18D：　　　　　　　　　　　　　　[huhahaha((Bは引き続き微笑む))
　　　　　　　　　　　　　　　　← D:笑い　B:微笑み
19C：胸筋とれや　もう　　　　　← C:突っ込み
20D：huhahahaha　　　　　　　　← D:笑い

　Cは皮肉をこめながらBに向けて問いかけをし、からかいを重ねていく
（14行目）。そしてAはその様子を観察しながらずっと笑い続けている（14
～17行目）。Cの一連の突っ込みとからかいに対してBは微笑みながら応
答していることから（15行目）、今までのからかいを深刻にではなく、「あそ
び」としてとらえ、自らも参与し肯定的にとらえていることが分かる。そし
てその応答について、さらにCは突っ込みで反応する（16, 19行目[2]）。この
BとCのやりとりをAとDも終始笑いで反応し、盛り上がりは最高潮に達
している（17～20行目）。Cのからかいは、ほかの参与者らも一緒になって
行う連携からかいプレーへと発展し、さらに受け手のBも肯定的にそのプ
レーに加わることで会話参与者全員による協働的なからかいフレームを確立
している。
　以上の会話の流れとコンテクスト化のプロセスをみていくと、第1段階で

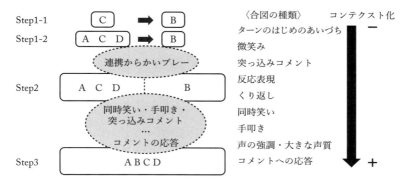

図 3　男性同士の会話におけるリスナーシップ行動とコンテクスト化

はこの会話上の役割が配置される足固めの場面となる（図3参照）。

　はじめに、CによるBに向けた突っ込みが開始されることから（1行目）、Cはからかいの為手となり、Bは聞き手でありながら、同時にその受け手と配置される（図3. Step 1–1参照）。Cのからかいに対して、他の参与者AとDは聞き手に自動的に配置されることになるが、AとDは2人ともCのからかいに同時に同調していることから（2～3行目）、協働的なからかいの為手となっていることが分かる（図3. Step 1–2）。また、受け手のBも笑って応じていることから、からかいのフレームは肯定的に構築され始めることが窺われる。このように会話における役割がそれぞれ配置され、C、そしてAとDの連携からかいプレーは徐々に加速していく。突っ込みやターン始めのあいづちなどを通じて3人全員が積極的に突っ込みをいれていくことから、話し手と聞き手の区別は徐々に曖昧になっていく。連携からかいプレーを通じて、参与者が会話に積極的に関わり始め、徐々に参与者同士の心的距離も近くなり、会話も盛り上がり始める。そのコンテクスト化の合図として、突っ込みコメントや笑い、そして微笑みが挙げられる。会話の第2段階（図3. Step 2参照）では、参与者らが突っ込みコメントを重ねていくことでBへのからかいは活性化している。笑いとひざ叩きの共起がさらなるコンテクスト化の合図として機能し、会話の盛り上がりにつながっている。最後の

230　第Ⅲ部　社会・文化からの考察

第3段階（図3. Step 3参照）では、受け手のBも微笑みながら謝罪して応じることで（15行目）、一連の連携からかいプレーは参与者全員による協働作業となる。突っ込みコメントや継続的な笑いがコンテクスト化の合図として働き、会話の盛り上がりも最高潮に達する。

　男性同士の会話におけるリスナーシップ行動についてまとめると、女性同士の会話と同様に同時笑いや反応表現、ターンのはじめのあいづちなど豊富なリスナーシップ行動が示されていたが、特に顕著な行動は突っ込みコメントや複数の参与者による連携からかいプレーである。話し手から始まったからかいは、他の参与者達も一緒になってあそびとして共有され、広まっていく。からかいの受け手もそのあそびに参入することで連携からかいプレーは確立されていく。男性同士の会話では、このように突っ込みコメントや連携からかいプレーの多用はコンテクスト化の合図として働き、会話の盛り上がりにつながっている。そしてからかいのフレーム構築に大きな役割を果たしているといえる。

4.4　男女混合の会話

　最後に、男女混合の会話でのリスナーシップ行動を探る。次の会話では、参与者A、B、C、Dが留年になる確率について話している。AとBは男子学生でCとDは女子学生である。Bが男子学生の方が女子学生よりも留年する可能性が高いことを指摘し、他の参与者たちが反応を示している。

（13-1）男女混合の会話
1B：　やっぱ男子の方がクズ率高いやん（（Dを見る））
2B：　ない？（（Dを見る））
3B：　[わからん？（（Aを見る。Cは微笑む。））　←　C：微笑み
4D：　[いやあ　そう[なんかなあ　←　D：ターンのはじめのあいづち/コメント
5A：　　　　　　　　[う:ん（（うなずく））　←　A：あいづち/うなずき
6B：　女子何気にちゃんと授業受けてるやん
7C：　[ああxxxそうや（（微笑みながらうなずく））

男女の会話の共創　231

← C:あいづち/反応表現/微笑み/うなずき
8D:　[寝坊とかは:((2回うなずく))　　　　　← D:コメント/うなずき
9B:　ないやろ？=
10C:　=う:[ん　((Dもうなずく))　　　　　← C:あいづち　D:うなずき

　Bが男子学生の方が留年しやすいと主張し始めることで（1～3行目）、B
は話し手となり、他の参与者A、C、Dは聞き手として配置される。Bの指
摘や説明に対して（1, 3, 6, 9行目）、他の参与者は曖昧な反応から（4, 5行目）
徐々に肯定的な反応へと変化していく（7, 8, 10行目）。Bから視線を向けら
れたAやDはあいづち（5行目）、曖昧な応答やうなずき（4, 5行目）、そし
てCも反応表現や微笑み（3, 7行目）、うなずき（7行目）などを通じて積極的
にBに向けて反応することでリスナーシップ行動を示している。このよう
に話し手の問いかけに対して他の参与者たちによるさまざまな反応が生じる
ことで、会話の流れは徐々に加速し始めていることが分かる。そして、これ
らの聞き手行動は会話の流れの促進に向けて会話のコンテクスト化として機
能していると考えられる。次の会話では、AはBの指摘を援護することで
話し手となり、他の参与者は聞き手として配置される。

（13-2）
11A:　　　　　[専系[3]の時言ってなかった？女子の平均点が80か90くらいやって=
12D:　=え:[:((頭を90度傾けて両手のひらを口元にあて覆う))
　　← D:ターンのはじめのあいづち/声の強調/姿勢/ジェスチャー
13C:　　　[うそお専系？((Aはうなずく))
　　← C:反応表現/問いかけ/声の強調　A:うなずき
14A:　化生[4]が一番高くて80[後半とか
15B:　　　　　　　　　　　[ああそれMさんやない？　← B:問いかけ
16A:　うん((うなずく))　　　　　　　　　← A:応答
17B:　なんか言うてた　言うてた=　　　　　← B:コメント
18C:　=うそお　　　　　　　　　　　　　← C:反応表現/くり返し
19B:　ほんま　　　　　　　　　　　　　← B:コメント

232　第Ⅲ部　社会・文化からの考察

　Aの発言に対して（11行目）、聞き手のCとDは驚いた反応を示す（12, 13, 18行目）。特にDは頭を90度傾けて両手のひらを口元にあてた仕草で非常に驚いていることを示している（12行目）。Aの発言に対してBも肯定的な反応を示すことで（15, 17, 19行目）、Bが指摘していた「男子学生の方が女子学生よりも留年率が高い」ことが必ずしも間違っていないことが分かる。このように、会話の第2段階目では聞き手の反応は話し手Aの発話内容を初めて知る者（C, D）とすでに知っている者（B）の間で、反応が大きく異なり、それぞれのリスナーシップを示している。情報が新情報で聞き手（C, D）は大きな驚きの反応を示している。前者については、声を強調した反応表現（12, 13行目）、驚きを示す、頭を傾け口を手で覆う仕草（12行目）、そして反応表現「うそお」（13行目）のくり返し（18行目）などの使用を通じて反応の大きさが反映されている。一方、後者は、情報が既知情報のため聞き手（B）はAの発話を援護する応答に徹している。特に後者のCやDの大きな反応はコンテクスト化の合図として機能し、会話の盛り上がりをますます高めていくことにつながっている。

(13–3)

20D： うちここにおる　[(h)んやけどHUHUHAHAHAHHAHAH
　　　　　　((口元を両てのひらで覆う))　← │D：コメント/笑い/ジェスチャー│
21C：　　　　　　　　　[AAHAHAHAHAHAHAHAHAHAHA← │C：笑い│
22B：((笑顔でCに手を振って))女子かな？((首を傾ける))
　　　　　　　　　　← │B：問いかけ（からかい）/微笑み/ジェスチャー/姿勢│
23D：[HAHAHAHAHA　((笑いながら2回うなずく))　← │D：笑い/うなずき│
24C：[HAHAHA((笑顔でCに手を振って))あ(h)化生かな？((首を傾ける))
　　　　　　　　← │C：笑い/問いかけ（からかい）/ジェスチャー/姿勢│
25B：[UHAHAHAHAHAHAHAHA
26C：[AHAHAHAHAHAHAHAHA
27D：[HAHAHAHAHAHAHAHA((うなずく))　　← │BCD：同時笑い/うなずき│
28B：嫌(h)われ[た　　　　　　　　　　← │B：笑い/コメント│
29A：　　　　　　[hahaha　　　　　　　　← │A：笑い│

```
30C:          [HAHAHA 言(h)ってないよ    ← C:笑い/コメント
   ((手をDに差し出して抱きしめるようなジェスチャー))HAHA
                                        ← C:ジェスチャー/笑い
31D:          [HAHAHAHAHA              ← D:笑い
32C: そうなん知らんかった                ← C:コメント
33A: らしい
```

　Aの発言を受けて（11行目）、大きな驚きの反応を示していたDは、引き続き口元に手をあてて驚きを示しながらも、自身のテストのひどい結果を大笑いして自虐的に告白する（20行目）。Cもこの自虐に即座に大笑いで応じる。さらに、Bは女子の平均点を大きく下回るDに向けて、笑顔で首を傾け優しい言い回しではあるものの（「女子かな？」）、突っ込みコメントを投入し、Dをからかう（22行目）。Dがレベルの高い化生の学生であるにもかかわらず点数が低いことを受けて、Cも笑いながらBと同じ形式と言い回しをくり返す[5]ことでBと一緒にからかう（24行目）。このからかいをD自身も大笑いで反応していることから（27行目）、Dもからかいを肯定的に受け止めていることが分かる。そして同時笑いを通じて会話の盛り上がりも最高潮に達していると解釈できる。また、これらのからかいはあくまであそびでDを攻撃するものではなく、Dに配慮しながらからかいを緩和するよう

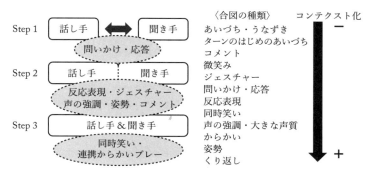

図4　男女混合会話におけるリスナーシップ行動とコンテクスト化

なフォローアップも引き続き B と C の間でみられる (28, 30 行目)。このような流れに A も笑いながら反応を示し、D 自身も大笑いしながらからかいを改めて受け止めている (31 行目)。

　上記 3 段階の特徴は次の通りである。第 1 段階 (図 4. Step 1 参照) では話し手の問いかけに対して複数の参与者から応答や反応が示されていた。このやりとりを重ねることで徐々に会話の流れは加速し始める。その加速化には聞き手のさまざまなリスナーシップ行動がコンテクスト化の合図として働いていると考えられる。第 2 段階 (図 4. Step 2) でも引き続き聞き手からさまざまな反応が示される。その反応は徐々にジェスチャーや声の強調、反応表現など、第 1 段階の時よりも大きな反応がみられるのが特徴といえる。このような変化からもさらに会話の流れはより大きく加速し、盛り上がりがみられ始めていることが分かる。第 3 段階 (図 4. Step 3 参照) では、自虐とあそびを取り入れたからかいによって会話は大きく盛り上がる様子が垣間見られる。その盛り上がりの背後には、参与者全員の同時笑い、B と C による同じ言い回し、ジェスチャーや姿勢などの参与者同士の連携によるからかいプレー、そしてそのからかいを緩和するフォローアップなどが肯定的に機能していることが分かる。それらはコンテクスト化の合図としても役割を果たし、その結果会話を盛り上げている。この段階で話し手と聞き手のそれぞれの役割は取り払われ、参与者全員が一緒になってからかいのフレームを築き上げているといえよう。

　以上の男女混合会話からリスナーシップ行動の特徴をまとめると、男女ともに積極的なリスナーシップ行動がみられる傾向にあった。その中でも特に男子学生の場合は他の参与者から問いかけなどに着実に応答するような行動がみられた。一方、女子学生の場合は声の強調、笑顔、同時笑いや身振り手振りが顕著な特徴として示されていた。そして男女混合の会話での特徴を考えると、特に会話の第 3 段階でみられた聞き手同士による同じような身振りや言い回し、笑顔などで連携したからかいプレーを通じて男女の協働的な会話の構築がみられたのが大きな特徴として考えられる。さらに、連携

からかいプレーの後にからかいを緩和するようなフォローアップが男女でみられた。からかいは仲間同士でよくみられる行動で仲間との絆や関係性を近づける一方、相手を傷つけてしまう危険性もあり（Boxer and Cortés-Conde 1997）、繊細さを伴う。そのような中でからかった後男女共に即座に笑いを伴いながらフォローアップすることで、からかわれたDへの配慮が示されているように考えられる。

5.　リスナーシップ行動とアイデンティティ

　本節では上記の分析結果を踏まえ、リスナーシップ行動と男女のアイデンティティの関係性について考察する。

　前節の女性同士の会話では頻繁な同時笑いや手叩きとの共起、頻繁なくり返し、あいづちうなずき、問いかけや豊富な反応表現、そして声の強調などが顕著な特徴として見出された。特に頻繁なあいづちやうなずき、そして豊富な反応表現の使用は参与者同士の共感や協調、相手への理解と興味を示すものとして考えられる。また、同時笑いは参与者全員の一体感を示している。このような聞き手行動を通じて女性は会話の相手との共感や協調、そして相手への興味を示すような特質が窺われる。この特徴は先行研究でも言及されている女性のアイデンティティの特徴と合致し、上記の豊富なリスナーシップ行動がこのアイデンティティの特徴を補強していると考えられる。

　次に、男性のアイデンティティについて検討してみると、前節の男性同士の会話におけるリスナーシップ行動は、同時笑いやひざ叩きとの共起、反応表現も多くみられたが、特に突っ込みコメントを入れたからかいは特筆すべきである。突っ込みコメントを通じて他の参与者らが協働しながらからかいあう様子は、あそびを通じて会話参与者同士の仲間意識を高め、そして互いの結束の相互確認となる。また、同時笑いが共起していることから、参与者同士があそびであることを共有している。このような仲間同士の結束固めの一環として、参与者同士のからかいは男性アイデンティティを示し得るリス

ナーシップ行動として機能しているのではないだろうか。

　男女混合のアイデンティティでは、女性側で声の強調、笑顔、同時笑いや身振り手振りの使用が特に顕著であった。このような状況から女性の積極的な反応や働きかけが円滑な会話の構築に貢献しているといえよう。一方、男性と女性による連携からかいプレーは、協働的な聞き手行動を示す興味深い行動である。また、その連携からかいプレーの直後にみられた話し手に向けて配慮を示すようなフォローアップが男女双方にみられたのも興味深く、あそびとしてのからかいを駆使しながらも配慮をも同時に示されていたことは特筆すべき点として挙げられる。そしてこの連携からかいプレーやフォローアップには同時笑いが伴い、あそびであることが参与者全員で共有され、最終的に円滑で楽しい会話として機能していたことが分かる。

6.　おわりに

　本章ではアイデンティティの中でもジェンダーに着目し、男女の会話におけるリスナーシップ行動とジェンダーの関係性について議論した。分析では言語及び非言語行動含めたリスナーシップ行動を特定し、会話の流れやプロセスの中でどのように用いられ、参与者同士の会話の協働構築に結びつくのかについて検討したところ、参与者同士がこの会話はあそびであるという認識の下で、他の参与者との共感の共有や協調、そして仲間意識の構築などが実践されていた。そしてその実践に向けて、女性同士、男性同士、そして男女混合の会話でそれぞれの特徴が観察された。女性同士の場合、同時笑いや反応表現のくり返し、声の強調などを駆使した共感や協調の共有がみられた。一方、男性同士の会話では同時笑いやさまざまな突っ込みコメントを重ねたからかいが顕著で、その結果仲間意識の構築につながっていることが指摘された。男女混合会話では、上記の女性同士の協調や共感、そして男性同士のからかいを通じた仲間意識の確認の両方を取り入れた特徴がみられた。具体的には、男女による連携突っ込みプレーや、からかいを緩和する

フォローアップなどが、同時笑いを伴いながら協力的に行われていた。こうした協働的な会話を作り上げる背景として、上記のリスナーシップ行動が会話の流れと共に積極的に用いられ、コンテクスト化の合図として機能していたことが分かった。そしてコンテクスト化の活性化が進む中で、会話の盛り上がりや参与者間のあそびが深まっていたことは特筆すべき点であろう。また、コンテクスト化が進む中で、会話の開始部でみられた話し手と聞き手の1対1の関係は徐々に消滅し、参与者同士が一丸となって一緒に会話を紡いでいく様子が観察された。こうした参与者同士の一体化は、まさに話し手と聞き手が一緒になって会話を作る「共話」（水谷1993）や「融合的談話」（植野2017）の一端を示しているといえる。参与者同士の一体は既存の聞き手行動の枠組みを超えた現象であるが、一方で私たち日本人にとっては日常的に頻繁にみられ、とても馴染みのある習慣化された行動である。その解明に向け、今後さらなる検証が求められる。

謝辞

本章は平成26年度科学研究費若手研究（B）「現代日本社会におけるリスナーシップの役割：世代・ジェンダー・異文化との交差」（課題番号26770142, 研究代表 難波彩子）による研究成果の一部である。本章執筆にあたり、日本語用論学会第18回大会ワークショップ「リスナーシップとアイデンティティ − 異文化とジェンダーの視点」の共同発表者であった植野貴志子先生、山口征孝先生、司会者の村田和代先生には貴重なコメントを頂き、心より感謝申し上げる。また、ワークショップ会場にて有益なコメントを下さった原田康也先生、片岡邦好先生、藤井洋子先生、横森大輔先生、岡本雅史先生、そして参加下さった諸先生方にも深く感謝する。

注

1　「リアクティブ・トークン」（Clancy et al.1996: 356）は「話し手の話しの間に聞き手の役割を果たす、対話者によって発される短い発話」と定義される。リアクティブ・トークンには、あいづち、反応表現、くり返し、協力的な完結、ターンのはじめのあいづちが含まれている。

238　第Ⅲ部　社会・文化からの考察

2　Cによる発話「胸筋とれや」（19行目）では、CはBが胸筋が発達していることを
からかっている。

3　「専系」とは、学生の間で専門の授業を略して使用しているようである。

4　「化生」とは化学と生物を専門にする学科のことを総称しているようである。

5　Bのくり返しではあるが、Bの突っ込みコメントの一部である「女の子」は「化生」
に変えられている。

トランスクリプト記号

会話例で示されるトランスクリプト記号は以下のとおりである。

[	発話のオーバーラップが始まる箇所
(h), hh	笑い
AAAA	通常よりも大きな声質
=	ラッチング
,	発話が続くイントネーション
:	音の引き延ばし
下線	声質や音調の上昇によって生じる強調
xxx	発話が聞き取れない箇所
?	上昇調のイントネーション
––	発話の切断
(( ))	著者によるコメントやジェスチャーの記録
!	生き生きとした調子

参考文献

Bateson, Gregory. (1972) *Steps to an Ecology of Mind*. New York: Ballantine.

Bernstein, Basil. (1996) *Pedagogy, Symbolic Control and Identity: Theory, Researh, Critique*. London: Taylor & Francis.

Boxer, Diana and Florencia Cortés-Conde. (1997) From bonding to biting: Conversational joking and identity display. *Journal of Pragmatics* 27: pp.275–294.

Clancy, Patricia, Sandra A. Thompson, Ryoko Suzuki and Hongyin Tao. (1996) The conversational use of reactive tokens in English, Japanese and Mandarin. *Journal of Pragmatics* 26: pp.355–387.

Goffman, Erving. (1974) *Frame Analysis*. Massachusetts: Northern University of Pennsylvania Press.

Goffman, Erving. (1981) *Forms of Talk*. Philadelphia: University of Pennsylvania Press.

Gumperz, John. (1982) *Discourse Strategies*. New York: Cambridge University Press.

Hinds, John. (1987) Reader versus writer responsibility: A new typology. In Conner, U. and R.B. Kaplan, (eds.), *Writing across Languages: Analysis of L2 Text,* pp.141–152. Reading, MA: Addison-Wesley.

Holmes, Janet. (1995) *Women, Men and Politeness*. London and New York: Longman.

Holmes, Janet and Meredith Marra. (2002) Having a laugh at work: How humor contributes to workplace culture. *Journal Pragmatics* 34: pp.1683–1710.

John, Joseph. (2004) *Language and Identity*. New York: Palsgrave Macmillan.

Kita, Sotaro and Sachiko Ide. (2007) Nodding, aizuchi, and final particles in Japanese　Japanese conversation: How conversation reflects the ideology of communication and social relationships. *Journal of Pragmatics* 39: pp.1242–1254.

Kogure, Masato. (2003) *Gender Differences in the Use of Backchannels: Do Japanese Men and Women Accommodate to Each Other?* Unpublished doctral dissertation. University of Arizona, Aisona. U. S. A.

Laver, John and Sandy Hutchenson. (1972) Introduction. In Laver, John and Sandy Hutchenson (eds.), *Communication in Face to Face Interaction*, pp.11–17. Middlesex: Penguin Books.

水谷信子（1993）「『共話』から『対話』へ」『日本語学』7(13)：pp.4–10. 明治書院

三宅和子（1994）「日本人の言語行動パターン：ウチ・ソト・ヨソ意識」『筑波大学留学生センター日本語教育論集』9: pp.29–39.

Maynard, Senko. (1986) On back-channel behavior in Japanese and English in casual conversation. *Linguistics* 24 (6): 1079–1108.

Maynard, Senko. (1987) Interactional functions of a nonverbal sign: Head movement in Japanese dyadic conversation. *Journal of Pragmatics* 11: pp.589–606.

Namba, Ayako. (2011) *Listenership in Japanese Interaction: The Contributions of Laughter.* Unpublished doctoral dissortation. The University of Edinburgh, Edinburgh, U. K.

難波彩子（2017）「日本語会話における聞き手のフッティングと積極的な関与」片岡邦好・池田佳子・秦かおり編『コミュニケーションを枠づける—参与・関与の不均衡と多様性』pp.109–129. くろしお出版

Straehle, Carolyn. (1993) "Samuel?" "Yes, Dear?": Teasing and conversational rapport. In Tannen, Deborah(ed.), *Framing in Discourse*, pp.210–230. Oxford: Oxford University Press.

Tamnen, Deborah. (1984/2005) *Conversational Style*. Oxford: Oxford University Press.

Tannen, Deborah. (1987) *That's not What I Meant! How Conversational Style Makes or Breaks* Relationships. New York: Ballantine.

辻本桜子（2007）「あいづちの男女差に関する一考察—トーク番組における司会者のあ

いづちを通して」『日本言語文化研究』11: pp.33–45.

植野貴志子(2014)「問いかけ発話に見られる日本人と学生の社会関係—日英語の対象を通して」井出祥子・藤井洋子編『解放的語用論への挑戦—文化・インターアクション・言語』pp.91–121. くろしお出版

植野貴志子(2017)「日本人の聞き手行動—「融合的談話」を事例として」『日本語学』36(4): pp.116–126.

Wood, Julia. (2011) *Communication Mosaics*. M.A: Wadsworth.

Yamada, Haru. (1997) *Different Games, Different Rules*. Oxford: Oxford University Press.

Melting the ice
初対面会話における共鳴現象としての笑いの機能

井出里咲子、ブッシュネル・ケード

要旨　本章はタスク遂行型の初対面ペア会話において、対話者の笑い声が重なり合い共鳴する現象に注目し、その笑いの談話的機能を分析するものである。調査として、日本人学生と留学生の初対面会話をデータに、特に命題的な面白さがないにもかかわらず、対話者間に笑い声が生じる箇所の分析を行った。その結果、タスク遂行における合意形成過程の「探り合い」段階で、共鳴する笑いが共感的なスタンスを提示すること、また不適切なふるまいが見られた箇所で、そのふるまいを互いに容認する「共謀者」のスタンスを共有する機能が明らかになった。これらの笑いは、ユーモアや冗談を言って相手を笑わせ、その場の雰囲気を和ませる「話し手志向」の "ice breaker" としての笑いと異なる。むしろ聞き手と話し手とがことばや笑いをくり返し、その共鳴を通してやりとりの場が溶け、協働で合意形成を達成する資源となっていることを論じる。

1.　はじめに

　欧米人の目に映るステレオタイプとしての日本人の印象に、日本人が意味もなく笑うというものがある。時にジャパニーズスマイルとも呼ばれるその笑いは、特に初対面の会話場面において、日本人の恥ずかしがり屋、照れ屋としての気質に結び付けられて理解されることが多い。

　本章は人と人とが初めて出会って会話を交わす初対面会話において、いつ、どのような場面において微笑みや笑いが生じるかを見出し、またなぜこうした笑いが起きるのかを、その談話的機能面から明らかにするものである。分析対象としては、初対面の日本人学生と留学生とのペアによるタスク

遂行型の日本語会話をデータとする。タスク遂行会話において、ペアのうちの一人が単独で笑う場面ではなく、両者が同時に微笑み笑うことにより、笑い声が重なり合い共鳴する場面に着目し、そのやりとりをマイクロエスノグラフィーの手法で分析する。その上で、タスク遂行に必要な合意形成における「探り合い」、そして「共謀者」としてのラポール形成のための笑いという、2つの特徴的場面に着目する。分析を通し、リスナーシップとしての笑いの共鳴が、会話者間のその場その場での協調的なスタンスを協働で表示し、そのはたらきを通して「やりとりの場」を「溶かす」作用について論じる。

2. リスナーシップとしての笑い

難波（2017a）に詳しいように、笑いは会話分析や談話分析の観点から長らく論じられてきたが、その研究の矛先は、笑いが起こる心理的原因やユーモアの構造の究明から、インターアクションの中で笑いが創発される過程の解明へとシフトしてきた。その流れの1つとして、ここでリスナーシップとしての笑いについて概略的にまとめておく。

本書のテーマである聞き手行動としてのリスナーシップについて、たとえば O'Keefee et al. は、「会話において聞き手がもつ、積極的かつ応答的役割」（O'Keefee et al. 2007:142、訳と強調は筆者による）としている。「話し手が発話権を行使している間に聞き手が送る短い表現」（メイナード 1993: 58）としての「あいづち」は、そのわかりやすい例の1つであろう。たとえば Clancy et al.（1996）は、英中日語の反応詞（reactive tokens）を比較したリスナーシップの先駆け的研究であるが、反応詞を（1）「うん」「へえ」といったあいづち詞（backchannels）、（2）「すごい」「そう」といった語彙的応答（reactive expressions）、（3）話し手の後続発話を聞き手が先取りする発話（collaborative finishes）、（4）話し手の語句の反復、部分反復（repetitions）、（5）ターン初めに使われる反応詞（resumptive openers）の五種類に分類し、英中日語間での反応詞の相違を論じている[1]。

Clancy et al.（1996）が行った反応詞の分類に、笑いは含まれていない。しかし、対話における聞き手のふるまいには、微笑み、笑い、うなずき、視線、身体の向きといった身体性の高い要素が、深くかつ複合的にかかわっていることは多くの研究が明らかにしてきたことである（Goodwin 1981、中井2006, Stivers 2008 など）。たとえば Kogure（2007）は、発話せずに沈黙している参加者も、微笑みやうなずきを通して会話に参与する様子を会話分析の手法でミクロ分析し、うなずきと微笑みのループ連鎖が同調的なリズムを伴って生じ、会話参与者間の協調性を維持するはたらきを報告している。またIwasaki（2011）は、日本語会話の発話単位が、従来の TCU より小さいサブユニットであることを検証し、聞き手があいづち、視線、うなずきや表情を駆使しつつ、相手のターンを話し手と協働で構築する過程を分析している。こうした昨今の流れからわかることは、会話における笑いを、笑い単独の現象としてではなく、あいづち、微笑み、うなずき、またモダリティ表現としての終助詞などといった要素を含めた、より大きなコミュニケーション機能として分析する必要性であろう。

　さらに近年の日本語談話研究では、日本語話者が頻繁にあいづちを打ち、断定を避け、相手の発話をくり返し、合意や賛同の確認を取りつつ会話を進める様態を、「場の理論」（清水 2003）をコミュニケーション理論に発展させた枠組みにおいて解釈する流れがある（植野 2017 など）。たとえば植野（2017）は、女性ペアによる「びっくりした体験」会話でのくり返し、先取り、付け加えを「融合的談話」という枠組みで分析しつつ、会話において「聞くことは話すことの一部であり、聞き手であることと話し手であることの境界は極めて曖昧である」とする（植野 2017:116）。その上で、日本語が英語と比べ、独立した話し手と聞き手としての役割をもたないと指摘する（ibid）。また語りのやりとりにおけるあいづちと笑いを分析した井出（2016）では、一人の笑いが相手の笑い声を引き込み、両者が共に笑う現象を「共鳴現象」と名付け、話し手と聞き手との声と声とが引き込み合いながら、その場に同期的なリズムと共感のスタンスを創発する様態を明らかにしている。

そこにみられるのは、話し手に属するのか聞き手に属するのかが明確ではない、その場に共鳴する声であり、その声を介して、ある個人の体験が協働で語られる創発的な過程である。

このように、かつて水谷（1993）が欧米語の「対話」に相対する概念として紹介した「共話」としての会話的特徴が、あくまでも話し手と聞き手という役割を区別し、その点において「対話」と同じ「話者観」に立脚した概念であるのに対し、共鳴現象としてのくり返し、先取り、付け加えなどは、声を介して発話がその場で融合する、「引き込み」、そして「融合的」現象として理解される。本章で見る笑いについても、特に話し手、聞き手という区別を超えて二人の笑い声が共鳴する場面に焦点を当てながら、初対面会話における笑いの機能を探ることとする。

3. 初対面対話データと理論的背景

本章では初対面かつ異なる母語話者同士によるやりとりを扱うが、ここでは母語話者、非母語話者の異同をみるのではなく、会話参加者が、共通語としての日本語でタスクを進める際に創出する笑いに焦点を当てた分析を行う[2]。

一般に初対面会話の参与者は、第三者の仲介やその場で共有される文脈以外に、あまり共有する情報を持たず、手探りの状態で会話を進める。しかしそこには何の方略もないわけではない。たとえば異文化間初対面会話を分析したMori（2003）は、日米の大学生による会話から、彼らが共通の相違点を見出し話題化するトピックトークを通し、異なる文化的背景をリソース化し、会話を展開していることを報告している。一方、初対面会話でもその場に特定のタスクが与えられている場合は、そのタスク自体が会話を推し進めるリソースとなり、そのタスクを中心に会話が組織化されつつラポールが形成されることが明らかになっている（ブッシュネル 2016: 252）。

本研究では、初対面の二者によるタスク遂行型のペア対話をデータとし、

意見交換というタスクを軸としたやりとりを分析する。協力者は、ある日本の大学に学部生または留学生として在籍する日本人、韓国人、中国人学生各5名で、日本人と留学人とのペアに日本語で意見交換をしてもらった[3]。タスクとしては初対面のペアに机を挟んで座ってもらい、カメラが回り始め、調査者が部屋を出た時点から、1)自己紹介、2)卓上のくじかリストを用いたトピック選択、3)選択したトピックについての意見交換の順で実施してもらった[4]。分析にあたっては、ビデオを見返す中で対話者が特に面白さのない文脈において笑う場面に注視し、会話分析と談話分析を援用したマイクロエスノグラフィーの手法で(LeBaron 2008)[5]、笑いが生じる箇所を分析した。

　タスクは幾つかの合意形成を経て実践されるが、その理論的背景として、ここでは Stevanovic（2012）を援用する。職場での相互行為の分析から「合意形成過程」(decision making processes)を分析した Stevanovic（2012）は、会話分析の手法を用いて、協働での合意形成が【提案（Proposal）】⇒【アクセス（Access）】⇒【合意（Agreement）】⇒【遂行（Commitment）】の過程を経て実践されることを明らかにしている。つまりある提案に対して、提案の受け手がその提案内容にアクセスし、何らかの形で合意・同意をし、さらにその先の行為遂行に志向する動きを見せることにより、協働での合意形成や決定がなされる（Stevanovic 2012: 781）。次節では、この合意形成過程の枠組みに準じて、初対面の二者によるタスク遂行のやりとりのどこに笑いが生じているかを分析する。

4. 分析—タスク遂行における笑いの機能

　データ中、特に誰かが面白いことを言っているわけでもないのに笑いが起こる場面は、タスクの冒頭から見受けられた。ここではその一例として、中国人留学生の A と日本人学生 B によるやりとりを詳細に見る。特にタスク遂行のための合意形成場面において、聞き手が発する微かな笑いが話し手の笑いを誘い、笑いが共鳴する場面に注目したい。

4.1 「探り合い」の笑い

　事例 1 は A と B のやりとりの冒頭部分である。初対面で対座させられ、調査者から指示を与えられた後、最初に口火を切ったのは A である。まず A は「どうしましょう」と B に問いかけているが、これは Stevanovic（2012）の合意形成過程に当てはめれば、タスク遂行の手順についての【提案】を引き出そうとする動きである（1 行目）。しかし B はここで【提案】をするのではなく、A の発話を反復するように「どうします」と返しつつ、微かに笑っている。A はこれにつられるように 3 行目で笑い、ここに A と B の微かな笑い声が重なり合っている[6]。4 行目で B は A の「どうしましょう」に対する【提案】を提示し、さらに 5 行目で A が「自己紹介？」と、その発話をくりかえすことにより B の【提案】に【アクセス】する。同時にここでうなずき、にっこり笑うことにより【合意】が示されている。これを受けて 6 行目で B は「じゃあ、私自己紹介します」と、転換の談話標識「じゃあ」を用いた上で、合意されたタスクの【遂行】を宣言し（6 行目）、その後実際の自己紹介が行われている（10 行目）。

事例 1：〈自己紹介から〉

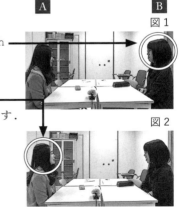

```
1  A  で,え:と::どうしましょう．
2  B  どうしま(h)す(h) heh [heh heh .hh
3  A                      [ehheh .hh
4  B  自己紹介から?.hh
5  A  自己紹[介?　((うなづく))
6  B  　　　[じゃあ　じゃ私自己紹介(.)します．
7  A  はい．
8  B  [[ええと::
9  A  [[はい，お願いします．
10    ((2行省略：調査者が退室))
11 B  え: と:: 名前は: 鈴木と言います．
```

図 1

図 2

　上のやりとりで、対話者はタスク遂行のために合意形成を行っている。し

かし「どうしましょう」という提案提示の促しに続き、そこには発話の反復（「どうします」）と共に笑い声が重複している。つまり Stevanovic の合意形成過程（【提案】⇒【アクセス】⇒【合意】⇒【遂行】）に入る前に、「探り合い」とも名付けられる、どちらもが主導権を取らないやりとりが生じており、そこに笑いの共鳴が生じている。ではこうした笑いはなぜ起きるのだろうか。

　A による提案の催促をそのまま相手に返す B の動き（2 行目）は、一見提案提示の回避であるが、ここで B は笑顔を見せ（図 1）、笑いながら発話しており、それにつられるように A が同調して笑っている。ゴフマン（Goffman 1981）の提唱したフッティング（footing）は、声の調子や強弱などのパラ言語を用いて、話し手と聞き手とが互いの距離感としてのスタンスや態度を調整する作用を指すが、難波によれば会話における微笑みや笑い声は、重要なフッティングのシグナルとして機能する（難波 2017b: 111）。この事例においても、実践すべきタスクを会話参与者が「探り合う」中で、微笑みや笑いが情緒的なスタンスを提示するフッティングの役割を果たし、対立的ではなく共感的なアラインメントが一瞬この場に立ちあらわれている。

　続く事例 2 では A と B がそれぞれ自己紹介を終え、次なるタスクである意見交換に向けての「探り合い」をしている。事例 1 同様、ここでも A が協働の合意形成に向けて B から提案を引き出そうとするが（1 行目）、この発話は既に末尾に微かな笑い声を含んでおり、この先に展開するだろう「探り合い」に志向しているように見て取れる。これに同調して B も軽く笑うと、「うん」と A の発話を受け流し、少し沈黙した後「どうしましょう」と A の発話をくり返す。そして卓上に置かれたくじとリストに視線を移しながら、2 つの選択肢について言及する（5 ～ 7 行目）。その後 2.2 秒の沈黙を経て、A は「え :: どうしましょうかな」（9, 11 行目）、「どっちがいいと思いますか？」（13 行目）と、真面目にタスク遂行に向けて思考するような態度を示す[7]。

事例 2–1：〈次は？〉
1　A 次は何にし [ま (h) しょうか (h).

248　第Ⅲ部　社会・文化からの考察

```
2  B              [hhh .hh
3     ﾟうん.ﾟ
4     (0.4)
5  B  どうしましょう.=くじか,
6     (0.6)
7  B  リストか,
8     (2.2)
9  A  え:[::
10 B    [えこれ−
11 A  どうしま[しょうかな::
12 B        [e ↑heh heh heh .hhh
13 A  ど− どっち[がいいと思いますか?
14 B          [heh heh
15 B  ¥どうなんでしょうね?
16 A  e huh[huh huh hih hih .hh
17 B      [huh huh huh huh hih .hh .hhh
```

　事例1同様、事例2でもAとBは互いに積極的に提案を提示しはしない。
このような「探り合い」の状況の中でBが笑い出しているのだが(12行目)、
これもタスク遂行のフレームから外れてフッティングを変え、あそびに志向
する笑いのように見受けられる[8]。一方13行目でのAは、笑うことなくB
に提案提示を求めるが、最終的にはBの笑い声(12、14行目)や笑いを堪え
るような声(15行目)に引き込まれるようにして笑い出している(16行目)。
このような特に面白さとしてではない笑いは、一人の笑い声が相手の笑い声
を誘い、共鳴することにより、「探り合い」の段階が共感を伴いながら進む
ことを示している(16～17行目)。このやりとりは事例2–2へと続く。

　両者がともに笑ってから、Bは「リストを見てからくじを見る」ことを【提
案】する(19～21行目)。この発話の末尾には笑い声が続くが、これは「リ
ストを見てからくじを見る」という自らの提案が不適切な手続きであること
の承認である。Aがこれをやんわりと却下すると(22～24行目)、Bも笑い
で応じ、ここに微かに笑いが重なり合う(25～26行目)。この笑いは、提案

を却下する／されるという面子をおびやかしかねない状況を緩和すると考えられるが、その後34行目でBが新たな【提案】を提示し、Aがすかさずそれに【アクセス】すると（31行目）、「くじにしましょう」と【合意】がなされ、その後くじによるトピック選択が【遂行】されている。

事例 2–2 〈そうみたいですね〉

```
18 b                                        +((Aを見る))
19 B    .hh e リ[ストを見てから>くじとか +いうのは
20 A            [(xx)
21 B    だめなんでしょうかね.<hhh [hh hnn
22 A                          [う::ん.
23                            +((A,Bが互いを見る))
24     *う::: ん* そうみたい+で[すね.
25 B                         [m hm hm [hm hm hm hhhh
26 A                                  [e heh heh heh heh heh
27     +((A,Bがくじを見る))
28     +.hhh hh .hh
29     (0.6)
30 A   でまあ,
31 B   うん.
32     (0.8)
33 b        +((くじの方に手を向ける))
34 B   じゃあ +くじ, [くじ-
35 A             [j- くじしよ,くじ:で.
36 B   くじにしましょう.
37     +((A,Bが同時にくじに手を伸ばす))
38     +(0.6)
39 A   (じゃ) くじで?
40 b   +((くじの束を解く))
41     +(2.6)
42 A   はい.どうぞ::
```

250 第Ⅲ部　社会・文化からの考察

　日本語による合意形成場面において、具体的な【提案】がすぐにされないことは、これまでの研究にも指摘されてきたことである。たとえば大浜（2000）は、外国人が日本人と話す際「いつ合意が行われたのかわからな」く、「知らないうちに事が決まってしまう」と感じることを出発点に、日本人と外国人の合意形成過程の異同を比較している（2000: 65）。その中で、日本人学生が外国人留学生に比べ、合意表明や提案において自らの「主導を避け」、「主導の余地を相手に残しておく」傾向にあることを論じる（大浜 2000: 70）。また日韓英の課題達成過程を分析した藤井・金（2014: 77）によれば、アメリカ人は陳述文や緩和表現を伴った陳述文を使って意見を提示し合い、課題達成に貢献しようとする。これに対して日本人と韓国人は、アメリカ人より話者交替を頻繁に行い、疑問文、くり返しや同時発話などを使い、相手からの合意や賛成などの反応を得つつ、「二人が共鳴しあうように」課題を達成するという（藤井・金 2014: 75）。

　2節で概観したように、日本語談話には相手の発話のくり返し、先取り、付け加え、言い重なりといった現象が多くみられ、これは近年対話者の発話が「融合する」現象として理解されつつある。特に英語談話に比べ日本語談話では、断定を避け、あいづちを打ち、頻繁に合意や賛同の確認がされる。このように互いに直接的な提案提示を回避するやりとりは、同時に共に微笑み、笑い合うという非言語レベルでのふるまいが、その場に共有のスタンスを表示し、やりとりの場を心地よいものにするための「場作り」に貢献する。つまり「探り合い」の過程でのリスナーシップとしての笑いは、自己の責任を放棄しつつ相手に提案を提示させようという策略ではなく、提案の産出を協働で行うための土台作りに志向した、身体レベルでのはたらきだといえる。

4.2　「共謀者」としてのラポール形成の笑い

　前節での笑いは、初対面の対話者がタスク遂行のために合意を形成しようとする過程に生じた笑いである。そこでは【提案】が回避される動きにおい

て、微笑みや笑い声が情緒的スタンス表明としてメタレベルで提示され、合意形成をサポートしていた。次に異なる協調的なタイプの笑いとして、合意形成過程において対話者が「共謀者」として同じスタンスを共有する場面に着目する。

　事例2から数分後、AとBはくじとリストのうち、くじを用いてテーマを選択することで合意する。その後に展開する事例3では、Bが卓上に伏せられて置いてあったくじの束を手元に引き寄せてそれらを広げるが、それを見たAは、くじの紙幅が均等ではなく、長いものや短いものが混じっていることを、笑い声を交えながら指摘する（1行目）。Bはこれに言い重ねながら同意する（2行目）と、紙幅を指で測りながら（図3）くじの幅がバラバラであることを指摘する（4、6行目）。1〜7行目のAとBのやりとりはいずれも笑い声を含んでおり、調査者が準備したくじ用の紙幅がバラバラであること（長い／短い、大きい／細い）について、何らかの可笑しさがスタンスとして共有されている。

　少しの沈黙を経て、9行目でAは「どっちにしましょうか」と、Bに幅の「長い／大きい」ものと「短い／細い」もののどちらかを選ぶことを前提に提案を促す。Bは「う :::ん」と考えながらこれを受け流し、ここに4.5秒の沈黙が起きる。その後、12行目でBがAへ提案を促すと、Aは「じゃ、こっちにしましょうか」と具体案を提示する（図4）。これに対し、Bは「これ？」とくじを確認し、その提案事項に【アクセス】する（14行目）。8〜15行目の沈黙を含んだやりとりは、笑い声のない真面目な調子であり、その前まで展開していた笑いのフレームから、再び合意形成に向けてフレームを仕切り直しているようにも見受けられる。しかし16行目でBは微笑みを浮かべると、Aが提案したくじを手に取り、「これ一番」と言い出す。そこにAがその発話を先取りする形で「短いの」と言いつつ笑い出し（19行目）、さらにBの「細い」という声と笑いが重なり、二人の笑いが共鳴している（19〜22行目）。

252 第Ⅲ部 社会・文化からの考察

事例3:〈短いの〉

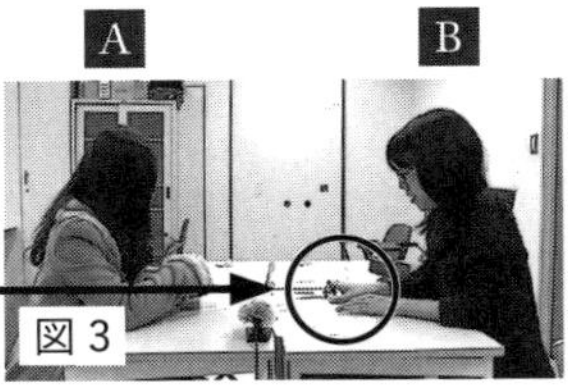

```
 1 A  なんか長いとかみじ- [みじか(h)いとか(h)
 2 B                      [ですよね::
 3 A  分かります[よね.
 4 B          [これおっきい¥のに::
 5 A  ¥そ [うですよね.
 6 B     [こ(h)れほ(h)そいっていう[(h).hh hih hih
 7 A                            [¥そうですよね::.hhh
 8    (1.8)
 9 A  どっちにしましょう↑か.
10 B  う:::ん.
11    (4.5)((二人でくじの方を見ている))
12 B  [[どうします?
13 A      +((くじを指差す))
14 A  [[じゃ +こっちにしましょう k[a:.
15 B                             [これ?
16    これ[一番-
17 B          +((微笑みながらくじを取る))
18 A          +((Bを見る))
19 A    [短いの [hh +huh +huh huh huh huh
20 B          [細い. e heh heh heh heh heh
21 A  hih .hih] he::h
22 B  heh .heh]
23 B  ¥はい.(じゃこれ)
24 A  お願いしま:::す.
```

図3

図4

　19行目のAの発話と笑いは、その直前のBの発話とほぼ同時に始まって
いる。ここでは本来なら無作為に選ぶべきくじを、テーマの長短によって選
ぶ「不適切」さが暗黙のうち了解され、「短い」、「細い」というくり返しと、
それに伴う笑いの共有によって可視化されている。この時点から共鳴するA
とBによる笑いは、短い（細い）くじを選ぶことにより「少しでも楽なトピッ
クを引き当てよう」とするスタンスが両者によって共有されていることを示

す。つまりこのやりとりにおける二人の笑いは、「共謀者」や「共犯者」と
してこの場に新たに生まれた関係性を確認することになり、ここに協調と共
感のアラインメントが立ちあらわれてくる。

　同様の「共謀者」としての笑いは、次の韓国人学生 C と日本人学生 D と
のやりとりにも見られる。ここでも意見交換のためのトピックはくじで選
ぶことに決まり、D が卓上のくじを手に取り、C に向かってくじの束を広
げつつトピック選択を促す（1 〜 2 行目）。C はくじの選択権を確認すると（3
行目）、D に促されてくじを選びはじめる。12 行目以降、C は上手にくじの
紙が引き出せずに笑い出し、また誤ってくじを 2 枚取ってしまうなどしつつ
も、最終的にくじを選ぶ（18 行目）。これに対し、D は残ったくじの紙を束
ねつつ「よ :: し」とその決定事項に賛同する（23 行目）。しかしここで C は
自らが選んだくじを裏返してトピック内容を確認すると、「あ、ほかのもの
にしたいんですけど」（28 〜 29 行目）と、選んだくじを放棄して、もう一度
くじを選びたい旨を告げる。一度引いたくじを元に戻し選び直すのでは、く
じとしての役目を果たさない。しかし D はそれに同意すると（30 行目）、笑
いながら「もはや選んじゃっても」（34 行目）と、全てのくじの文面を見て、
そこから気に入ったトピックを選び直すことを提案する。

事例 4：〈ほかのもの〉
1　D　+（（くじを広げながら））
2　D　+¥あどうぞ，好きなの選んでください．
3　C　あ– あたしが選んでもいいです [か?=
4　D　　　　　　　　　　　　　　　　 [はい
5　　　（0.4）
6　D　[[どうぞ.
7　C　[[ん::
8　　　（1.2）
9　C　°（これでいい）°
10　　（0.6）

254　第Ⅲ部　社会・文化からの考察

```
11 C                                          +((くじを取り始める))
12 C ん ::huh huh huh huh huh.hehhhh +(.)じゃ
13 C +((くじを取ろうとしている))
14    +(0.6)
15 C (あもう取れ[ない.])
16 D            [これで,
17 C あ二枚か.
18 C +((くじを1枚取る))
19 C +(xx[xx])
20 D     [a eheh
21    (1.2)
22 D +((残ったくじを片付ける))
23 D +(よ::し)
24 D +((Cの選んだくじを覗き込む))
25    +(0.8)
26 D 何ですかそれ?
27    (1.0)
28 C あ(0.4)あ(0.2)ほかのものにしたいんです
29    けどh[.hehhh ahuh huh hah hh hh hh hh hh.hhh
30 D      [¥あ ど- どうぞどうぞ あn(h)o.hh
31 C [[な(h)んで(h)すかか
32 D                +((視線はリスト))
33 D          +((視線はくじ))
34 D [[もうもはや+選ん+じゃっても
35    あまあいいやh[heh heh heh
36 C            [ehuh hah hah .hhh
37 D 何ですかそれ?
38    (0.6)
39 C こ- あ::(.)これ(.) え- s-消費税のはなsh(h)i.
```

　29行目から36行目に至る両者の共鳴する笑いは、事例3と比べてより明確な「共謀者」としての笑いである。28、29行目でCは、くじを引き直すという行為への許可を求めるが、ここでの笑いはこの行為がタスク上「不適

切」であることをわきまえているという心的態度を表明する。この笑いに共鳴し、Dも笑いを堪えるような口調でそれを推奨すると、さらに「もう、もやは選んじゃっても、まあいいや」と、与えられていたタスクの手順そのものを否定することを奨励する。

Stevanovic（2012）による合意形成の準拠枠に照らし合わせると、事例3では【提案】（2行目）→【アクセス】（15、16〜19行目）の流れの次に、「共謀者の笑い」としての笑いが挟まれ、そこから【合意】（23、24行目）がなされ、【遂行】へと続いている。これは事例4でも同様で、タスク遂行における「不適切」なふるまいが、「共謀者」の笑いという過程を経て合意され、タスク遂行へと移行する。このように、初対面同士によるタスク遂行において、笑いはタスクそのものに対峙する「共謀者」同士として、対話者間のスタンスを揃え、その場に一瞬のラポールを生じさせる。

本章でみてきたやりとりのいずれにおいても、対話者はいずれもタスク遂行の主導権を積極的に取ろうとしない。また「そうですね」「そうしましょう」などと明示的に合意を示すこともない。その代わりに、合意形成に至る緩やかな過程に、聞き手と話し手が微かな笑い声を添え、その笑いが共鳴する時に、その場に展開する出来事に対するスタンスが示され、共有される。データ収集の協力者としてこの場で数分前にはじめて出会った対話者にとり、タスクを遂行することは、刻一刻と組織化されるやりとりにおいて、両者が共有できる「共通の土台」（common ground）を形成することでもある。こうしたタスク遂行の過程において、共鳴する笑いは「不適切な」ふるまいをメタ言語レベルで許容する。このように対話者が指導権、決定権をもつことのない中で、共鳴する笑いは、立場の共有としての立ち位置を提示し、タスク遂行の土台としての場を作り出している。

5. Melting the ice─やりとりの場を溶かす笑い

初対面の会話において話の口火を切り、また面白いことなどを言って相手

を笑わせ、場の空気を和ませる行為を、英語で"ice breaker"と呼ぶ。「氷を割る」というこの比喩的表現は、初対面の話者と話者との間に存在する心理的な隔たりとしての壁を想起させる。またこの表現は、その前提として、「壁を壊す」動作の主体が「話し手」であり、かつこうした「話し手」による「発話」がもつ「行為的威力」を彷彿とさせる。

　実際に、初対面会話における"ice breaker"としての笑いは、所謂ジョークとして、日本語会話よりもアメリカ人、オーストラリア人、英国人などの英語会話に多くあらわれる（重光 2015）。また、ニュージーランドと日本のビジネス談話を比較した Murata（2015）が報告するように、英語の初対面会話では対人関係機能促進のために積極的にユーモアが用いられるのに対し、日本語ビジネス談話では、対話者を面白がらせ笑わせようとする意図性の高い笑いは殆ど出てこない[9]。

　しかし本章でみた日本語会話では、タスク遂行の上で欠かせない合意形成プロセスにおいて、協働でやりとりの場へのスタンスを指標するために笑いが共鳴している。そこにみられた「探り合い」の笑いや「共謀者」としての笑いは、明言的な同意を避けつつも、合意に向けての道筋を協働で構築しようとする協調的で、積極的な笑いとして解釈できる。このことは「壁を壊す」機能としての笑いとは本質的に異なるタイプの笑いの機能を明らかにする。たとえば「探り合い」の過程での笑いは、断定を避け、互いのことばをくり返し、微笑み合い、協働で合意形成をしようとするやりとりの場において、

図5　Breaking the ice（左）に対する Melting the ice（右）

共通のスタンスをそのやりとりの場に瞬間的に表明する。この意味で、合意形成過程の際に頻繁に登場する、特に意味もなく共鳴する笑いは、初対面の対話者の間の壁を「壊す」(breaking)というより、初対面のやりとりの場を共に揺らし、温め、そして「溶かす」(melting)作用をもつと言えるだろう(図5参照)。

　このように初対面場面における共鳴する笑いは、対話者のいずれかが「話し手」の役割を担ってタスクを先導するのでなく、むしろ対話者と対話者との間にある「やりとりの場」にその決定の過程を委ねることに志向する。つまり「話し手」先導、「聞き手」先導というリスナーシップの役割を超え、融合的に合意形成を行う場的志向性の高いやりとりを、共鳴する笑いは底支えする。

6.　おわりに

　初対面の人との会話はどこか面映ゆい。そこに第三者の介在があろうとなかろうと、初めて会った人との対面的空間には、なんとなく照れ臭さや決まりの悪さ、ぎこちなさが漂う。そんな時に何気なく微笑みを浮かべ、お互いに笑うというふるまいそのものは、同時性、同期性、そして同調性が非常に高いコミュニケーション現象である。人類学者の菅原は、身体性に根差したコミュニケーションについて、その「最も本質的な力は、人と人とのあいだにある種の〈一体感〉がかもしだされ、それが〈共有〉される瞬間の中にこそ立ち現れる」(菅原 1996: 248)とする。その際、たとえそこに対立や齟齬があったとしても、笑いや微笑みは、挨拶やあいづちといった現象と同様に、人と人とを同調させ、結果として「自他の声の区別を超え」、「共通経験への志向」をその場に表示する力をもつ(澤田 1996: 238、菅原 1996: 248)。

　「壁を壊す」笑いに対する、「場を溶かす」笑い。この見方は、話し手と聞き手とが情報を「送り」「受け取る」という旧来の情報中心的コミュニケーション観から脱却し、我々が共在するやりとりの場を温め、そこに共にいる

ことに志向する、対面コミュニケーションの本質的な作用の理解に繋がるのではないだろうか。

注

1　この中で Clancy et al. は、日本語の聞き手が英語や中国語に比べ、相手の発話ターンの途中やターン内の文法的切れ目で反応する率が高いことを明らかにしている（Clancy et al. 1996: 381）。

2　初対面対話における笑いを調査対象とした研究はそれほど多くない。その中で日本人、中国人、アメリカ人の男女を対象に、日本語による対面会話を分析した笹川（2008）は、話者ごとに5分間に起こる笑いの回数を数えている。それによれば、日本語のレベルや滞在期間、対話相手に関わらず、日本人女性が笑う回数が一番多く、次に中国人女性、中国人男性と続き、最も少なかったアメリカ人男性の笑いは日本人女性の五分の一以下であることが報告されている（2008: 32）。また同じく日米中の初対面会話における笑いを調査した Murata and Hori（2007）は、データに生じた笑いの意味機能に着目した分析の結果、日米グループに比べ日中グループでは、「冗談、しゃれ、事実としてのおかしさ」、「認識のズレ」などから生じるおかしみ・楽しみとしての笑いが生じる割合が少ないことが指摘されている。同時に日米に比べ、日中グループでは賛同の表明や聞いているというシグナルとしてのあいづち的笑い、また特に面白みのない発話への反応としての笑いが多いことが報告されている。

3　本研究は科学研究費基盤研究（C）（10322611、研究代表者：許明子、平成26–28年度）の助成を受けて実施されたものである。留学生は大学の中上級、上級レベルの日本語補講コースを受講しており、日本語を媒介言語としたコミュニケーションに日頃問題を感じていないレベルである。尚、本章図5の作成において、泰かおり氏にお世話になった。記して感謝いたします。

4　トピックは日韓中の時事問題や大学生に関する内容で、たとえば「徴兵制度はあるべきか」、「大学生は留学を義務付けられるべきか」といった内容である。

5　LeBaron によれば、マイクロエスノグラフィーとはビデオ撮影されたやりとりを元に人間の諸活動におけるミクロレベルでのやりとりを、くり返し、緻密に分析する営みを通し、マクロな社会・組織的現実を提示する手法であり、時に参与観察やインタビューなどと組み合わせて実践される（LeBaron 2008: 3120）。

6　「つられ笑い」（laughing together）については Sacks（1992），Jefferson, Sacks & Schegloff（1987）などを参照。また三宅（2011:126）は、「つられ笑い」を「共笑」とし

ている。

7 「どうしましょうかな」と終助詞を伴うこの発話は、文法的には自らに向けた独り言のように聞こえるが、ここでは通常の声の大きさで発話されている。

8 難波にも指摘されるように、会話におけるフッティングの変化は連動してフレームの変化を引き起こすことが多々ある(難波 2017b: 111)。

9 本章でデータとしたタスク遂行会話では、自己紹介の段階などで、半ば意図的に相手を楽しませようとする対人関係機能促進のための笑いが観察されている。たとえば中国人留学生 A と日本人学生 B のやりとりでは、自己紹介で年齢を聞かれた B が、笑いながら「いくつに見えますか?」と尋ね、A が笑う場面、またほかの日本人と中国人ペアの会話でも、朝寝坊をしたため化粧をしていないといった自己開示を通して、相手と笑い合う、対人関係促進としての笑いが生じている。

トランスクリプト記号

本章で用いる文字化方式は以下の通りである(Jefferson 形式を援用)。

[	発話の重なりの開始点
]	発話の重なりの終了点
[[	複数の話者が同時に発話する開始点
=	間をおかない発話順序の移行、または同一発話者による発話の継続
:	音の引き伸ばし(:が多いほど長く引き伸ばされた音)
(数)	沈黙
(.)	マイクロポーズ(0.2 秒以下の沈黙)
h	呼気音、または笑い
.h	吸気音
↑	上昇音調
¥	笑いを堪えるような発話
言葉 -	言いさし
言葉	強く発話された箇所
言葉?	発話末尾が上昇音調
言葉.	発話末尾の下降音調
言葉,	発話末尾の継続音調
°言葉°	小さな声の発話
(言葉)	聞き取りが不確かな箇所
((言葉))	筆者による解釈
+	発話のどの時点から身体動作がはじまるかを示す
b	発話者のイニシャルが小文字の場合、視線を含める身体動作を表す行を示す

参考文献

ブッシュネル・ケード (2016)「打ち解けの連鎖構造」『日本語用論学会第 18 回大会論文集』11: pp.251–254.

Clancy, Patricia M., Thompson, Sandra A., Suzuki, Ryoko and Hongyin Tao. (1996) The Conversational Use of Reactive Tokens in English, Japanese and Mandarin. *Journal of Pragmatics* 26: pp.355–387.

藤井洋子・金明姫 (2014)「課題達成過程における相互行為の言語文化比較—日本語・韓国語・英語の比較分析」井出祥子・藤井洋子編『解放的語用論への挑戦』pp.57–9. くろしお出版

Goffman, Erving. (1981) *Forms of Talk*. Philadelphia: University of Pennsylvania Press.

Goodwin, Charles. (1981) *Conversational Organization: Interaction between Speakers and Hearers*. New York: Academic Press.

井出里咲子 (2016)「初対面会話における日本人の笑い—共鳴現象としての〈薄い笑い〉を中心に」、口頭発表ラウンドテーブル「〈聞く、聴く、訊く〉こと—聞き手行動の再考—」、龍谷大学

Iwasaki, Shimako. (2011) The Multimodal Mechanics of Collaborative Unit Construction in Japanese Conversation. In Streek, Jurgen, Goodwin, Charles and Curtis LeBaron (eds.) *Embodied Interaction*. pp.106–120. New York, NY.: Cambridge University Press.

Jefferson, Gail, Sacks, Harvey, and Schegloff, Emauel A. (1987). Notes on Laughter in the Pursuit of Intimacy. In G. Button and J. R. E. Lee (eds.), *Talk and Social Organisation*, pp.152–205. Clevedon: Multilingual Matters.

Kogure, Masato. (2007) Nodding and Smiling in Silence during the Loop Sequence of Backchannels in Japanese Conversation. *Journal of Pragmatics* 39: pp.1275–1289.

LeBaron, Curtis. (2008) Microethnography. In W. Donsbach (ed.), *The International Encyclopedia of Communication*, pp.3120–3124. Oxford, UK: Blackwell.

メイナード・K・泉子 (1993)『会話分析』くろしお出版

三宅和子 (2011)「談話の中の「笑い」と話者の内的フッティング—スクリプトにない「笑い」の出現を手がかりに」『文学論藻』85: pp.116–134.

水谷信子 (1993)「『共話』から『対話』へ」『日本語学』12(4): pp.4–10. 明治書院

Mori, Junko. (2003) The construction of interculturality: A study of initial encounters between Japanese and American students. *Research on Language and Social Interaction* 36(2): pp.143–184.

Murata, Kazuyo (2015) *Relational Practice in Meeting Discourse in New Zealand and Japan*. Tokyo: Hituzi Publishing.

Murata, Kazuyo and Motoko Hori (2007) Functions of laughter in intercultural communication: An analysis of laughter as a communicative strategy.『国際社会文化研究所紀要』9 号 : pp.115–124.

中井陽子（2006）「日本語の会話における言語的／非言語的な参加態度の示し方―初対面の母語話者／非母語話者による 4 者間の会話の分析」『早稲田大学日本語研究教育センター紀要』19: pp.79–98.

難波彩子（2017a）「会話の共創で起こる笑いの一考察―リスナーシップ行動を中心に」『日本語学』36(4): pp.164–176.

難波彩子（2017b）「日本語会話における聞き手のフッティングと積極的な関与」片岡邦好ほか編『コミュニケーションを枠づける―参与・関与の不均衡と多様性』くろしお出版

O'Keeffe, Anne, McCarthy, Michael. and Carter, Ronald. (2007) *From Corpus to Classroom: Language Use and Language*. Cambridge: Cambridge University Press.

大浜るい子（2000）「日本人学生と外国人留学生における合意形成過程の比較」『広島大学日本語教育科紀要』10: pp.65–71.

Sacks, Harvey. (1992) *Lectures on Conversation*. Cambridge, MA: Blackwell.

笹川洋子（2008）「異文化コミュニケーションに現れる笑いのモダリティ調整について」『神戸親和女子大学言語文化研究』3(1): pp.29–52.

澤田昌人（1996）「音声コミュニケーションがつくる二つの世界」菅原和孝・野村雅一編『コミュニケーションとしての身体』pp.222–245. 大修館書店

重光由加（2015）「"We had a good conversation! 英語圏の 'Good conversation' とは」津田早苗ほか『日・英語談話スタイルの対照研究―英語コミュニケーション教育への応用』pp.27–36. ひつじ書房

清水博（2003）『場の思想』東京大学出版会

Stevanovic, Melisa. (2012) Establishing joint decisions in a dyad. *Discourse Studies* 14(6): pp.779–803.

Stivers, Tanya (2008) Stance, alignment, and affiliation during storytelling: When nodding is a token of affiliation. *Research on Language and Social Interaction* 41(1): pp.31–57.

菅原和孝（1996）「ひとつの声で語ること―身体とことばの「同時性」をめぐって」菅原和孝・野村雅一編『コミュニケーションとしての身体』pp.246–287. 大修館書店

植野貴志子（2017）「日本人の聞き手行動―「融合的談話」を事例として」『日本語学』36(4)：pp.116–126.

「愚痴」に対する共感表明
「愚痴」の語り方と聞き手の反応の観点から

釜田友里江

要旨 本章は、「愚痴」に対して相手に寄り添う反応がどのように示されるのかを日本語母語話者の二者間の会話から明らかにする。「愚痴」の語り方と「愚痴」に対する共感表明の特徴を示すことを目的とする。会話データを分析した結果、「愚痴」の語り方とその反応に特徴がみられた。まず、「愚痴」の語り方について、語り手は望ましくない事態に直面したことを嘆いており、同時に自分(語り手)の能力の低さが望ましくない事態の要因となっていることが、聞き手に読み取れるかたちで「愚痴」を語る場合があることが示された。次に、「愚痴」の反応について、聞き手は、語り手の能力を否定することを回避しながら語り手の心境に寄り添う反応を示していることが観察された。従って、語り手の能力の低さが「愚痴」に関わる場合、聞き手は、語り手の心境にのみ反応を示すという方法によって語り手に寄り添うことを試みる傾向があることが示唆された。

1. はじめに

　本章は、「愚痴」に対する共感表明の特徴について論じるものである。日常会話において、私たちは、他者の考えや気持ちを理解しようとしたり、引き出そうとしたりすることがある。他者の考えや気持ちを理解していることを伝える方法の1つに、相手に寄り添う反応を示すことがある。相手に寄り添う反応を示すことは、相手のことを理解したと伝えるだけではなく、相手を慰めたり、励ましたりすることにも繋がる。慰めや励ましは、人間関係を構築・維持する上で相手のことを認めることと密接に関わっており、欠かす

264 第Ⅲ部 社会・文化からの考察

ことのできない営みであるといえるのではないか。このような欠かすことのできない営みが、会話の中でどのような組み立てによって表れ、相互行為の中でどのような役割を果たしているのかを追究する。

　これまでの研究では、ある特定のトラブルが語られたときの聞き手の共感表明（Kuroshima and Iwata 2016）の特徴や、語り手と聞き手の経験の観点から共感表明が取り上げられてきた（Heritage 2011）。経験といっても様々な経験がある。そこで本章では、語り手がどのように経験を語ると、聞き手は共感的な反応を示すのかを分析する。本章では、トラブルの語りの中でも「愚痴」に焦点を当てて、「愚痴」に対する反応の1つとして共感表明をみる。「愚痴」に着目した理由は、語り手が聞き手に期待する反応が、広範囲にわたると想定したからである。例えば、「自慢」に対しては、賞賛や羨むような反応が期待される。「自慢」を聞いた聞き手は、語り手が「自慢」を語った意図を汲み取り、賞賛したり、羨んだりすることを反応として示すことができる。「愚痴」に対しては、同調が期待される反応であることが考えられる。しかし、同調といっても、語り手が期待するような同調を聞き手が示すことは容易ではない。釜田（2017）は、「愚痴」に対して聞き手が、過剰に同調をする場合があり、そのような場合に語り手と聞き手の間で認識のズレが生じると指摘している。「愚痴」に対して同調することは、表面的には容易にみえる。しかし、実際は多岐にわたる同調を本章では共感的な反応として取り上げる。そして、聞き手がどのように語り手の意図を汲み取って反応を示しているのか、その特徴を明らかにすることを目指す。本章では、「語り手が望ましくない事態を嘆くことで聞き手に同調してもらえることを期待している発話」を「愚痴」として捉え、以下3点の特徴を明らかにする。

　①　「愚痴」は、どのように語られるのか。
　②　「愚痴」に対して聞き手は、どのように反応を示しているのか。
　③　語り手と聞き手によって、どのように共感がつくり上げられるのか。

　まず、語り手が、どのように「愚痴」を語るのかを分析する（①）。次に、「愚

痴」を聞いている聞き手が、どのように語り手の意図を汲み取って反応を示しているのかをみる(②)。①と②を分析すると同時に、語り手と聞き手が互いに態度(考えや気持ち)を合わせていくことで共感がうまれると考え、語り手と聞き手の発話の連鎖の特徴も明らかにする(③)。

2. 分析の観点

2.1 「愚痴」の語り方と聞き手の反応

　私たちは、日常生活の中で「愚痴」を語るときにどのように語っているのか。また聞き手にどのような反応を期待しているのだろうか。「愚痴」には、望ましくない事態であることを聞き手に知ってほしい、認めてほしいという欲求があると考えられる。この欲求を解消するためには、「愚痴」を語っている語り手の意図を聞き手が汲み取りながら反応する必要がある。そうすることで、語り手を認めることができるのではないか。

　以下の図は、本章で考える「愚痴」に対して寄り添う反応(共感表明)が示されるまでのプロセスを図にしたもの(図1–1、図1–2)と、語り手と聞き手によって共感がつくり上げられると考え、図にしたものである(図1–3)。語り手は、どのような意図を持って「愚痴」を語っているのかという「愚痴」の語り方(図1–1)と、「愚痴」を聞いている聞き手は、語り手の意図を汲み取った反応を示しているのかという聞き手の反応(図1–2)の観点から分析を行う。同時に語り手と聞き手によって、共感がどのようにつくり上げられる

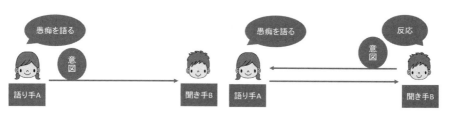

　　図1–1　「愚痴」を語る　　　　　図1–2　「愚痴」に対する反応

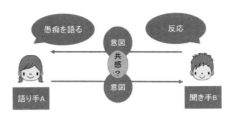

図1–3　語り手と聞き手の発話連鎖

のか、語り手と聞き手の発話の連鎖を分析する(図1–3)。

2.1.1　語り手と聞き手に生じるジレンマ

「愚痴」を語る際に、語り手は、自らの望ましくない経験を単に語るだけでなく、望ましくない経験に伴う自らの気持ちについても聞き手に察してもらえるように語ることが想定される。また語り手は、自らの望ましくない経験を聞き手に理解してもらいたいと考える一方で、聞き手に不快感を与えてしまうのではないか、同調を求める人だと思われるのではないかなどという「愚痴」を語ることへのジレンマが生じる可能性がある。「愚痴」を聞いた聞き手は、同調するべきか、又は同調できない場合においても同調する反応を示すべきかなどのジレンマが生じる可能性がある。従って、語り手と聞き手がジレンマを乗り越えて互いに認め合うことは、容易ではないようにみえる。

Heritage (2011) は、語り手が特に強い感情を伴う経験を語る場合に、聞き手に受け入れてもらえるように、スタンスを語り手側に引き付けながら会話を進める傾向があると述べている。また、語り手が経験を語り、聞き手に共感的な反応を求めている際に、語り手のような経験をしたことがない場合においても共感的な反応を示さなければならないというジレンマが、聞き手に生じると Heritage (2011) は指摘している。Heritage (2011) の指摘を踏まえると、語り手と聞き手は、それぞれのジレンマを抱えていることが考えられる。ジレンマを抱えながらも互いに態度(考えや気持ち)を合わせていくこと

で、共感がうまれるのではないか。本章では、互いに相手の態度に合わせていくやりとりを「愚痴」の語り方とその反応から分析する。

3. 聞き手が共感表明を行うこと

ここでは、共感表明に関するこれまでの研究を概観し、本章における共感表明の捉え方を示す。

田中（2002）は、親しい関係の者同士の会話における共感表明に着目している。共感を表明する発話には①「会話の相手の提示した話題への共感を示す」ものと、②「相手の心情への共感を示す」ものがあると指摘している。田中（2002）は、①については話題に対して何らかの評価を示すことであり、②については相手の心情を理解し、それに対して積極的に賛意を示すことであると述べている。評価や賛意を示す特徴（田中2002）が共感表明にはあることを参考に、本章では、「愚痴」の語りにおいて、どのような共感表明が聞き手によって行われるのかを考察する。

Heritage（2011）は、経験語り（語り手による）に対して聞き手が、仮に語り手が語った経験と同じ経験をしたら、同じように感じるというような共感表明を行うことがあると指摘している。

Kuroshima and Iwata（2016）は、ある特定のトラブルが語られたとき、聞き手は、自らの似た経験を引き合いに出して共感を示そうとすることがあると述べている。

先行研究では、語り手の経験を聞いた聞き手が、語り手と自らの経験の調整を行いながら共感的な反応を示していることが指摘されている。先行研究を踏まえると、聞き手は語り手の「経験」を受け止め、自らの経験を引き合いに出すべきかどうかを選択していることが考えられる。本章は、語り手と聞き手の経験に注目しながら、語り手の語り方の特徴も捉える。そして語り手の意図を聞き手が、どのように受け止め、共感的な反応を示しているかを明らかにする。共感的な反応は、「愚痴」の語りを聞いた聞き手が、語り手

の気持ちを汲み取り、語り手が期待する反応を示そうとする態度を表明して
いると本章では考える。従って、以下のような発話を本章では「共感表明」
として捉える。

相手の考えや気持ちを理解して、相手の期待に添おうとする態度を示している

4.　調査の概要

　本章で取り上げるデータは、日本の中部・関東地方の大学に通う学部1年
生(日本語母語話者)の二者間の初対面会話と知人同士の会話である。初対面
会話は、愛知県の大学に通う学部1年生の20組(男性同士5組、女性同士5
組、異性会話10組)の会話である。知人同士の会話は、東京都、神奈川県の
大学に通う学部1年生の20組(男性同士5組、女性同士5組、異性会話10組)
の会話である。

　データの収集にあたっては、筆者から話題の指定はせず、自由に15分間
会話をしてもらった。会話はICレコーダーで録音し、西阪(2008)の「トラ
ンスクリプションの記号」に従って文字起こしを行った。本章におけるトラ
ンスクリプトの記号と意味は本章末に挙げる。

5.　分析結果

　会話データを分析した結果、以下の特徴がみられた。語り手は、「愚痴」
を語る際に、望ましくない事態に自分の能力の低さが要因となっていること
が、聞き手に読み取れるかたちで語っている。「愚痴」の語りには、語り手
の能力が低いことが含まれているため、聞き手は、「愚痴」に対して反応を
行う際に、語り手の能力を否定してしまう危険性がある。しかし、このよう
な危険を抱えながらも聞き手は、語り手の能力を否定することを回避しなが
ら、語り手の心境に寄り添おうとする傾向がみられた。

また、「愚痴」は「自慢」と密接に関わっていることが示唆された。語り手は「愚痴」を語る際に、「自慢」に繋がり得る語りとして聞き手に聞かれないような語り方をしていることが観察された。このような「愚痴」に対して聞き手は、語り手との立場を踏まえながら、語り手の心境に寄り添おうとしていた。

以上のように、「愚痴」に語り手の能力に関することが含まれる場合、聞き手は語り手の能力を否定する反応を避けることで、語り手の心境にのみ寄り添う反応を選択していることが考えられる。このような聞き手の反応は、語り手を認めるための1つの方法としてだけでなく、人間関係を構築・維持するプロセスにおいて重要な営みであるといえるのではないか。

まず、語り手の能力に関連している「愚痴」に対する聞き手の共感的な反応の特徴を示す。次に、「愚痴」にも「自慢」にも聞こえる語りに対する聞き手の共感的な反応の特徴を述べる。

5.1 語り手の能力に関連している「愚痴」に対する共感表明

語り手は、「愚痴」を語ることで自分の能力（学力、体力など）の低さが「愚痴」の要因となっていることが、聞き手に読み取れるかたちで「愚痴」を語る場合があることがわかった。このような「愚痴」に対して聞き手は、語り手の能力を否定しないように、語り手の心境にのみ寄り添う反応を示す傾向があることが示された。

(1) Aのアルバイトについて　　A男×B女　　（初対面）

　　（Aは塾でチューターのアルバイトをしている。Aが塾で教えているときに、生徒から自分が所属している大学よりもランクが上の大学を目指すと言われたと「愚痴」を語っている場面である）

　　1 A: 実際 [よく分から]
　　2 B: 　　 [ないのに　] やっちゃったっ [て.]

3 A :　　　　　　　　　　　　　　　　[う　]ん
4 B : [.hh]
5 A : [.hh]
6 A : よく分か[らんやて]
7 B :　　　　[ね:]:
8 A : だけど結構来るんよね(.)しかも結[構　]
9 B :　　　　　　　　　　　　　　　[あそ]うなんだ
10 A : 上のほう目指すひ-[京都大学　　　]京都大学とか言われてさ:
11 B :　　　　　　　　　[え答えれる？　]
12 A : まじかよとか思っ[て]
13 B :　　　　　　　　[う]:ん
14　　(0.6)
→15 B : 自分より上だと怖いよね.
16 A : う:ん(.)怖い
17　　(0.3)
→18 B : こいつ案外とか思われたくないよね？
19 A : そそ¥そ[そそ¥.hh　　]
20 B :　　　　[hh hh .hh]

　この事例で注目したいのは、A がアルバイト先での出来事を「愚痴」として語っている点である。同時に A の「愚痴」に自らの所属している大学のレベル、つまり能力(学力)が関わっている。また「愚痴」を聞いている B は、「愚痴」の要因とも考えられる大学のレベルを問題として取り上げるのではなく、A の心境にのみ焦点を当てて寄り添おうとしている点にも着目する。

　まず、A は、10 行目で生徒が目指すと言っている大学のことを最初は「上のほう」と抽象的な表現によって示し、その後で「京都大学」と具体的な大学名を出している。A は、大学名を提示することで、その事態が望ましくないことを B と共有できると考えていることが想定できる。そして A は、「まじかよとか思って」(12 行目)と不都合な気持ちを表している。この A の「愚痴」は二つの側面からの嘆きであることが考えられる。1つ目は、アルバイト先の講師と生徒という立場から講師がプレッシャーを感じるという側面

である。2つ目は、Aが所属している大学と生徒が目指す大学とのレベルの差、つまり能力(学力)の差があることについて、どうしようもない思いを感じるという側面である。それを聞いたBは、同じ大学に所属する一員として「怖いよね.」(15行目)とAの心境を推測することができるという反応を示し、更に「こいつ案外とか思われたくないよね?」(18行目)と具体的に講師としてAが感じるであろう心境に踏み込んで反応を示している。つまりBは、前述した2つの側面から、Aに寄り添う反応を示している。Bは、Aと同じ大学の一員として(15行目)、またAが置かれている講師という立場(18行目)からも、Aの心境が推測できるというかたちでAを認めようとしているのではないか。同時にBの共感表明は、Aの能力を否定しないようにAの心境に焦点を当てて寄り添おうとしており、Aに対する気遣いが働いていることが考えられる。

(2) Aの体力について　　A男×B男　　（初対面）
　　（Aは浪人をして大学に入った。Aは浪人をしていたことで体力が落ち、大学の体育の授業で体力がついていかないと「愚痴」を語っている場面である）

　　1 A：え?サークルとかやってんの.
　　2 B：サークルはバスケ(.)バスケ一つ[:入ってru]
　　3 A：　　　　　　　　　　　　　　　[あそうなの.]
　　4 B：て:それだけかな(.)nn
　　5 A：バスケ今体育でやってるけどさ:
　　6 B：うん
　　7 A：.hh<や:ばい> 浪人してるって
　　8 　：>ちらっとさっきいったじゃんね.:<
　　9 B：う:ん=
　　10 A：=も体力落りててさ:
　　11 B：↑あ::
　　12 A：いま5対5:を(.)そ○○大祭が((○○はA、Bの大学名))

```
  13  : 終わってから(.)やらされたんだけど
  14  : <ま：じ>ついていかなく[て]
→15 B:                        [¥つ]らいね.hhそれは .hh ¥
  16 A:[¥も.hh は::みないな¥]
→17 B:[¥.hh .hh えげつね:なそれ¥]
  18   (0.7) ((お菓子を食べている))
  19 B:[そ]れ現役も同じだよね.多分
  20 A:[mn]
  21 A:あ[：]
  22 B:  [も]う(.)体力がやばい
  23   (0.6)
  24 B:サークルはなんか入ってんの.   ((お菓子を食べている))
```

　この事例で注目したいのは、Aが大学の体育の授業での出来事を「愚痴」として語っている点である。同時に、Aの「愚痴」にAの能力（体力）が関わっている。「愚痴」を聞いているBは、直接的にAの能力には触れずに、Aの心境にのみ寄り添おうとしている点にも着目する。

　Aは、前置きとして浪人していた事情を持ち出し（7、8行目）、浪人していたことが原因で体力が落ちていて（10行目）、大学の体育の授業に体力がついていかないと「愚痴」を語っている（12、13、14行目）。Aは、浪人していたことを体力が落ちた理由として持ち出し、現役生とは異なる状況であることを言い訳にしているようにみえる。このAの「愚痴」に対してBは、「¥つらいね.hh それは.hh ¥」と笑いながらも、望ましくない事態に遭遇しているAの心境が理解できるというかたちで共感表明を行っている（15行目）。その直後に、Aは「は::みないな」と当時の心境を述べ（16行目）、Bは、「えげつね:なそれ」とAと重なるタイミングで反応を示している（17行目）。ここでのBの反応は、「つらい」というAの心境を理解している直前の共感表明とは異なり、大学の体育の授業に対してえげつない（17行目）と批判的なコメントをするかたちで、Aの置かれた状況に寄り添う反応を示している。同時にBは、Aが浪人していた事情には触れずに、Aの態度に

寄り添おうとしていることも窺える。最終的に、19行目でBは、「現役も同じだよね.多分」と断定的な言い方ではなく、恐らく自分とあなたは同じ状況であると述べることで、現役と浪人の立場の差異をなくそうとしており、関係性の調整をしていることが考えられる。黒嶋（2013）は、聞き手が語り手との立場の差異を明確に表すことで、共感的な反応を示すことがあると述べている。聞き手は、語り手と違う立場にいることを認める反応をし、異なる立場に留まることで相手の経験を尊重するような共感的な受け止めをすることがあり、相手の経験に配慮していると黒嶋（2013）は指摘している。本章のデータにおいては、Aは、Bとの立場の差異（浪人して合格したA、現役で合格したB）を利用して「愚痴」を語っている。一方Bは、Aとの立場の差異を理解しながらも、浪人していたAの経験に踏み込まないように最終的には立場の差異を埋めようとしていた。このように、Aの「愚痴」に対してBは、柔軟に共感表明を行っており、このような繰り返しが人間関係を構築していく1つのやり方であるといえるのではないか。

(3) Aの出身高校について　　A男×B男　（知人）
　　　（Aは、自分の出身高校について、進学校ではないが進学校を掲げて気取っていたと「愚痴」を語っている場面である。AとBは、同じ大学に所属しているが出身高校は異なる）

```
1 A： 学校は:(0.4)ちょっと進学校気取っちゃうと:
2    (0.4)
3 A： 学校のやってれば:ある程度いくから:
4  ： とかっていうよくわかんないこと[を言い出し:]
5 B：                              [ha ha ha ha].hh
6 B： え?(0.2)そんな感じだったの.
7 A： やなんか:
8    (0.2)
9 A： ちょっと進学校気じょ-気取っちゃってると[こ]
```

10 B: [気]取っちゃってる
11　：　と [ころ]
12 A:　　[そう]
13 B:　だった. =
14 A:　＝なんか (.) 超くそなのに:進 [学校]ですとかってなんか:
15 B: [ha ha]
16 A:　紙をバーンと貼っちゃって
17 B:　uお:
18 A:　u:なんだこいつみ¥たい [な. hh hh .hh¥]
19 B: [hu hu hh hh   ].hh
20 A: [ちょ]
→21 B: [.hh]　な–中の人たちからしたら
→22　：　なんだこい [つ感]がやばいよね.　¥hh　hh¥
23 A: [そう]
24 A:　なんだ¥こ [いつ]ら¥
25 B: [¥hh hh¥]
26 A:　¥hhみたいになって¥
27 B:　¥ha¥

　この事例で注目したいのは、Ａが自らの出身高校を非難するかたちで「愚痴」を語っている点である。Ａは、出身高校での出来事の「愚痴」を語っており、「愚痴」にＡの能力（学力）が関わっている。出身高校は、自分の能力（学力）を表すものとなることもある。従って「愚痴」を聞いているＢは、Ａと同様にＡの出身高校を非難すると、そこに通っていたＡの能力を否定することにも繋がり、関係構築・維持において支障が生じる危険性がある。しかし、「愚痴」を聞いているＢは、Ａの能力を否定することを回避しながらＡの心境にのみ寄り添う反応をしており、Ａの「愚痴」に注意を払いながら反応を調整していることが窺える。

　Ａは、出身高校が進学校を気取っていたという評価を繰り返し述べており（1、9行目）、更に「超くそなのに」（14行目）や「なんだこいつ」（18行目）と評価に留まらず、通っていた生徒という立場から学校を非難している。ここでＡは、高校の取り組みを非難するという語り方で「愚痴」を述べてい

る。この A の「愚痴」の語り方には、2 つの特徴がみられる。1 つ目は、1 行目で出身高校が進学校であると全面的に述べてしまうと、「自慢」に繋がる点である。2 つ目は、A は生徒の立場から述べており、自分がコントロールできないところで起こった出来事として語っている点である。つまり、出身高校が進学校を掲げており、生徒からすると事実とは異なるという立場を表明しているため、1 つ目の特徴の「自慢」に繋がらないように語ることに対処していることが考えられる。2 つ目の特徴は、学校という組織と生徒という立場から距離を置いて A は「愚痴」を語ることで、B にも理解され、B が反応しやすい環境を作り出すために、非難するというかたちを取っていることが考えられる。

　早野（2013）は、2011 年に発生した東日本大震災、及び福島第一原子力発電所事故によって避難を余儀なくされた人と、現地、又は日本各地から福島県を訪れた足湯ボランティアの人との会話を分析対象として、不満や愚痴がどのように語られるかに着目している。避難生活を送っている人が、避難生活における困難を口にするのは当たり前のことかもしれないが、実際の会話において「愚痴」を言うことは本来するべきではない、こらえるべきものとして捉えられていると早野（2013）は述べている。本章のデータにおいては、「愚痴」を利用して「自慢」を回避しようとする場合があることが観察された。早野（2013）の指摘からもわかるように、「愚痴」は本来こらえるべきある。しかし、何かを回避するために、「愚痴」が利用される可能性があることが本章のデータによって示された。

　「自慢」に繋がらないように「愚痴」を語るという点から、A は、出身高校に対して B にどのように受け取られるのかということに敏感であることが考えられる。A の「愚痴」に対して B は、「中の人たちからしたら」と A と同じ生徒の立場を取りながら「なんだこいつ感がやばいよね」と非難することで、共感表明を行っている（21、22 行目）。ここで B は、A の出身高校を生徒の立場から非難することで、A の能力を否定することを回避していると考えられる。また B が反応を行うときに、A と同じ生徒という立場から

反応するべきか、又は客観的な観点からAの出身高校について反応するべきかというジレンマが生じていることも考えられる。反応を誤るとAが通っていた高校だけでなく、元生徒であるAの能力（学力）も否定することになる。そこでBは、Aと同じ生徒という立場から共感表明を行い、Aはこのbの反応を受け入れている（23、24、26行目）。

　以上のように、事例（1）、（2）、（3）は、語り手の能力の低さが「愚痴」に大きく関わっているため、聞き手にとっては容易に共感表明を行うことができない。しかし、聞き手は、語り手の意図を汲み取りながら立場を調整し、「愚痴」に対して共感表明を行っている。

5.2　「愚痴」にも「自慢」にも聞こえる語りに対する共感表明

　事例（3）において、語り手が「愚痴」を語る際に、「自慢」にならないように語っている可能性があると述べた。ここでは事例（3）と重なる部分もあり、異なる現象としても捉えることができる事例を取り上げる。この事例において、語り手は「愚痴」と「自慢」を同時に達成しているようにみえる。そこで「愚痴」にも「自慢」にも聞こえる語りに対して聞き手が共感表明を行う場合の特徴について、掘り下げて分析を行う。

（4）Aのサークルについて　　　A男×B男　（初対面）

　　（Aは、友人に誘われて入ったサークルについて述べている。一緒にサークルに入った友人と比べて、Aは友人よりも定期的にサークルに参加しており、交友関係も友人よりも深めてしまったと「愚痴」にも「自慢」にも聞こえる語りを語っている場面である）

　　１B：えda中高やってたの．
　　２A：ん？
　　３B：バーバトミントン
　　４A：んん　全然やってない初心者

```
 5 B:あ::(0.4)な[ら ]いいね.
 6 A:          [( )]
 7 A:[u:n  ]
 8 B:[ それ]のほうが
 9 A:だから(.)だから:ガチ:サーは無理だっていって
10 B:[うん]
11 A:[友 ]達と探してて:
12 B:u:[nn]
13 A:  [で]:友達も:初心者だっつてたから:
14 B:unn
15 A:.hhそれでガチサーをmi避けて通ってたら:
16 B:unn
17 A:あそこに行きついて:
18 B:ha ha ha ha い[いとこ ]みつけた:
19 A:            [hu .hh]
20 B:み[たいな.]((Aはお菓子を食べている))
21 A:  [u:nn  ]
22   (0.5) ((お菓子を食べている))
23 A:まあ
24   (1.2) ((AもBもお菓子を口に含んでいる))
25 A:でもねあんま友達(.)俺より来ないんだよね(.)
26  :俺ほぼ毎週行ってんのに [hh hh]
27 B:            [¥まじ ]で.まじで¥
28   (0.9)
29 A:nnか友達よりね:その
30 B:unn
31 A:輪を広げちゃった感じ hh
→32 B:いいんじゃね?それのほうが(.)[楽し]いよ.絶対
33 A:               [n: ]
34   (0.5)
35 A:なんかそんなのばっか(.)誘われて行ったのに:
36 B:an
37   (.)
```

278 第III部 社会・文化からの考察

```
   38 B：[tyo：  ]
   39 A：[誘った ]やつより
   40 B：hh hh [い]
   41 A：        [居]座ってる [率が高い    ]
   42 B：                    [ha ha ha ]
→43 B：.hh いんじゃね？それのほうが
   44 A：も一個なんか文化系のさ：サークルに入ってんだけど：
   45 B：どういうとこ？
```

　この事例で注目したいのは、Aが大学のサークルに関する出来事の「愚痴」を語っている点である。「愚痴」にAの能力（行動力）が関わっている。
　「愚痴」を聞いているBは、Aの能力（行動力）を支持している。この点がこれまで観察した事例（1）、（2）、（3）とは異なる。このBの反応が、なぜこれまでの事例と異なるかを掘り下げてみると、Aは、「愚痴」を語りながらも同時に「自慢」をしている点が関係しているようにみえる。つまり、聞き手は、語り手の語りが「愚痴」なのか「自慢」なのかを判断することが困難な状況である。しかし、このような状況においても、聞き手は語り手の態度に合わせて寄り添う反応を示している。
　まず、Aは、サークルに入るまでの経緯（4、9、11、13、15、17行目）を述べ、Bは「いいとこみつけた：みたいな」とAの心境を確かめている（18、20行目）。このBの反応は、Aの心境を断定せずに確かめている点からもAにとって望ましいのか、望ましくない経験なのかを探っていることが窺える。その後、25、26行目において、Aは、友人とサークルに参加している頻度が異なることを取り上げ、自分は定期的に参加しているが友人は参加率が低いと友人を批判するようなかたちで「愚痴」を語っているようにみえる。しかし、同時に「愚痴」だけなく「自慢」を行っているようにもみえる。なぜなら、Aは、真面目にサークルに参加していると単に語るよりも、不真面目である対象（定期的に参加していない友人）と比較することで、Aの真面目な一面が際立つように発話を組み立てていることが考えられるからで

ある。このAの経験語りに対してBは、「それのほうが(.)楽しいよ.絶対」
(32行目)、「いんじゃね?それのほうが」(43行目)とプラスの評価を示して
いる。また「それのほうが」という表現を繰り返していることから、Bは、
AとAの友人を比較したうえで、定期的にサークルに参加し、交友関係を
広げる(「それ」)ほうが良いとAを支持するかたちでAに寄り添おうとして
いる。

　以上のように、Aの経験語りは、Aの能力(行動力)に対する望ましくな
い事態を語っているようで、同時に友人と自分を比較しながら「自慢」を導
入しているようにもみえる。この事例は、「愚痴」の対象を非難しようとし
ている点において、前述した事例(3)と似ている。しかし、対象を非難する
ことで何をしているかという点が異なる。事例(3)では、語り手は、学校と
生徒という立場を利用することで生徒の立場から学校の取り組みを非難し、
「愚痴」を達成していた。一方の事例(4)では、語り手は、定期的にサークル
に参加している自分と定期的にサークルに参加していない友人を比較しなが
ら、自己の正当化(Aは真面目であること)をアピールすることを達成してい
た。このように聞き手は、語り手の語りに慎重に耳を傾けながら、語り手に
とってどのような経験として語られているのかを判断し、「愚痴」とも「自
慢」とも聞こえ得る語りに対しても語り手の態度に寄り添う反応を示そうと
試みていることが示唆された。

6. まとめ

　分析の結果、「愚痴」の語り方、「愚痴」に対する反応(共感表明)と語り手
と聞き手の発話の連鎖において、以下のような特徴がみられた。

［愚痴の語り方］

・語り手の能力が低いことが「愚痴」の要因となっており、聞き手にも
そのことが読み取れるかたちで語る。
・望ましくない事態に語り手の能力(学力、体力、行動力)が関係している。

［聞き手の共感的な反応］

・語り手の能力が低いことには触れないように、語り手の心境に寄り添
う反応を示す。
・語り手の能力を否定する反応を避けようとする。

［語り手と聞き手の発話連鎖］

・互いの立場(浪人して合格したA・現役で合格したB、学校・生徒など)
に配慮しながら、「愚痴」を語ったり、共感的な反応を示したりする。

　本章で取り上げたデータにおいて、語り手は、望ましくない事態であるこ
とを嘆きながら、その望ましくない事態には自分(語り手)の能力の低さが要
因となっていることが、聞き手に読み取れるかたちで語っていた。このよう
な「愚痴」に対して反応を示すことは、容易ではない。なぜなら反応を誤る
と語り手の能力を否定することになり、人間関係の構築・維持に支障をきた
す可能性があるからである。しかし、聞き手は、語り手の能力を否定するこ
とを避けながら、語り手の心境にのみ寄り添う反応を示すことで共感表明を
行っていた。従って聞き手は、語り手が「愚痴」を語っていることを認識し
ながら語り手のことばに込められた意図を読み取り、相手の能力には踏み込
まずに語り手の心境にのみ寄り添おうと努力しているのではないか。Wispé
(1986)は、共感を行うには、他者が何を感じたか内的経験をしたり、相手
に関する模倣をしたりするなど、高度な技術や努力が伴うと指摘しており、
Davis(1996)も共感を行うには、努力が伴うと述べている。本章の分析結果
から、「愚痴」に対する共感表明を聞き手の努力の仕方の1つとして示すこ

とができたのではないか。「愚痴」の聞き手は、共感的な反応を示す際に、語り手の能力を否定しないように相手の心境にのみ反応を示すというような努力をしていることが窺え、このような努力の積み重ねが、私たちの人間関係の構築・維持を円滑に進めることに繋がっていると考える。

　語り手と聞き手の発話の連鎖から、互いの立場に配慮しながら「愚痴」が語られ、また共感的な反応が示されていることがわかった。事例（1）では、語り手の大学のレベルに関する「愚痴」に対して聞き手が、同じ大学の一員として、語り手の心境が推測できることを示していた。事例（2）では、語り手が浪人をしていた事情を挙げて「愚痴」を語っていることに対して聞き手は、最終的には現役生である自分と違いがないことを表明していた。事例（3）では、語り手が自分の高校を非難するかたちで「愚痴」を語ると、聞き手は、語り手とは高校は異なるが、生徒という立場から語り手に寄り添う反応を示していた。

　水谷（1993）は、日本人の話し方の特徴を「共話」的であると指摘している。「共話」的な話し方の特徴は、会話相手との共通の理解を前提として、話し手は、聞き手に聞く意思があるかどうかを確かめながら話を進めることであると主張している。「共話」的な話し方に対して、「対話」的な話し方の特徴を「相手との共通の理解を前提とせず、相手の賛同や同意をとくに期待せず、しかも自分の意思や意見を相手に理解させることを目的として話すことである」と水谷（1993: 9）は指摘している。水谷（1993）が指摘している「共話」的な話し方の特徴を踏まえると、本章で取り上げた「愚痴」の語りにおいても、語り手は「愚痴」を語ることで、聞き手に同調してもらえるかを確かめながら、聞き手に肯定してもらえるように語る特徴があることが示唆された。本章のデータにおいては、語り手の能力の低さが「愚痴」の要因となっているため、聞き手に責任が問われたり、聞き手を傷つけたりする可能性は低い。従って、語り手は、「愚痴」という語りを利用して、聞き手からの共感的な反応を確かめながら、自己の承認を期待しているのではないか。一般的に「愚痴」は望ましくない発話行為であると考えられるが、本章のデータ

282　第Ⅲ部　社会・文化からの考察

から、「愚痴」は望ましくない発話行為であるとわかっていても語ってしまうだけの機能を持っていることを示した。「愚痴」を語ることで語り手は、聞き手に不快感を与えないように自分の能力の低さに焦点を向けながら、共感表明を引き出している。つまり、「愚痴」は相互理解を確認しながら会話を進める一助となっており、関係を構築するための有効なストラテジーの1つであることが示唆された。

トランスクリプト記号

下から2つ目の「アルファベット表記」と最後の「→矢印」は、筆者が項目を加えたものである。最初の23個は、西阪(2008)で用いられている記号である。

記号	意味
[	発話の重なりの開始
[　]	発話の重なりの終了
: :	直前の音の引き延ばしとその長さ
(　)	聞き取りが不可能
(言葉)	聞き取りが確定できない
((　))	発言の要約やその他の注記
(n.m)	音声が途絶えている状態があるときはその秒数がほぼ0.2秒ごとに( )内に示される
(.)	0.2秒以下の短い間合い
hh	呼気音とその長さ
.hh	吸気音とその長さ
\　　\	発話が笑い声でなされている
↑	音調の極端な上がり
↓	音調の極端な下がり
<　　>	発話のスピードが目立って遅い
>　　<	発話のスピードが目立って速い
°　°	音が小さい
＿下線	音の強さ
=	2つの発話が途切れなく密着している
?	語尾の音調が上がっている
¿	語尾の音が一端上がったあとまた下がる、もしくは平坦になる
.	語尾の音が下がって区切りがついた

–	言葉が不完全なまま途切れている
アルファベット表記 「r」，「n」など	完全に「る」にはなっていないときは「r」、「うん」にはなっていない場合は「n」のように表記する。例えば「おr」のような場合である。おそらく「俺」と言おうとしたと考えられるが、俺の「れ」の部分が明確に発せられておらず、「おr」と聞こえる場合にアルファベットで示す。
→矢印	共感的な反応を示す

参考文献

Davis, M. H. (1996) Empathy: A Social Psychology Approach. Madison, WI: Brwon & Benchmark.

早野薫（2013）「第 11 章 不満・批判・愚痴を述べるということ」西阪仰・早野薫・須永将史・黒嶋智美・岩田夏穂編『共感の技法―福島県における足湯ボランティアの会話分析』pp.173–187. 勁草書房

Heritage, J. (2011) Territories of knowledge, territories of experience: empathic moments in interaction. In T. Stivers., L. Mondada & J. Steensig (eds.), The morality of knowledge in conversation, pp.159–183. Cambridge: Cambridge University Press.

釜田友里江（2017）『日本語会話における共感の仕組み―自慢・悩み・不満・愚痴・自己卑下の諸相』名古屋大学大学院国際言語文化研究科博士学位論文

黒嶋智美（2013）「第 8 章 経験の固有性を認める共感」西阪仰・早野薫・須永将史・黒嶋智美・岩田夏穂編『共感の技法―福島県における足湯ボランティアの会話分析』pp.127–139. 勁草書房

Kuroshima, S and Iwata, N. (2016) On Displaying Empathy: Dilemma, Category, and Experience, Research on Language and Social Interaction 49 (2): pp.92–110.

水谷信子（1993）「「共話」から「対話」へ」『日本語学』12(4): pp.4–10. 明治書院

西阪仰（2008）「トランスクリプションのための記号」
< http://www.meijigakuin.ac.jp/~aug/transsym.htm >（閲覧日：2017 年 4 月 1 日）.

田中妙子（2002）「会話における共感表明発話」『日本語と日本語教育』30: pp.51–60. 慶應義塾大学 日本語・日本文化教育センター

Wispé, L. (1986) The distinction between sympathy and empathy: To call forth a concept, a word is needed. Journal of Personality and Social Psychology 50(2): pp.314–321.

ポライトネス方略を伴う評価提示発話に対する聞き手の「値踏み」行動を考える
「微妙」を中心に

首藤佐智子

要旨　評価を伴う発話を行う場面で、本来は肯定的あるいは中立的な表現が否定的な意味で使用されることがある。本章では「微妙」という表現に焦点を当て、否定的な意味を伴う使用が頻出するようになった一方で、中立的な意味の使用は存在することを示した。Google 検索によるデータを用いて、「微妙」という表現が使用された文脈の語用論的分析を行い、意図されている意味を判別した。また、「微妙」が使用された際にどのような評価として受け止められているかに関するアンケートを行い、その結果によって、ポライトネス誘因の有無による使用の意味の二重構造が存在することを示した。ポライトネス方略を伴う状況で評価が提示された場合には、聞き手は話し手の「真の評価」が何であるかについて「値踏み」をし、ポライトネスによる「上乗せ」を差し引いた評価を推測することを示唆した。

1.　はじめに

　日常生活において我々は常に評価を提示している。レストランの話題なら、おいしい、まずい、映画の話であれば、おもしろい、つまらない、俳優がうまい、へただ、と言いたい放題である。ところが、評価の対象が聞き手本人の場合はそうはいかない。評価対象が聞き手でなくとも、評価が対象に伝わる可能性があるならば話はさらにややこしい。評価が否定的であれば、聞き手(や評価対象)の感情を考慮して、発話しないという選択をするかもしれないし、伝えるのであれば、多くの場合は何らかの言語的配慮をする。

286 第Ⅲ部 社会・文化からの考察

　近年になって、これまでは肯定的な(あるいは中立的な)評価を示す際に使われていた表現が否定的な表現として使用されるケースが頻繁に指摘されている。2014年の新聞記事では「個性的だね」が中学生の間で否定的な表現として使われていることが示唆され、話題になった[1]。酒井他(2015)によれば、中学生に「まじめだね」「おとなしいね」「おもしろいね」「個性的だね」「マイペースだね」のうちどの語を使われると最も嫌な気がするかを尋ねたところ、「個性的だね」がトップだったという。新聞記事では「個性的」が否定的な表現としてとらえられていることに焦点があてられたが、実際には、他の語を選んだ中学生も多く(表1)、この質問の回答結果が示したものは、むしろ、これらの語は全て否定的な語としてとらえられる可能性をもつという点にあると考えるべきであろう。

表1　中学生が言われて最も嫌な言葉(酒井他 2015 から)(カッコは %)

まじめ	おとなしい	おもしろい	個性的	マイペース	合計
18 (12.0)	18 (12.0)	20 (13.3)	63 (42.0)	31 (20.7)	150

　前述の新聞記事では表1の結果に驚いたと報じているが、これは少し上の世代に属す言語使用者にとっては語が否定的な意味で使われることはなく、これらの語の意味が変遷してきていることを示している。

　本章筆者は似たような意味変遷の過程にある表現を研究対象としてきた(首藤1999, 2007, 2011, 2015、首藤・原田2013、緒形・首藤2015)。意味変遷を社会言語現象と捉えるのは言語使用のマクロ面に焦点を当てていることになるのだが、実際に意味が変遷されていくプロセスには、個々の言語使用者における意味の変遷という過程が積み上げられているという事実を看過することはできない。個々の言語使用者における意味変遷は、言語使用者が「聞き手」としての表現の意味の解釈を行い、「話し手」として意味を伝達すべく表現を使用するというプロセスが繰り返されていく中で起こると考えるべきであろうが、その実態を知ることはできない。言語使用において「話し

手」がある表現を使用した時に、意図された意味はある程度文脈から推し量ることができるのに対して、「聞き手」がどのように解釈したかを知ることは不可能に近い。知る術としては、「聞き手」に聞き取り調査をするという方法や、筆者自身の認知プロセスを探る方法も考えられるが、いずれも残念ながら客観性に欠くことは否めない。

　本章では、「微妙」という表現に焦点を当て、否定的な意味を伴う使用が頻出するようになった一方で、中立的な意味の使用は存在することを示す。まず「微妙」という表現が現在どのように使用されているかをインターネット上のデータを元に示し、次に語が使用される際にどのような評価として受け止められているに関するアンケートの結果を示す。アンケート結果を受けての考察ではポライトネス誘因の有無による使用の意味の二重構造が存在することを示す。ポライトネス方略を伴う状況で評価が提示された場合には、聞き手は話し手の「真の評価」が何であるかについて「値踏み」をし、ポライトネスによる「上乗せ」を差し引いた評価を推測することを示唆している。

2. 「微妙」の意味変遷

2.1 「微妙」

　近年になって、「微妙」という語が以下のように使用されることが多くなってきた。

(1) a. A:「金曜日の飲み会、来れそう？」
　　 b. B:「微妙。」
(2) a. C:「新しいバイトの子、どんな感じ？」
　　 b. D:「微妙。」

　(1b) (2b) における「微妙」という語を表面的に解釈するのであれば、以下の通り、回答するべき内容が判断できない状態にあることを示す。

288　第Ⅲ部　社会・文化からの考察

(3) B が飲み会に行けるかどうかは現段階では判断できない。

(4) 新しく来たアルバイトが仕事ができるかどうかは現段階では判断できない。

　(2a) における C の「どんな感じ」という問いが何を意味しているかは文脈によって異なり、(4) は「仕事ができるかどうか」ではなく、「美人（イケメン）かどうか」であったり、「一緒に仕事をしていて楽しい人かどうか」であったりしてもいいのだが、要は C の問いにおいて聞かれている論点に関して、「判断できない状態にある」ことを示す。

　実際には、(1b) と (2b) のような発話が「判断できない状態にある」ことだけを示すことはまれで、否定的な情報を伝達していることが多い。例えば、(1b) (2b) は以下のような情報を伝達していると解釈される可能性が高い。

(5) B はおそらく飲み会には行かない。

(6) 新しく来たアルバイトはおそらく仕事ができない。

　上記のような意味が生み出されるプロセスは、文脈によっては語用論的に説明することができる。(1) の文脈において B が飲み会に行けるかどうかを左右するような重大な案件を想定することが難しく、B が行く気があれば行くことができるようなシナリオ（例えば、行けるかどうかを左右する要因はアルバイトの日程であり、B が強く望めばアルバイトの日程を調整することが可能であり、それを A も知っている、というようなシナリオ）が設定されていれば、(1b) の返答は B が強く望んでアルバイトの日程を調整する意思がないことを伝達する。

　同様に (2) のような文脈においては、通常は、D が新しく来たアルバイトに関して何らかの肯定的な要素を見出していれば、それを言うことが期待されている。それを言わずに回答を保留するということは特に言及するに値する肯定的な要素がない、という情報が生まれる。

近年の新使用が出現するまでは、「微妙な」は通常の形容動詞として、連体形「な」を伴って名詞を修飾する、終止形「だ」や連用形「で」などを伴って述語を構成する、あるいは連用形「に」を伴って用言を修飾する際に用いられていた。『大辞林（第三版）』によればその意味は以下の3つとされている。

(7) a.　「なんともいえない味わいや美しさがあって、おもむき深い」

　　b.　「はっきりととらえられないほど細かく、複雑で難しい」

　　c.　［自分の意見や判断をはっきり言いたくない場合や、婉曲に断ったり否定的に言ったりする場合に用いることがある。］

　『大辞林』の項目では、(7a)が①、(7b)が②となり、(7c)は(7b)の項目の中に［　　］として入れられているが、意味としては(7b)と(7c)は全く同義とは言えないので、ここでは別の項目として扱う。

　『大辞林』によるそれぞれの例は以下の通りである。

(8) a.　「空に美しい天女が現はれ、此世では聞かれぬ程の微妙な音楽を奏し出した」

　　b-1.「両国の関係は微妙な段階にある」

　　b-2.「微妙な意味合いの言葉」

　　c-1.「今の判定は微妙ですね」

　　c-2.「『日曜日は来られる？』『ちょっと微妙ですね』」

　評価を示す表現として、(7a)に示された意味は明白に肯定的であるが、(7b)の肯否は文脈に依存する部分が大きい。(7a)と(7b)が独立している意味とみなすことが難しい例もある。例えば、「微妙な味わい」や「微妙な美しさ」という表現においては、(7a)と(7b)の意味は集束している。厳密には、(7b)が最も規範的な意味で、(7a)は(7b)が肯定的に使用された場合の意味

290　第Ⅲ部　社会・文化からの考察

と考えるのが論理的であろう。

　(1b) と (2b) の例は、(7c) の意味での用法だが、これも『大辞林』が (7b) に入れている通り、(7b) と完全に独立しているわけではない。(7b) は対象となる事物が「細かく、複雑で難しい」としているが、(7c) は「判断をするのが難しい」あるいは「意見にするのが難しい」のであり、(1b) であるような事物に関しては、判断をするのも難しいと思われるので、意味が集約する可能性は高い。

　『大辞林』の (8c-1) の例は、判定の対象となる事象自体がどちらとも言い難く、判定が複雑で難しいという意味では、(7b) の意味での使用であるが、判定がなされた後で、その判定自体が正しいかどうかに関して話し手が意見を保留したという意味では (7c) の意味での使用である。

　以下、(7a) の意味を伴う使用を肯定的用法、(7b) の意味を伴う使用は、表現化することの難しさを表したものとして、肯否に関わらず、難表現用法と呼ぶ。(7c) を判断保留用法と呼ぶ。

2.2　文化庁の調査

　文化庁が 2014 年度に行った「国語に関する世論調査」では「微妙」という表現の使用が調査対象の 1 つになっている。2015 年初頭に行われた調査の対象は 16 歳以上の男女で、2,000 近い有効回答を得ている。「いいか悪いかの判断がつかないときに「微妙（びみょう）」を使うことがあるか」という問いに対する回答は以下の通りである。

　この「いいか悪いかの判断がつかないとき」に使われる「微妙」は、『大辞林』の (7c) である判断保留用法に当たる。2004 年度と比較して、2014 年

表2　文化庁「平成 26 年度国語に関する世論調査」の「微妙」の使用状況

いいか悪いかの判断がつかないときに「微妙」と言う		
	2014 年度	2004 年度
ある	66.2	57.8
ない	33.4	41.8

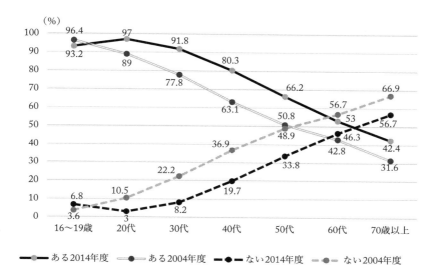

図1　文化庁「平成26年度国語に関する世論調査」の「微妙」の世代別使用状況（平成16年度データとの比較）

度にはこの用法が増加しており、「ある」の回答率が「ない」の回答率が拮抗するのは60代の回答者層で、若い層では使用率が高く、20代では97%が「ある」と答えている。

　前節で、この判断保留用法が実際には否定的な意味を持つことがあると述べたが、「微妙」という表現が使用された時に聞き手は判断が保留されたのか、否定的な意味で使用されたのかどのように判断しているのであろうか。これまでは「文脈によって」としてきたが、聞き手が文脈から判断するための何らかの基準があるとみなし、次節ではインターネット上の実例をもとにこの点について考察する。

292 第III部 社会・文化からの考察

3. インターネット上のデータ

3.1 Google 検索によるデータ

インターネット上の言語はその大半が書き言葉であり、(1)(2)のように「微妙。」が独立した発話を構成する例は極めてまれである。これに対して、「微妙な」という形容動詞は「いいか悪いかの判断がつかない」際に名詞を修飾する形態で使われることがあり、これは書き言葉にも頻出する。そこで検索エンジン Google で「微妙な」をキーワードに検索したところ、11,300,000 件が得られた。文脈を考察することができない例（105 件中 5 件）を除外し、全体が 100 件になるように調整し、その使用状況を考察したところ、うち 11 件はメタ言語的使用であった。メタ言語的使用としているのは、本章で分析の対象としているような使用に関して、インターネット辞書における記載であったり、インターネット記事の筆者が考察をしていたりするもので、「微妙な」を自然な状況で使用したとはいえないものである。

3.2 データの考察

3.2.1 「微妙な」と後続名詞との意味的関係

最初に考察の対象としたのは、「微妙な」とそれに続く名詞の指示対象の意味的関係である。寺村 (1977) の「装定」と「述定」の概念を援用し、後続する名詞の指示対象を主語として、伝統的な意味とみなされる (7a) と (7b) に示された属性を伴い述定することが可能かを文脈に照らし合わせて考察した。

例えば、以下の (9) の事例では「英語力」を主語として、(7a)「なんともいえない味わいや美しさがあって、おもむき深い」という属性、(7b) の「はっきりととらえられないほど細かく、複雑で難しい」という属性を伴って述定とすることが可能かどうかを考察した。

(9)「微妙な英語力でも世界で活躍できるワケ」(インターネットジャーナル

の記事のタイトル)

　(9)における「英語力」は英語運用能力のレベルを指しており、「なんとも
いえない味わいや美しさがあって、おもむき深い」や「はっきりととらえら
れないほど細かく、複雑で難しい」という属性をもつことができない。「複
雑で難しい」という属性をもつ可能性があるのは「英語力のレベルを判断す
る」ことであり、英語力そのものではない。すなわち、(9)における「微妙
な」の使用は伝統的用法ではないことになる。
　これに対して、以下の事例は、伝統的用法とみなすことができる。

(10)a. 「デザインとビジネスの微妙な関係」
　　b. 「中国、資産バブル防止へ求められる微妙なバランス」(Wall Street
　　　 Journal の記事のタイトル)

　(10a)(10b)において後続する名詞の指示対象は、それぞれ「デザインと
ビジネスの関係」と「資産バブル防止のために中国が求められる(経済規制
の)バランス」である。共に「はっきりととらえられないほど細かく、複雑
で難しい」という属性に関しては、「細かい」という点を除けば、述定とし
て成立する。本章では、(10)のような使用は伝統的な使用とみなし、『大辞
林』による伝統的な用法の意味を以下のように再定義した。

(11)　[「微妙な」の伝統的な意味]
　　a. 「なんともいえない味わいや美しさがあって、おもむき深い」
　　b. 「はっきりととらえられないほど複雑で難しい」

　上記の考察の結果、データは以下の通りに分類される。

(12)a.　後続する名詞の指示対象が「なんともいえない味わいや美しさが

294　第Ⅲ部　社会・文化からの考察

あって、おもむき深い」という属性を伴って述定とすることができ
るもの　→肯定的用法

b.　後続する名詞の指示対象が「はっきりととらえられないほど複雑で
難しい」という属性を伴って述定とすることができるもの　→難表
現用法

c.　後続する名詞の指示対象が「なんともいえない味わいや美しさが
あって、おもむき深い」という属性と「はっきりととらえられない
ほど複雑で難しい」という属性のいずれを伴っても述定とすること
ができないもの　→新用法

（12c）に該当するものは新用法とみなすことができるが、この新用法の多
くは、(9)や以下の(13)のように、「良くも悪くもない」という中間的な評価
のものであった。

(13)　［価格比較サイトで、あるコンピュータプロセッサーに対する投稿
ページのタイトル］「微妙なパフォーマンスかな…と」

(13)の本文中の講評を読むと、評者がこれまで使っていた他社製品と比べ
て、ゲームのパフォーマンスは劣る、動画編集は優れていると述べられてお
り、中間的な評価であることが読み取れた。中間的な評価は、「中間的であ
る」という評価をしているという点で、厳密には判断保留ではない。これは
「微妙な」を検索語としたために「微妙な［名詞句］」という構造で、判断保
留用法は考えにくいためであろう。
　(9)(13)のような使用における語彙的意味を以下の通りとする。

(14)　［「微妙な」の新用法における語彙的意味］
「［文脈における特定の価値基準において］どちらともいえない」

「微妙な」が使用される文脈の大半は、「良い／悪い」という評価の基準であったが、若干異なるケースもあった。例えば以下のような場合である。

(15) ［結婚式への招待を断るときの注意点を述べたページ］「<u>微妙な人</u>から招待されちゃった!!」(下線は本章筆者)

(15)においては、招待した人を「良い／悪い」の基準で判断しているのではない。結婚式に呼ぶのは通常は親しい友人であることを前提として、ここではそれほど親しくない知人から招待されたという状況を論じている。当然ながら、招待者が結婚式に呼んだという事実が示すように、親しくないわけではなく、親しいが、結婚式に行きたいほど親しくない関係を指す。

3.2.2　Google 検索結果の語用論的考察

前節では「微妙な」と後続する名詞の指示対象との関係から、新用法においては、「良いとも悪いともいえない」あるいは「どちらともいえない」という意味で使用されていることを示した。しかしながら、使用されている文だけではなく、文脈を考慮に入れると、その意味するところが「評価が高いとも低いともいえない」であるとは考えにくい例が多数存在した。

例えば、以下はインターネットマガジンに掲載されているコラムのシリーズのタイトルである。

(16) 「つい口に出る「微妙な」日本語」

このシリーズのコラムは 2008 年 3 月から同年 4 月にかけて少なくとも 15 回連載された模様で、シリーズ名と同名の書籍も出版されている。著者自身による書籍(濱田 2008)の紹介文は以下の通りである。

(17) 「一応」、「ちょっと」、「とりあえず」、「アレだったら」、など自分でも

296　第Ⅲ部　社会・文化からの考察

使ってしまうビジネス <u>NG</u> フレーズを 50 個紹介した本です。（下線
は本章筆者）

　書籍やコラムで扱った「微妙な」日本語表現を「NG フレーズ」（NG は
<u>No</u> <u>G</u>ood の意）と評している。明らかに否定的な意味で使用していると考え
られる。
　以下も明白に否定的な使用例である。

(18)a.　「講師が不適切ワードを絶叫！微妙な自己啓発セミナーに潜入して
　　　　みた」（自己啓発セミナーを複数紹介し、その実態を伝えるインター
　　　　ネットマガジンの記事のタイトル）
　　b.　「トリコ」はどこから微妙な漫画へと成り下がったのか」（漫画を
　　　　テーマにインターネット上の情報をまとめたウェブサイトの掲示板
　　　　のスレッドのタイトル）
　　c.　「彦摩呂、微妙な味の食レポは「この味、初めて食べた」」（食べ物の
　　　　味を伝える「食レポ」をするタレント彦摩呂が、どのような反応を
　　　　するかを伝えるインターネットマガジンの記事のタイトル）

　（16）や（18）のような使用では、書き手が後続名詞の指示対象を否定的に
とらえていることは文脈から明らかである。

表 4　「微妙な」の Google 検索結果の用法別分類

用法		語用論的考察	
メタ言語的使用	11	メタ言語的	11
伝統的用法	57	肯定的評価	2
		難表現状況の提示	55
新用法	32	中間的評価	14
		否定的評価	18
合計	100	合計	100

上記で新用法とみなした事例は 100 件中 32 件あったが、このうち記事中に明らかに書き手が指示対象に対して否定的な評価をしていることを示す例が 18 件あった。良い評価をしている要素と悪い評価をしている要素が共存していて、中間的な評価を示しているとみなす理由が明らかな例が 14 件あった。これまでの Google 検索の結果を表 4 にまとめて示した。

Google 検索のアルゴリズムは多様な利用目的に対応するために複雑な要因によってその順位を決定しているため、上位 100 件のデータを抽出したこと自体は自然言語における状況を反映しているとはいえない。しかしながら、少なくとも、検索の結果は、新用法が出現したことを示す一方で、伝統的な用法が存続し、新用法においても中間的評価を示すものと否定的評価を示すものが混在していることを示す。このような使用状況は、伝統的用法として「微妙な」を使用する言語使用者と新用法として使用する言語使用者がいる可能性を示すものだが、個々の言語使用者が双方の用法を使い分けている可能性も高い。

4. アンケート

本節では、「微妙な」が使用されたときに言語使用者がどのように解釈するかを調査するために行ったアンケートの結果を紹介する。都内の大学生対象に「微妙」という語の使用に関するアンケート調査を実施し、146 の有効回答を得た。アンケートでは、出来栄えに対する評価を示す表現として「微妙」という表現が使用された 4 つのシナリオ A、B、C、D を設定し、どの程度の出来栄えを示していると感じるかを回答してもらった。A は他者が他者自身の出来栄えについて評価する場面で「微妙」という表現を使ったシナリオ、B は回答者が自分自身の出来栄えについて「微妙」と評価するシナリオ、C は他者が回答者の出来栄えについて「微妙」と評価するシナリオ、D は回答者が他者の出来栄えについて「微妙」と評価するシナリオである。

以下はシナリオ A とそれに関する質問である。

298　第Ⅲ部　社会・文化からの考察

(19)　シナリオ A の質問
　　　仲のいい友達が一般教育科目のテストのために一生懸命勉強していま
　　した。あなたはその授業をとっていません。テストが終わった友達に
　　「どうだった？」と聞くと、その友達は「微妙」と答えました。友達
　　のテストの出来はどのぐらいだったと考えますか。（友達とはとても
　　仲がよく、友達が嘘をついたり、謙遜したりする理由はないと考えて
　　ください。）

　　上記の問題に引き続き、シナリオ B では、回答者がテストを受けた方で、
「微妙」と答えた側であった場合を想定してもらい、テストの出来は「どの
ぐらいの感じ」であるかを訊いた。
　　次に、他者の出来栄えに関して「微妙」という表現が使われた場合の質問
をした。以下はシナリオ C の質問である。

(20)　シナリオ C の質問
　　　英語の授業でプレゼンをしなければならなくなりました。仲のいい友
　　達が練習に付き合ってくれるというので、まず友達の前でやってみる
　　ことにしました。「どうだった？」と聞くと、その友達は「微妙」と
　　答えました。この時点であなたのプレゼンの出来はどのぐらいだと考
　　えますか。

　　上記に引き続き、シナリオ D では、回答者が友達のプレゼンの練習に付
き合う立場で、「微妙」と答えた側であった場合を想定してもらい、プレゼ
ンの出来は「どのぐらいの感じ」であるかを訊いた。
　　シナリオ A と B は「微妙」という表現が使用されるのは評価者（A では友
人、B では回答者）が自身の出来栄えについて評価するという設定であり、
聞き手のフェイスへの配慮というポライトネス誘因は存在しない。むしろ存
在するとすれば自身の出来栄えが良かった場合にそれを隠したいという要求

が存在する可能性がある。一方、シナリオＣとＤは評価者（Ｃでは友人、Ｄでは回答者）は他者の出来栄えについて評価するという設定のため、聞き手（Ｃでは回答者、Ｄでは友人）のフェイスへの配慮というポライトネス誘因が存在する。

　評価を示す選択肢は、シナリオＡとＣは、「平均よりかなり上の出来」「平均よりちょっと上の出来」「平均ぐらい」「平均よりちょっと下の出来」「平均よりかなり下の出来」と「わからない」の６つである。ＡとＣのシナリオでは、回答者は「聞き手」であり、「微妙」という表現で表された評価を解釈する立場である。一方、ＢとＤでは、回答者自身が「微妙」という表現を使ったと想定しての回答である。本アンケートにおいて、回答者に特定の表現を使用することを想定してもらうというＢとＤの設定を課したのは、「微妙」という表現を聞き手として受け取る場合と使用者として発する場合の違いの有無を調べるためである。しかしながら、本調査に先立って、パイロットスタディーとしての小規模のアンケートを行い、その後聞き取り調査を行ったところ、シナリオＤに対して、このシナリオで「微妙」という言葉を使うことが考えにくいため答えられないという内容の回答が複数あった。本アンケートでは、同様の回答者に対して、上記の６択の選択肢のみで対応することは倫理的な配慮に欠くと判断し、シナリオＢとＤの質問に対応する回答に、「このシナリオで「微妙」という言葉を使って返答することは考えられない」という選択肢を設けた。この選択肢を選択した回答に関しては後述する。アンケートの結果は表5に示した。

表5　「微妙な」アンケート調査シナリオ別の結果（カッコ内は％）(n=146)

	平均より かなり上	平均より ちょっと上	平均ぐらい	平均より ちょっと下	平均より かなり下	わからない	「微妙」を 使わない
A	6 (4.1)	22 (15.1)	49 (33.6)	65 (44.5)	0 (0)	4 (2.7)	NA
B	2 (1.4)	18 (12.3)	57 (39.0)	60 (41.1)	7 (4.8)	1 (0.7)	1 (0.7)
C	0 (0)	3 (2.1)	11 (7.5)	59 (40.4)	73 (50.0)	0 (0)	NA
D	2 (1.4)	1 (0.7)	19 (13.0)	58 (39.7)	46 (31.5)	2 (1.4)	18 (12.3)

300 第Ⅲ部 社会・文化からの考察

　シナリオ A では、「平均よりかなり下」を選択した回答は無く、「平均よりちょっと上」「平均ぐらい」「平均よりちょっと下」を選択した回答が多数で、3 つを合計すると、93% になった。シナリオ B でも同様に真ん中の 3 つの選択肢を選択した回答の合計が 92% になった。これに対して、シナリオ C では、「平均よりかなり上」とを選択した回答は無く、「平均よりちょっと下」と「平均ぐらい」を選択した回答数も少なく、「平均よりちょっと下」「平均よりかなり下」の 2 つの選択肢を合計すると、全体の 90% になった。シナリオ D は「平均よりかなり上」と「平均よりちょっと上」を選択した回答が少なく、残り 3 つの選択肢が 98% になった。

　上記の選択肢の「出来」の順序尺度を数値（最も評価が高いものに 5 ポイント、最も評価が低いものに 1 ポイント）を与える形式で得点化し、平均値を出したものを表 6 に表した。

表 6　アンケートにおけるポライトネス誘因と評価の平均値

		評価者	
		友人	回答者
評価の対象	友人	シナリオ A　平均値 2.78 ポライトネス誘因なし	シナリオ D　平均値 1.85 ポライトネス誘因あり
	回答者	シナリオ C　平均値 1.62 ポライトネス誘因あり	シナリオ B　平均値 2.64 ポライトネス誘因なし

　シナリオ A とシナリオ B の相違は、シナリオ A では他者が他者を評価したものの出来を回答者は聞き手として推測し、シナリオ B では自分自身が自身の出来に関して「微妙」を用いた場合の出来を想定するものである。この数値には大きな違いはなかった。平均値はシナリオ A が 2.78、シナリオ B が 2.64 でかなり近い数字である。

　これに対して、シナリオ C とシナリオ D ではともにポライトネス要因が明確だが、その相違は、シナリオ C では他者が自分を評価したものの出来を回答者は聞き手として推測し、シナリオ D では自分自身が他者の出来に

関して「微妙」を用いた場合の出来を想定するものである。平均値はシナリオCが1.62で、シナリオDが1.85で大きな違いはなかった。すなわち、友人が「微妙」という語を使った状況を想定して推測した数値と、自分が似たような状況で「微妙」を使用したと仮定してその出来を想定する数値との間にはほとんど差がみられなかったことになる。

大きな差が見られたのは、シナリオAとシナリオCの比較と、シナリオBとシナリオDの比較である。以下にシナリオAとCの回答数を示す。

表7　シナリオAとシナリオCの回答

	平均より かなり上	平均より ちょっと上	平均ぐらい	平均より ちょっと下	平均より かなり下	わからない
A	6 (4.1)	22 (15.1)	49 (33.6)	65 (44.5)	0 (0)	4 (2.7)
C	0 (0)	3 (2.1)	11 (7.5)	59 (40.4)	73 (50.0)	0 (0)

シナリオAとシナリオCではどちらも、友人が「微妙」という語を使用して評価したと想定して、その出来を推測しているが、その評価の対象がAでは友人自身のテストの出来であり、Cでは回答者のプレゼンの出来である。最も際立つ点は、Aでは「平均よりかなり下」を選択した回答は0であるのに対して、Cでは「平均よりかなり上」を選択した回答が0である。この点は双方とも協調の原則（Grice 1975）によって容易に説明することができる。友人が自分自身のテストの出来について、本当に出来が悪かった（「平均よりかなり下」）のであればそう言うはずであり、言わない理由はどこにもない。「微妙」という言葉を使わずに、他の表現（例えば「全然ダメだった」「絶望的」など）を使うことが可能である。同様に、シナリオCでは、回答者の出来が本当に良かった（「平均よりかなり上」）のであればそう言うはずであり、言わない理由はどこにもない。プレゼンの出来を褒める表現はいくらでもある。

もう1つの大きな相違点は、シナリオAでは「平均よりかなり下」を選択した回答は0であるのに対して、Cでは同選択肢を選択した回答が50%

302 第Ⅲ部 社会・文化からの考察

にもなっていることである。この点に関してはポライトネス理論による説明が有効である。「微妙」という表現が自分のことに関しては「どちらともいえない」という中間的評価を示すことができる一方で、本当に中間的評価であれば他のより明示的に中間的評価であることを示す表現（例えば「まあまあだね」）を用いるという選択肢がある。自分の出来を評価する場合には悪い評価を示すことは Face Threatening Act（Brown and Levinson 1978、以下「FTA」）ではなく、明白なポライトネス要因はない[2]が、他者の出来に対して悪い評価を示すことは FTA である。シナリオ C ではポライトネス要因が存在していることが明らかであり、「微妙」という表現を用いて評価を保留するのは、評価が悪いからであるという情報を伝達することができる。

表 8　シナリオ B とシナリオ D の回答

	平均よりかなり上	平均よりちょっと上	平均ぐらい	平均よりちょっと下	平均よりかなり下	わからない	「微妙」を使わない
B	2 (1.4)	18 (12.3)	57 (39.0)	60 (41.1)	7 (4.8)	1 (0.7)	1 (0.7)
D	2 (1.4)	1 (0.7)	19 (13.0)	58 (39.7)	46 (31.5)	2 (1.4)	18 (12.3)

　シナリオ B とシナリオ D の対比は、シナリオ A とシナリオ C の対比とほぼ一致している。すなわち、発話においても、シナリオ D のようにポライトネス要因の存在が明らかなシナリオにおいては、評価が悪い場合に「微妙」を使用し、シナリオ B のようにポライトネス要因がないシナリオでは、中間的評価として「微妙」を使用しているとみなすことができる。これは、すなわち、発話における意図された評価と、解釈における評価はそれほど大きな差がないのではないかということが推測される。ポライトネス要因のあるシナリオで低い評価を明白に示すことを回避するために「微妙」という表現を使用しても、聞き手には低い評価として伝達されていることになる。

　前述したように、シナリオ B とシナリオ D では、設問において、回答者が「微妙」という表現を使用したと想像して、その意図するところの評価を問うという設定であったため、「このシナリオで「微妙」という言葉を使っ

て返答することは考えられない」という選択肢を加えた。これは、倫理的な配慮にもとづくものであり、アンケート全体の整合性という点からは望ましくないが、シナリオBとシナリオDにおいてこの選択肢を選択した回答がそれぞれ1名と18名と大きく異なることは、ポライトネス方略の観点からは興味深い。

　シナリオDで「このシナリオで「微妙」という言葉を使って返答することは考えられない」を選択した回答者は18名で、統計的に意味のある考察をすることはできないが、18名のシナリオBにおける回答を見たところ、「考えられない」という選択肢を選択した回答者はおらず、全員が何らかの評価を示す回答をしていた。評価は「平均よりもちょっと下」が9、「平均ぐらい」が6、「平均よりもちょっと上」が2、「平均よりもかなり上」と全体の比と同様に散らばっていた。自分の出来に関しては「微妙」を使用する可能性を想定することができるが、友人の出来に関して評価する際には使用することを想定できない、と回答していることになる。この回答者が「考えられない」とする理由をポライトネス要因で説明することが可能である。すなわち、「微妙」という表現は、ポライトネス要因が明らかな状況では否定的な評価であるとみなされ、評価として「微妙」という表現を使うこと自体をFTAとみなし、表現を使用すること自体を回避するというポライトネスへの配慮が働くという説明である。

　シナリオAとシナリオCにおける回答の比較と、シナリオBとシナリオDにおける回答の比較はともに、自分自身の出来を評価する時に使用する「微妙」が表す内容と他者の出来を評価する時に使用する「微妙」が表す内容には大きな差があることを示している。これはポライトネス要因が明らかな状況で「微妙」が使用された場合には、評価を中間的評価よりも低く「値踏み」するためであると考えられる。アンケートの結果において、回答者が聞き手の場合と、話し手の場合の評価が近似している事実は、その値踏みによって推測された評価が話し手によって意図された評価も近似している可能性が高いことを示す。

304　第III部　社会・文化からの考察

　しかし、「微妙」がポライトネス表現として機能しているとすれば、この
アンケート結果は少なくとも2つの要因を示唆する。1つは、「微妙」が自
己評価においては明らかに中間的評価を示すという点である。これは「微
妙」という語の新用法における「文字通りの意味」を提供している。また、
シナリオCとシナリオDの回答がかなりの偏りをみせつつも「平均ぐらい」
あるいはそれ以上の評価を示す回答層が無視できない程度の比率（シナリオ
Cでは9.6%、シナリオDでは15.1%）でいるという事実がある。このよう
な値踏みにおける曖昧性は明らかにポライトネスとしての機能に貢献してい
るといえよう。

　このような曖昧性は、否定的な評価を提示する表現におけるポライトネス
の最も重要な点であろう。本章の冒頭で「まじめだね」「個性的だね」など
が中学生が言われて嫌な気がする語としてあげられている（酒井・塩田・江
口2015）ことを言及したが、これらは肯定的な意味でも使用されている語で
もある。中学生が悪口として使用している語はポライトネス方略として否定
的な意味で使用されていると考えられる。

　都内の大学生に、否定的な評価を提示する際に使用されることがある「個
性的」「おとなしい」「天然」「マイペース」「まじめ」を5つあげ、それぞれ
に関して「いつも否定的」「大体は否定的でまれに肯定的」「時に否定的で時
に肯定的」「大体は肯定的でまれに否定的」「いつも肯定的」のいずれかを選
択することを求めた。結果は本章末の付録の通りだが、「まじめ」を除く全
ての語で「時に否定的で時に肯定的」が最も回答が多く、「まじめ」は大体
肯定的が41%で最も回答が多かった。これらの結果は、否定的な評価を提
示する際に使用されることがある語は、同時に肯定的に使用されることが極
めて頻繁にあるということを示している。

　否定的な評価を否定的な表現を用いて示すことは、他者のフェイスのみな
らず自己のフェイスをも脅かす。ポライトネス誘因の存在が明らかである場
合には、否定的な表現を用いることなく否定的な評価が伝達される表現があ
ればそれを使用することで自己のポジティブフェイスを保護することにつな

がる。実際の発話行為としては聞き手に低い評価をするという FTA をするとしてもポライトネス方略を使用するという意図がポライトネスに貢献する。このような言語運用においては聞き手は常に値踏みを行い、「ポライトネス」を差し引いて、話し手の真の評価を探ろうとする。

5.　結び

　インターネット上のデータは、「微妙」の伝統的用法と新用法が共存していることを示している。さらに新用法の出現は、「よくも悪くもない」あるいは「どちらともいえない」という中間的評価を示す用法と、明白に否定的な評価を示す用法の共存を生み出した。このような複雑な用法が共存する中で、「微妙」という語が使用される際に言語使用者は値踏みを行っていると考えられる。

　大学生を対象にしたアンケートでは、回答者の多くが、自分自身の出来を評価する時に使用する「微妙」が表す内容と他者の出来を評価する時に使用する「微妙」が表す内容とに違いを見出し、ポライトネス誘因が存在する場合には、評価の値踏みにおいて低く見積もっていた。このような意味の二重構造は「微妙」という語におけるポライトネス効果の存続に寄与し、ポライトネスの希薄化現象はまだ起きていないと考えられる。

　「微妙」のように新用法による意味が曖昧な表現はポライトネス方略に適しているが、使用が一巡した段階で、ポライトネスの希薄化が起きる可能性も否めない。話し手による曖昧性を利用したポライトネス方略を伴う言語表現の使用と聞き手による値踏みは、常に攻防を繰り広げている。

謝辞
本章は、科学研究費補助金基盤研究 C『前提研究の新アプローチ：前提条件操作の限界からの検証』（課題番号 23520475)、ならびに早稲田大学特定課題研究助成費 (課題番号 2017K-033) による研究の成果の一部である。

注

1 毎日新聞「発信箱：「個性的」は悪口か」(小国綾子)2014 年 6 月 10 日
2 実際の日常生活では、自分の悪い出来を公表することにより、他者からも悪い評価を得る可能性があり、これが自分自身のポジティブフェイスを傷つける行為であることから、これを避けるために嘘をつくという可能性は否定できない。しかしながら、ここではアンケート調査での想定シナリオであるため、この可能性は極めて小さいとみなし、考慮には入れなかった。

参考文献

Brown, Penelope. and Stephen C. Levinson. (1987 [1st ed. 1978]) *Politeness: Some Universals in Language Usage*. Cambridge: Cambridge University Press.

文化庁 (2015)「平成 26 年度『国語に関する世論調査』の結果の概要　www.bunka.go.jp/ tokei_hakusho_shuppan/tokeichosa/kokugo_yoronchosa/pdf/h26_chosa_kekka.pdf

Grice, H. P. (1975) Logic and Conversation. In Peter Cole and J. L. Morgan. (eds.) *Syntax and Semantics* 3: Speech Acts. pp. 41-58. New York: Academic Press.

濱田秀彦 (2008)『つい口に出る「微妙な」日本語』ソフトバンククリエイティブ

緒形杏史由・首藤佐智子 (2015)「近年の「普通に」の言語使用における泡沫的ポライトネス効果」電子情報通信学会技術報告(信学技報) TL2015-48　pp. 73–78.　電子情報通信学会

酒井郷平・塩田真吾・江口清貴 (2015)「トラブルにつながる行動の自覚を促す情報モラル授業の開発と評価―中学生のネットワークにおけるコミュニケーションに着目して―」日本教育工学会論文誌 vol.39 pp.89–92.

首藤佐智子 (1999)「「じゃないですか」の使用にみる語用論的制約の遵守とポライトネスの関係」第 3 回社会言語科学会研究大会予稿集

首藤佐智子 (2007)「前提条件操作の限界―「よろしかったでしょうか」の語用論分析」日本言語学会第 135 回大会予稿集 pp. 256–261.　日本言語学会

首藤佐智子 (2011)「前提条件における間主観的制約の多様性について」武黒麻紀子編『言語の間主観性―認知・文化の多様な姿を探る』早稲田大学出版会

首藤佐智子 (2015)「「残念な」の客観化にみる語用論的制約操作とポライトネスの希薄化現象」加藤重広(編)『日本語語用論フォーラム 1』ひつじ書房

首藤佐智子・原田康也 (2013)「残念な言語現象―ポライトネスの耐えられない矛盾」日本認知科学会第 30 回大会発表論文集 pp. 661-666.　日本認知科学会

寺村秀夫 (1977)「連体修飾のシンタクスと意味―その 2―」『日本語・日本文化』5. 大阪外国語大学留学生別科 (寺村秀夫 (1993) pp.209-260. に再録)

ポライトネス方略を伴う評価提示発話に対する聞き手の「値踏み」行動を考える 307

付録

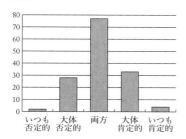

アンケート「個性的」の結果

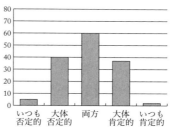

アンケート「おとなしい」の結果

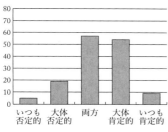

アンケート「マイペース」の結果

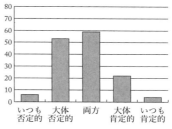

アンケート「天然」の結果

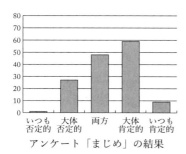

アンケート「まじめ」の結果

終章
聞き手行動研究の可能性

植野貴志子

1. 各論の試み

　本書は、第 I 部「理論の再考・新モデルの構築」、第 II 部「制度的役割からの考察」、第Ⅲ部「社会・文化からの考察」の 3 部に分けて 12 篇の論文を収録した。

　第 I 部「理論の再考・新モデルの構築」は、聞き手行動にアプローチするための理論・モデルの構築を中心に論じた 3 篇から構成される。

　植野論文は、聞き手と話し手のうなずきが同調のリズムを生むなか、互いの発話が融合的に展開し 1 つのストーリーラインをなしていく現象を取り上げ、身体的リズムのひきこみにより場の共有が促される仕組みを説く「場の理論」に基づいて解釈した。生命関係学で考案された場の理論を聞き手行動研究に取り入れることにより、新たな視点からの考察を試みている。

　山口論文では、Goffman の「参与枠組み」、Levinson の「発話行為出来事」、Sacks らによる「間接的標的」等、聞き手行動研究に関わる主要な概念を検討したうえで、研究の更なる精緻化のためには、Haugh が提案するように、「聞き手役割」に「話し手役割」と同等のステータスを付与した参与枠組みのモデル化が有効であると指摘する。語用論、言語人類学、会話分析の動向を広く俯瞰し、聞き手行動研究が目指すべき方向と課題を具体的に提示して

いる。

　岡本論文は、Clark らの「理解提示方略」と Schegloff らの「修復」の概念に基づいて、聞き手の発話理解の多相性を捉える「発話事態モデル」を提案する。さらに「オープンコミュニケーション」としての漫才対話を分析し、漫才におけるツッコミは、相方の発話に新たな意味の枠組みを提供する積極的な聞き手行動であり、相方だけでなく対話の外にいる観客をも含む二重の他者指向性をもつと論じている。

　第Ⅱ部「制度的役割からの考察」には、大学授業内のグループワーク、まちづくりの話し合い、裁判員裁判の評議、被疑者取調べといった制度的談話における聞き手行動を対象とした5篇の論文が収められている。

　増田論文では、大学授業のグループワークにおける聞き手のふるまいの一端として、その場の流れからずれた発話に対して明確な反応を示さない「受け流し」に着目する。受け流しは、単なる拒絶ではなく、相手の発話と距離をとりながらもやりとりのチャンネルを維持するという微妙な距離感を実現させており、多人数会話における流動的な参与枠組みを調整する役割をもつことが明らかにされた。

　横森論文は、大学授業でのグループワークにおいて、あるグループ内の発言に対して他のグループの学生が反応して聞き手になることで、グループ間の境界が変化する現象に焦点を当てる。Goffman が提示した「参与枠組み」について経験的議論を展開しつつ、グループ間の境界は教員の指示により固定されているわけではなく、個々の学生の言語的・非言語的なふるまいによって刻々と交渉、更新されていくことを例証した。

　村田論文においては、産官学民の参加者によるまちづくりの話し合いを「オープンコミュニケーション」と捉え、進行役を担うファシリテーターのリスナーシップ行動を分析している。ファシリテーターのあいづち、繰り返し、質問、笑い等による積極的なリスナーシップ行動は、それが向けられた相手だけでなく、他の参加者にも作用し、話し合いの場全体のラポールを形成すると同時に、参加者間の活発なやりとりを促進していると論じる。

森本論文では、裁判員裁判の評議における裁判官と裁判員の聞き手としての言語的・非言語的ふるまいを分析し、そこに裁判官と裁判員の制度的アイデンティティや自他の参与のあり方への理解がどのように表れているかを検討している。裁判員が裁判長から反応を得ることを志向しているのに対し、裁判長は「中心的な受け手」としてふるまうという両者の非対称な参与によって、裁判官主導の教室型コミュニケーションが実現していることが詳らかにされた。

片岡論文は、警察・検察による被疑者取調べにおける圧倒的な不均衡解消への提言を行うことを目的として、取調べと供述調書における呼称・人称／モダリティ表現の使用を分析し、被疑者の不利となる調書が作成されるに至る問題点をあぶり出した。片岡は、取調べにおける権力による搾取の根底には、聞き手になるべき参与者（刑事）が同時に訊き手になるという、「きく」ことの双方向性、不可分性があると指摘する。

第III部「社会・文化からの考察」には、男女の会話、タスク遂行型の初対面会話、愚痴が語られる会話における聞き手行動、および、評価提示に対する聞き手の解釈を論じた4篇を収録している。

難波論文では、女性同士、男性同士、男女混合の会話におけるリスナーシップ行動の分析に基づき、男女のアイデンティティを考察した。女性同士の会話では、繰り返しや同時笑い等により共感が示され、一方男性同士の会話では、突っ込みやからかいにより連帯が示される。また、男女混合会話では、男女による連携突っ込みやからかいへのフォローアップが見られ、これらの特徴に男女のアイデンティティが反映していると論じる。

井出・ブッシュネル論文は、初対面ペアによるタスク遂行型会話におけるリスナーシップとしての笑いを分析し、合意形成過程での「探り合い」の笑い、そして不適切なふるまいを容認する「共謀者」としての笑いの共鳴が対話者の協調的なスタンスを表示し、それによって明示的合意や主導権の交渉を行うことなくタスクが遂行されると指摘する。共鳴する笑いは、互いの間の壁を「壊す」(ice breaker) のではなく、やりとりの場を「溶かす」(melting the ice）作用をもつと述べている。

　釜田論文は、愚痴を語る語り手に対する聞き手の共感表明に注目し、語り手が自身の能力の低さについて愚痴を言うとき、聞き手は、能力の問題には触れることなく、ただ語り手の気持ちに寄り添った発話をすることで共感を表すと分析した。愚痴は望ましい行為とはみなされないことが多いが、愚痴をめぐるやりとりを通じて、聞き手と語り手は相互理解を深めていると論じている。

　首藤論文では、「微妙」という語に中間的評価を表す伝統的用法と否定的評価を表す新用法が共存していることを示し、さらにアンケートに基づいて、「微妙」の解釈には、その使用が自分或いは他者に対する評価に関わるのか等、ポライトネス誘因の有無が影響していることを明らかにした。首藤は、この結果について、聞き手は常に「値踏み」を行い、ポライトネスによる上乗せを差し引いて話し手の真の評価を探るためであると考察する。

2.　聞き手行動研究のこれから

　従来のコミュニケーション研究の多くは、話し手を中心に据えて行われてきた。その背景には、話し手の行動が記号化、客体化しやすい言語的コミュニケーションを主とするのに対して、聞き手の行動は、記号化、客体化しにくい非言語的コミュニケーションによるところが大きく、話し手の陰におかれたまま、研究対象になりにくかったという事情があると思われる。

　本書に収録した論文は、それぞれ異なる立場、分析手法によるものであるが、共通して、記号化、客体化されにくい聞き手の行動をいかに議論の俎上に載せるかという試みであった。理論・モデルの提案、あいづち、うなずき、笑い、視線、身振り、姿勢等の非言語的行動、および相手の発話に対する言語的反応の分析、さらに聞き手行動とアイデンティティの関係や共感的なリスナーシップ行動の考察等、各論が部分的に重なりながら、聞き手行動に様々な角度から切り込んだ。また、「聞く」ことの一部として「訊く」や「解

釈」に焦点を当てた議論も行われた。これらの研究から浮き彫りになったのは、聞き手行動は単に受動的なものではなく、能動性に満ちたものであるということである。

そもそも「聞く」の第一義は、音や声を耳で知覚することであるが、生きた知覚のはたらきにおいて、それだけが単独で起きるわけではない。相手の発話を聞けば、語の意味やイメージ、そこから想起される経験等、蓄積された記憶に基づいて、文脈や状況に応じた発話の意味が瞬時に了解される。そこに情動や解釈、疑問等が付随することもあれば、発話の先が予測されることもある。そしてそれらが口をついて出ることもある。聞き手の行動は、常にこのような時間的な幅をもっている。また同時に、聞き手は、人やもの、状況、雰囲気、関係等を含む、自身の身体がおかれたその空間を、聴覚、視覚をはじめとする諸感覚を総動員して知覚している。このように、聞き手においては、時間性と空間性を含んだ、受動的、能動的なはたらきがあわせて生起しているのである。本書に収められた各論は、時間性と空間性を帯び、受動的であるだけでなく、能動的でもある聞き手の多様なはたらきに、異なる観点から光を当てたものといえる。

話し手を中心として行われてきたコミュニケーション研究に、聞き手行動研究の成果を取り込むことにより、コミュニケーションのダイナミクスが一層究明されていくだろう。本来、「聞く」と「話す」は明確に区切ることのできない循環的、連動的、ときには同時的な活動であると思われる。「聞き手」、「話し手」という二項対立的な前提を超えたコミュニケーションへのアプローチも期待されるところである。

本書の刊行が、聞き手行動研究の発展を促す契機となれば幸甚である。

索引

A-Z

informative　79, 80

あ

あいづち　61, 62, 66, 68, 142, 149, 242
アイデンティティ　3, 4, 235, 236
あそび　230, 233, 236
あそびのフレーム　213, 214
アニメーター／発声者　36–38

い

イーブズドロッパー／盗聴者　38
位置づけ　40, 42
意味変遷　286

う

受け手　38, 53, 96, 105, 107
受け流し　91, 94, 98, 106
ウチ　5
うなずき　18

え

冤罪　182, 199, 200

お

オーサー／著作者　36–38
オーバーヒアラー／漏聞者　38
オープンコミュニケーション　79, 82, 135, 152
オープン質問　182, 202

か

カール・ビューラー　67
解釈者　47, 49
外部指向性　80
会話の管理　1
会話の共創　210
会話の原則　81
可視化　199
からかい　233
間接的標的　39
間テクスト性　54
間投助詞　187
感動詞　187, 188

き

聞き手による貢献　209
聞き手責任　2, 211
聞き手役割　38, 46
共感チャネル　81, 82
共感の共有　225
教室型コミュニケーション　157, 161, 175
供述調書　180, 181, 183, 184, 195, 196, 198
共通の土台　255
共同行為　59, 62
協働構築　226
共謀罪　199
響鳴　144
共鳴現象　243
共有基盤　65, 67

共有基盤構築　64, 76, 78, 83
共話　3, 12, 62, 211, 237

く

苦情　125, 126, 127
繰り返し（くり返し）　17, 18, 19, 27, 202,
　　226

け

経験　266, 267, 273, 278, 279
言語イデオロギー　199
言語機能的関係　68, 74
言語媒介的関係　68, 74

こ

合意形成　245
合意形成過程　245
公的自己　4
呼格的用法　187
呼称　184, 187
コミュニケーションデザイン　161
コンテクスト化　34, 213, 214, 226, 228,
　　231, 232, 237

さ

裁判員裁判　157, 158, 159, 160
裁判官チーム　175
先取り　21, 28
先に進む促し　61, 66
探り合い　247
察し　2
産出フォーマット　36, 37
産出のフッティング　48
参与　112
参与者役割　36, 38
参与者例　42
参与フッティングのタイプ（型）　48

参与枠組み　35, 107, 112, 113, 127, 128,
　　130, 213

し

ジェスチャー　234
ジェンダー　6, 210, 236
指向　97, 105
自己認識　6
自称　184, 188, 193
姿勢　234
私的自己　4
指標的意味　184
指標的な情報　1
自慢　269, 275
社会的な役割（制度的な役割）　6
終助詞　187
収束　192
修復　52, 62, 63
修復開始　97, 105
情緒的共通基盤　189
承認　66, 67
承認参与者　38
上半身の捻り　125
受容のフッティング　48
助詞　188
女性のアイデンティティ　235
初対面会話　244
受容のフッティング　47
ジレンマ　266, 276
人物指示　125, 126

せ

制度的アイデンティティ　157, 158, 159,
　　168, 175
制度的場面　157, 158
説明者　46, 47, 49

索引　317

そ

相互ひきこみ発話　17
相互行為的達成　114, 130
ソト　5

た

ターン　189, 190
対称詞　197
タイプ・レベル　39, 41
代名詞的用法　187
代用監獄　180, 181, 189, 200
他者開始修復　63, 64, 65, 73
他者指向性　84
他者修復　72, 75
他称詞　184, 188
多人数会話　107
男女混合のアイデンティティ　236
男女のコミュニケーション　210
男性のアイデンティティ　235

ち

チーム　174, 175
中間的な評価　294
聴覚器官　112, 121, 130
調書裁判　182

つ

突っ込みコメント　227, 230

て

定型表現　126, 127
出来栄え　297

と

同時笑い　223, 224, 233

登場人物　53
同調　227
トークン　39
トークン・レベル（個々の事例）　41
取調べの可視化　180

な

内部指向性　80
生返事　108

に

二重構造　287
人称詞　184, 187, 193
認知語用論　66

ね

値踏み　303

の

能力　268–272, 274–276, 278–282

は

バイスタンダー／側聞者　38
バイプレイ　98
袴田事件　182
場所的自己　23–26
発話行為出来事　39
発話事態モデル　67
発話出来事　39
発話の構成　97, 102
（発話を）宛てる　98, 102, 103
場の理論　23
判断保留　290
反応トークン　97
反応行動　112

ひ

非可視化　197
被疑者取調べ　180
非言語行動　216
否定疑問文　202
非難　274, 275, 279, 281
微妙　287
非明示的（付随的）意味　199
評価対象　285
評議　157, 158, 159, 161, 175
評議のコミュニケーションデザイン
　　161, 175
標的　40, 47, 49, 53

ふ

ファシリテーター　83, 84, 135–137, 141,
　　145, 148, 150, 152
フィガー／登場人物　36, 37
フェイスへの配慮　298
フォローアップ　234, 235
フッティング　36, 247
プリ・テクスト　55
プリンシパル／責任者　36, 37, 38
フレーム　189
分岐　192

ほ

傍参与者　38, 80, 83, 98
ポライトネス誘因　298

ま

マイクロエスノグラフィー　242, 245
漫才　69

み

未承認参与者　38

身振り　121
民族性　6

む

無知の暴露　182, 202

め

（メタ）受容者　49

も

模擬評議　161, 162
モダリティ　187

や

役割語　131

ゆ

遊戯性　126
融合する　250
融合的談話　3, 211, 237
ユーモア　147, 148

よ

ヨソ　5

ら

ラポール形成　152, 182, 188, 192, 193,
　　199, 200, 242
ラポール構築　151, 152

り

リアクティブ・トークン　3, 61, 215, 216
理解提示方略　61, 65, 66, 73

リスナーシップ　2, 210
リスナーシップ行動　138, 139, 141, 146,
　　152, 222, 224, 231
リスナートーク　3, 211
リソース　244
リフレイミング　77, 78
隣接ペア　182, 189

れ

レジスター　184, 199, 200
連携からかいプレー　227, 229, 230, 234

わ

笑い　124, 125, 128, 242
笑いの共鳴　247

執筆者紹介（執筆順、*は編者）

難波彩子（なんば　あやこ）

岡山大学基幹教育センター准教授

（主著・主論文）「日本語会話における聞き手の積極的な関与とフッティング」『コミュニケーションを枠づける―参与・関与の不均衡と多様性』（くろしお出版、2017）、「会話の共創で起こる笑いの一考察―リスナーシップ行動を中心に」『日本語学』36（4）（明治書院、2017）、Politeness and laughter in Japanese female interaction. *International Perspectives on Gender and Language* (Selected papers from the 4th IGALA Conference、2007)。

植野貴志子（うえの　きしこ）

東京都市大学共通教育部教授

（主論文）Honorifics and Address Terms. *Pragmatics of Society*（共著、Mouton de Gruyter、2011）、「融合的談話の「場の理論」による解釈」『待遇コミュニケーション研究』（13）（待遇コミュニケーション学会、2016）、「日本人とアメリカ人の会話マネージメントはなぜ異なるのか―教師と学生による会話の日英対照」『社会言語科学』21（1）（社会言語科学会、2018）。

山口征孝（やまぐち　まさたか）

神戸市外国語大学外国語学部准教授

（主著・主論文）*Approaches to Language, Culture, and Cognition: The Intersection of Cognitive Linguistics and Linguistic Anthropology*（共編著、Palgrave MacMillan、2014）、「ゴシップに見られるディスコーダンスの分析―衝突に発展させないストラテジー」『相互行為におけるディスコーダンス―言語人類学からみた不一致・不調和・葛藤』（ひつじ書房、2018）、その他 *Discourse & Society, Journal of Sociolinguistics, Language & Communication* 等の国際学術誌に論文を寄稿。

岡本雅史（おかもと　まさし）

立命館大学文学部教授

（主著・主論文）「対話型教示エージェントモデル構築に向けた漫才対話のマルチモーダル分析」『知能と情報』（共著、日本知能情報ファジィ学会、2008）、『言語運用のダイナミズム―認知語用論のアプローチ』（共著、研究社出版、2010）、「コミュニケーションの「場」を多層化すること―メタ・コミュニケーション概念の認知語用論的再検討」『社会言語科学』19（1）（社会言語科学会、2016）。

増田将伸（ますだ　まさのぶ）

京都産業大学共通教育推進機構准教授

（主著・主論文）『会話分析の広がり』（共編著、ひつじ書房、2018）、『文献・インタビュー調査から学ぶ会話データ分析の広がりと軌跡―研究から実践まで』（共著、ナカニシヤ出版、2017）、「「わからない」理解状態の表示を契機とする関与枠組みの変更」『コミュニケーションを枠づける―参与・関与の不均衡と多様性』（共著、くろしお出版、2017）。

横森大輔（よこもり　だいすけ）

九州大学言語文化研究院准教授

（主著・主論文）Registering the receipt of information with a modulated stance: A study of *ne*-marked other-repetitions in Japanese talk-in-interaction. *Journal of Pragmatics* 123（共著、Elsevier、2018）、『会話分析の広がり』（共編著、ひつじ書房、2018）、『話しことばへのアプローチ―創発的・学際的談話研究への新たなる挑戦』（共編著、ひつじ書房、2017）。

村田和代 ＊（むらた　かずよ）

龍谷大学政策学部教授

（主著・主論文）An Empirical Cross-cultural Study of Humour in Business Meetings in New Zealand and Japan. *Journal of Pragmatics* 60（Elsevier、2014）、『共生の言語学―持続可能な社会をめざして』（編著、ひつじ書房、2015）、Humorand Laughter in

Japanese Business Meetings, *Japanese at Work: Politeness, and Personae in Japanese Workplace* (Palgrave Macmillan、2018)。

森本郁代 (もりもと　いくよ)

関西学院大学法学部／言語コミュニケーション文化研究科教授

(主著・主論文)「コミュニケーションの観点から見た裁判員制度における評議―「市民と専門家との協働の場」としての評議を目指して」『刑法雑誌』(日本刑法学会、2007)、『自律型対話プログラムの開発と実践』(共編著、ナカニシヤ出版、2012)、『裁判員裁判の評議デザイン―市民の知が活きる裁判をめざして』(共著、日本評論社、2015)、「裁判員裁判の評議コミュニケーションの特徴と課題―模擬評議の分析から」『共生の言語学―持続可能な社会をめざして』(ひつじ書房、2015)。

片岡邦好 (かたおか　くによし)

愛知大学文学部教授

(主著書・主論文)『コミュニケーションを枠づける―参与・関与の不均衡と多様性』(共編著、くろしお出版、2017)、『コミュニケーション能力の諸相―変移・共創・身体化』(共編著、ひつじ書房、2013)、Toward multimodal ethnopoetics. *Applied Linguistics Review* 3 (1) (Walter de Gruyter、2012)。

井出里咲子 (いで　りさこ)

筑波大学人文社会科学研究科国際日本研究専攻准教授

(主著・主論文)『雑談の美学―言語研究からの再考』(共編著、ひつじ書房、2016)、「ことばの研究における自己観と社会思想―場の理論からの展望」『三層モデルでみえてくる言語の機能としくみ』(開拓社、2017)、Where the Husbands Stand: A comparative analysis of stance-taking in American and Japanese women's narratives about child rearing. *Narrative Inquiry* 28 (John Benjamins、2018)。

ブッシュネル・ケード

筑波大学人文社会科学研究科国際日本研究専攻准教授

(主論文) She who laughs first: Audience laughter and interactional competence at a *rakugo* performance for foreign students. *Interactional Competence in Japanese as an Additional Language*. (National Foreign Language Resource Center、2017)、On developing a systematic methodology for analyzing categories in talk-in-interaction: Sequential categorization analysis. *Pragmatics* 24 (4) (2014) 、Talking the talk: The interactional construction of community and identity at conversation analytic data sessions in Japan. *Human Studies* 35 (2012)。

釜田友里江 (かまた　ゆりえ)

神田外語大学アカデミックサクセスセンター専任講師

(主論文)「ネガティブな評価に対する共感表明―発話の連鎖を中心に」『表現研究』(100) (表現学会、2014)、「「自慢」はどのように継続されるのか―語り手の期待と聞き手の反応の観点から」『日本語言文化研究』(6) (大連理工大学出版社、2017)、「ねぎらい発話の連鎖―大学1年生の初対面会話と知人会話に焦点を当てて」『待遇コミュニケーション研究』(15) (待遇コミュニケーション学会、2018)。

首藤佐智子 (しゅどう　さちこ)

早稲田大学法学学術院教授

(主著・主論文) The *Presupposition and Discourse Functions of the Japanese Particle* Mo (Routledge、2002)、「「残念な」の客観化にみる語用論的制約操作とポライトネスの希薄化現象」『日本語語用論フォーラム 1』(ひつじ書房、2015) など。

聞き手行動のコミュニケーション学

Research on Listenership in Communication Studies
Edited by Murata Kazuyo

［龍谷大学国際社会文化研究所叢書 第 24 巻］

発行	2018 年 12 月 12 日　初版 1 刷
定価	3200 円＋税
編者	ⓒ 村田和代
発行者	松本功
装丁者	坂野公一＋吉田友美（welle design）
組版所	株式会社 ディ・トランスポート
印刷・製本所	株式会社 シナノ
発行所	株式会社 ひつじ書房
	〒 112-0011 東京都文京区千石 2-1-2 大和ビル 2 階
	Tel.03-5319-4916　Fax.03-5319-4917
	郵便振替 00120-8-142852
	toiawase@hituzi.co.jp　http://www.hituzi.co.jp/

ISBN978-4-89476-935-9

造本には充分注意しておりますが、落丁・乱丁などがございましたら、
小社かお買上げ書店にておとりかえいたします。ご意見、ご感想など、
小社までお寄せ下されば幸いです。

シリーズ　話し合い学をつくる　1

市民参加の話し合いを考える

村田和代編　定価 2,400 円＋税

シリーズ　話し合い学をつくる　2

話し合い研究の多様性を考える

村田和代編　定価 3,200 円＋税

市民の日本語へ　対話のためのコミュニケーションモデルを作る

村田和代・松本功・深尾昌峰・三上直之・重信幸彦著
定価 1,400 円＋税

共生の言語学　持続可能な社会をめざして

村田和代編　定価 3,400 円＋税

雑談の美学　言語研究からの再考

村田和代・井出里咲子編　定価 2,800 円＋税

Hituzi Language Studies No.1

Relational Practice in Meeting Discourse in New Zealand and Japan

村田和代著　定価 6,000 円＋税